当代中国评论

2025 冬季刊

Contemporary China Review

2025 Winter Issue

（总第 23 期）

【当代中国评论】

学术顾问：黎安友、郭汤姆
主　编：荣　伟
副主编：罗慰年

Contemporary China Review

Academic Adviser： Andrew J. Nathan, Tom Kellogg
Chief Editor： David Rong
Deputy Editors： William Luo
Published by Bouden House, New York

出版：　博登书屋·纽约
发行：　谷歌图书（电子版）、亚马逊（纸质版）
版次：　2025 年 12 月，总第 23 期
字数：　232 千字
定价：　$38.00 美元（不含运费、税费）
订阅：　$140.00 美元每年四期季刊（不含运费、税费）
邮箱：　boudenhouse@gmail.com 欢迎反馈和订阅

Publication： Bouden House • New York
Distribution： Google Play（digital version） Amazon（paper version）
Website： www.chinareview.org
Edition： Winter 2025, Issue #23
Words： 232,000
Pricing： $38.00（shipping & tax not included）
Subscription： $140.00 for one year four quarterly issues（shipping & tax not included）
Email： boudenhouse@gmail.com - *feedback and subscription is most welcome.*
ISSN： 2765-9143 （Paperback）
ISSN： 2765-9194 （Digital）

Copyright © 2025 by Bouden House. www.boudenhouse.com
All Rights Reserved.
No part of this book may be reproduced in any form or by any electronic or mechanical means including information storage and retrieval systems, without permission in writing from the publisher. The only exception is by a reviewer, who may quote short excerpts in review.

作品内容受国际知识产权公约保护，版权所有，侵权必究

主 编 前 言

荣 伟

冬去春来，2025 年转眼就过去了！回望过去一年，可以说这个世界乱象丛生，乌云笼罩，如果用美国人的口头禅大概就是 Craze（疯狂）的一年完全不为过。如果问 2025 年对这个世界变化包括对未来发展影响最大的当然是人工智能发展的突飞猛进，而且在这个领域恐怕未来将是中美博弈的最后一战！川普行政当局刚刚上台时的美国付安全顾问 Alex Wong（黄之瀚）曾经在 2023 年写过一篇文章[1]提出中美之争已经进入"最后的残局"（Last endgame），所谓残局就说一定要决一胜负！这位年轻的华裔美国智库研究员是看的何等清楚！可惜这样一位年轻有为的美国智囊成员很快被川普当局剔除出局，其中原因不得而知。我在这里也采纳一下 ChatGPT 对 2025 年做的年底总结包括中美关系分析总结发在这里供大家参考：

一、国际政治与地缘格局

大国政治与地缘紧张

- 美国在 2025 年重新上台的政府推动了一系列强硬政策，引发全球与国内争议，并加剧了地缘政治分歧与不确定性。全球治理框架面临挑战，多极化趋势加强。
- 俄罗斯与乌克兰冲突仍是突出问题之一，俄方表态继续军事行动并呼吁谈判。
- 多个地区冲突持续，如加沙地带局势虽停，但暴力事件仍然发生；刚果（金）武装冲突升级。

国际合作与峰会

- G20 峰会在南非约翰内斯堡举行，这是首次在非洲大陆召开，加强全球合作讨论经济、气候与贸易问题。
- 17 届金砖国家（BRICS）峰会于巴西里约召开，聚焦全球南方合作、气候应对与 AI 治理等议题。
- 达沃斯世界经济论坛强调智能时代合作、经济韧性及 AI 监管等问题。
- 慕尼黑安全会议聚焦多极化安全挑战，引发对自由表达与全球安全策略的争议。

二、全球经济趋势

经济增长放缓

- 联合国及多家国际机构预测全球经济增长继续放缓，主要受贸易紧张、债务高企、生产

---

1 https://www.reaganfoundation.org/reagan-institute/publications/competition-with-china-debating-the-endgame

率疲弱与地缘政治风险影响。
- 经济展望显示通胀虽有所缓解，但不确定性依旧高企，特别是在低收入国家。

企业与产业发展
- 企业界领导者应对不稳定全球态势，更加重视技术投资、可持续发展与人才战略。
- 贸易与供应链政策成主要议题，特别是中美贸易关系与供应链自主性。

三、科技与创新

人工智能与科技治理
- 2025 AI 行动峰会在巴黎召开，来自 100 多个国家的代表参与，聚焦 AI 治理与国际合作。
- 全球人工智能技术持续快速发展，模型迭代和应用在多个行业更加广泛。

量子科技年
- 联合国宣布 2025 年为"国际量子科学与技术年"，强调量子科技的科研与应用潜力。

四、环境与气候危机

气候变化持续加剧
- 全球气温继续维持在创纪录或接近创纪录的高位，极端天气事件频发如野火、洪水等。
- 多国在气候承诺上出现倒退趋势，化石燃料仍占主导地位。

全球风险报告指出
- 地缘冲突、环境风险与虚假信息成为全球主要风险。世界经济论坛

五、全球健康与疫情应对

公共卫生进展与挑战
- 世卫组织宣布《世界卫生组织大流行协定》通过，这是全球卫生合作的重要里程碑。
- 多国在对抗疟疾和艾滋病方面取得进展，医疗紧急状况响应继续进行。
- 全球卫生援助资金减少，导致卫生服务在一些国家受影响。

六、社会、文化与安全问题

社会紧张与安全事件
- 全球范围内出现恐怖袭击与社会不稳定事件，例如澳大利亚邦迪海滩枪击被定性为恐怖事件。

- 多国面临政治分裂、司法与行政权力冲突等问题。

人权议题
- 国际组织报告指出多个国家存在人权倒退现象，包括对言论自由与少数群体权利的限制。

总 结

2025 年可以说是全球多重压力叠加的一年：
- 地缘政治多极化加剧，传统秩序面临调整；
- 经济增长放缓与贸易摩擦持续；
- 科技革新与 AI 治理成为国际关注重点；
- 气候变化与环境风险依然严峻；
- 公共卫生合作虽取得进展，但面临财政与协调困境；
- 社会与安全问题在多个地区持续凸显。

如你需要，我可以进一步为你按区域（如亚洲、欧洲、美洲等）或按主题（如经济、科技、气候等）分别详细概述 2025 年的状况。你想更深入了解哪一方面？

中美关系如何

截至 2025 年末，中美关系总体呈现"竞争与合作并存、紧张与沟通交织"的复杂态势。两国既在一些领域有合作与对话，又在许多战略与现实问题上存在深刻分歧。以下是主要特点与动态：

一、战略定位：竞争为主、有限合作

- 中美关系的基本方向仍是"竞争性共存"。美国明确将中国视为战略竞争对手，特别是在技术、供应链、自主安全领域采取限制性措施，而中国坚持发展自身实力、维护国家核心利益。
- 特朗普政府对华政策具有双重性：既有贸易与技术限制等"施压措施"，也出现试图通过谈判缓和部分紧张的迹象（如贸易磋商、减轻部分关税），试图在竞争与合作之间寻找"稳定区间"。

二、重点矛盾与摩擦领域

贸易与经济
- 2025 年初美国对中国加征多轮关税，中方也采取了对应反制措施，引发贸易摩擦。
- 年中双方在多个城市与国际场合进行多轮经贸磋商，有阶段性缓和迹象，例如部分关税谈判与出口控制调整。

技术与安全
- 美国对中国高科技企业实施出口管制及实体名单限制，强化供应链"去中国化"趋势。
- 在半导体、AI 等领域的竞争加剧，同时在科技标准、知识产权等方面摩擦持续。

台湾问题与区域安全
- 美国近期批准较大规模的对台军售，引发中国强烈反对，被视为对中美关系的重大压力源。
- 台湾问题仍是中美关系中最敏感的安全议题之一。

三、合作与沟通

领导层接触与会谈
- 2025 年 10 月，中美领导人在韩国釜山进行了重要会晤，试图管控分歧、讨论合作机会，这反映出两国在高层仍保持沟通渠道开放的意愿。

多边外交与务实合作
- 在一些全球性议题上（如区域冲突调解、气候变化等），中美有时能够找到共同努力空间，例如共同推动区域停火外交倡议等。
- 中国官方多次提出"拉长合作清单、压缩问题清单"的策略，表明中国希望扩大合作范围以缓解紧张。

四、公众与企业视角

- 企业界：美中贸易不确定性和政策风险仍是在华外企最关注的问题之一，关税与政策环境波动影响投资预期。
- 公众舆论：美国国内对中美竞争的态度并非完全一致，不同政治派别对中国的威胁感知有差异，这影响美方对华政策的内部动力。

总结：竞争主导 + 沟通并存

2025 年的中美关系可以概括为：
- 战略竞争是主线 — 在贸易、技术、地缘与安全等领域，都存在明显对抗与制衡。
- 有限务实合作仍存在 — 两国在某些具体事务上保持沟通与磋商。
- 双方都希望避免全面对抗 — 尽管矛盾尖锐，但没有走向全面断交或冲突的极端后果。
- 关系具有高不确定性和波动性 — 未来仍可能因重大事件（如台湾局势、全球经济变化等）出现转折。

可以说人工智能的确在大数据收集基础上的精确算法得出的结果恐怕是非常快捷和准确的，但是看上去它不偏不倚的貌似公正的结论也掩盖了人类文明发展的今天的我们最应该持有的价值判断，所以我们可以参考人工智能的数据但是至少到目前为止还是不能够完全代替我们人类的大脑！

本期杂志还是我们一贯的风格刊登的学者专辑荣剑的三篇理论批判文章，荣剑的三卷本专著【左翼共同体批判】第一卷上册我们博登书屋已经出版，亚马逊有售，这里是他的下册部分文章我们先睹为快！此外他的这篇【艺术投机还是政治投机】前不久在网络一度疯传，对某个国内艺术家的投机行为进行了犀利的批判，我们在这里再转发一下。其实早在2012年荣剑曾经写过一篇【价值一千元的灵魂】批判当时那些国内作家艺术家包括莫言等集体抄写毛泽东的【延安文艺座谈会纪要】为了一千元出卖自己的灵魂，也是让大家读了击节叫好！这篇【艺术投机还是政治投机】可以说是【价值一千元的灵魂】2.0版本。

本期特别选登了几位作者对历史真相的重新解读和重构，当代中国49年后有太多的历史真相被埋没被隐瞒被扭曲，这恐怕是我们这一代人义不容辞的责任和义务，不然我们的下一代我们的子子孙孙是不会饶过我们的。当然揭示历史真相在我们国家还在极权统治之下依然是需要极大的勇气和胆识的，我对他们保持崇高的敬意！

本期杂志也是由我们付主编罗慰年精心编辑撰写了很多书评评论文章，希望给大家带来很多新思想新观念新希望！

冬天来了，春天还会远吗？ 在新的一年2026，我们编辑部全体同仁祝大家喜事连连，步步高升，我们同心协力，共创美好未来！

2025年12月20日于纽约

荣伟，1988年毕业于北京大学中文系文艺美学研究生，获硕士学位。毕业后到深圳大学中文系任教，1990年3月之6月曾经赴香港中文大学英文系比较文学做访问学者，于1995年赴美作为访问学者先在俄勒冈大学东亚系担任访问教授，1996至1998年赴哈佛大学东亚系担任访问研究员。从1999年起定居纽约，先后在纽约明报担任记者，曾发起在纽约策划创立《影像中国》(Reel China)中国当代独立纪录片年展。后在曼哈顿独立创办当代艺术画廊《Art Next Gallery》后世纪画廊，曾策划主办了多个大型国际艺术展览包括《中国主义》《翻墙》等系列展。现兼任明镜电视台《艺术家》、【人文思想】栏目特约主持人。目前为纽约博登书屋创办人并担任《当代中国评论》国际季刊主编、《当代华语世界思想者丛书》主编，出版有《艺术审美与文化批判》等，现工作和定居在纽约。

目 录

主编前言　　荣　伟 I

【学者专辑】

自由主义的洪流、分流与逆流　　荣　剑 1
左翼之争是如何自毁魏玛共和？　　荣　剑 15
艺术投机还是政治投机？
　　——评邱志杰的"抽象艺术文化侵略论"　　荣　剑 28

【历史真相】

毛主席用兵真如神？（一）　　戴　晴 30
不再可能的对话：1989年5月18日的李鹏
　　——写在六四事件36周年后　　陈　军 40
关于细菌战指控的政治对抗和学术争辩
　　——朝鲜战争期间细菌战问题研究之一　　沈志华 54
迟到的评估：中共的战犯与特赦政策的残酷真相　　文贯中 69

【中国经济】

中国经济面临重大改革　　郭岩华 77
中国传统经济的四大特点及其对后世的深刻影响　　杜声锋 81
从"东升西降"到"东西俱降"
　　——新结构经济学视野下的中国经济未来　　赵明兰 93

【批判与反思】

告别乌托邦，回归主流的心路历程　　文贯中 96
美国宪政危机的中国投影
　　——从高、贺之争读懂中国精英的美国认识分歧　　李志德 111
谁将引领AI科学研究时代
　　——美国创世纪计划与中国AI科学研究的未来　　杨茂林 116
从黎智英案看香港的过去、今天和未来　　钟史晨 121

【海峡两岸】

当国际条约被当成"历史文件"和废纸
　　——旧金山体系、台湾地位与中国的外交自损　　马四维 125

【博登书评】

生祭郭罗基　　胡　平 129

受难中的宏大"迷思"
　　——《雨烟雪盐》读后感　　严家祺 135

一部经得起时间检验的伦理教科书
　　——评《血色风雨家国情》　　罗慰年 138

僭主·马铃薯·政治戏剧学
　　——重读马克思《路易波拿巴的雾月十八日》　　刘　康 144

从就"祛魅"到"再魅"
　　——张抗抗《祛魅》的思想史与制度史对读　　任晶晶 166

【学者专辑】

自由主义的洪流、分流与逆流

荣 剑

提要：作者正在撰写的"世纪批判三书"第一部《世纪的歧路：左翼共同体批判》卷三的最后一章，主题是《从柏克到伯林：自由主义的古今左右之争》，本文是该章引言，约两万余字。国内外关于自由主义的论著可谓汗牛充栋，本文以"批判的思想史"为方法，试图建构一个完全有别于他人的理论框架，不是局限于对柏克和伯林的个案性研究，也不是分别将他们设定为英国自由主义史上的某个阶段的起点和终点，而是将理论考察的视野从英国自由主义的古今左右之争转向一个更大的范围，重点探讨源于英国的自由主义洪流中所出现的"分流"与"逆流"，即"自由主义的法国之路""自由主义的德俄困境"和"自由主义的美国问题"，最后把自由主义、保守主义和马克思主义的意识形态之争，指向自由主义与全能主义（totalitarianism）的世纪之争。本章作为左翼共同体批判的终结篇，引言长篇叙事，具有提纲挈领的意义，全程读完需要耐心，期待方家和读者的批评。

英国是自由主义的故乡，也是保守主义的故乡。比较于法国作为一个革命国家和"左派国家"的历史定位，英国无疑是一个典型的"右派国家"，是坚定保守自由主义传统的国家，在"古今之争"中是以"传统"抵抗或主导"现代"变迁的国家。英国是在其自由主义传统的巨大制约作用下，成为世界上第一个现代资本主义国家，从而成为世界现代史的发源地。马克思的《资本论》就是以英国为范例而建立起一整套关于现代资本主义生产方式以及与它相适应的生产关系和交换关系的理论，由此预言"工业较发达的国家向工业较不发达的国家所显示的，只是后者未来的景象。"[1]

按照阿克顿勋爵（Lord John Acton）在1877年的说法，自由的种子从2460年以前在雅典播种以来，就仅次于宗教是善行的动力和罪恶的常见托词，直到在英格兰土地上成熟收获，成为一个成熟文明的精美成果，英国由此成为"政治上最先进的国家"，其核心价值就是将自由视为"最高的政治目的"。[2] 英国人有理由认为，英国的自由主义传统源远流长，1215年英国《大宪章》的公布，被他们视为是自由主义的元年。大宪章提供了一个新的合法性准绳，是自由的基本法，是"给予全王国所有自由民的授权"，"《大宪章》传递的自由是生而自由的英国人与生俱来的权利"。[3] 英国法律史学之父梅特兰（F.W.Maitland）在评价《大宪章》时明确认为：《大宪章》是英国制定法的源头，"位居制定法文献之首"，在英国普通法的传统中，"《大宪章》的每一个字仍然极具重要性"，"宪章对于国王来说是一个羁绊"，是对国王权力的约束，同时也是对自由民权利的保护。[4] 比《大

---

1 《马克思恩格斯选集》第二卷，人民出版社，1995年，第100页。
2 参阅[英]阿克顿：《自由史论》，胡传胜等译，译林出版社，2001年，第3页，196页，20页。
3 参阅[英]詹姆斯·C·霍尔特：《大宪章》（第二版），毕竟悦等译，北京大学出版社，2010年，第252页，21页。
4 [英]梅特兰：《英国宪政史》，李红海译，商务印书馆，2024年，第24页。

《宪章》更早形成的英国普通法传统亦天然具有自由主义性质，它产生于12世纪中叶，和以罗马法为主体的大陆法的主要区别在于，英国普通法不是理性演绎的结果，而是由无数案例逐渐积累而成，它是经验的而非抽象的。所以，梅特兰认为普通法就是"传统法"，法官无权创造法律，"法官只是在宣布法律，宣布那些一直以来已是法律的东西。"[5] 普通法的司法实践的核心目的就是保护私人权利及其自由，正如丹尼尔·汉南（Daniel Hannan）的概括：第一，它尤其强调私人所有权和自由契约；第二，它建立在"不禁止即合法"的观念之上；第三，监督国家法律是每一个人的事；第四，法律是国家的而非君主的事实是通过一个反映民意的裁判庭来加以确认。[6] 英国的普通法传统和《大宪章》意味着，自由，是英国古已有之的传统，英国自由主义的"现代"转型，一定是与英国"传统"须臾不可分离。

但是，在许多法国人看来，现代自由主义首先是由法国人定义的，是法国大革命的领袖人物拉法耶特（La Fayette）和他的朋友斯塔尔夫人（Madame de Staël）、邦雅曼·贡斯当（Henri-Benjamin Constant de Rebecque）等人第一次赋予了自由的现代内涵。拉法耶特在大革命后致托马斯·杰斐逊（Thomas Jefferson）的一封信中说："法国是自由主义的政治总部……自由主义在欧洲其他地方的胜利能否得到巩固都取决于法国的解放。"[7] 此言不虚，正是在法国大革命的深远影响下，自由主义的政治理念，从欧洲各国到美国，都被视为是典型的法国思想，包括英国也没有能够置身于其影响之外。面对法国大革命的初期进展，辉格党领袖查尔斯·詹姆士·福克斯（Charles James Fox）赞扬这是"世界史上最伟大的事件"，而托利党领袖小威廉·皮特（William Pitt the Younger）则告诫埃德蒙·柏克（Edmund Burke）：不妨歌颂英国的宪政，但不要攻击法国的宪法。[8] 此时的英国，在报道法国大革命时，是把"自由"（liberal）作为一个外来词使用，在"liberal"的词尾加上一个字母"e"，变成了"liberale"，或者用斜体字来表示其新奇和外来属性。[9] 这表明，大多数英国人似乎都认可，是法国大革命开创了人类自由的新纪元。许多德意志人、西班牙人和意大利人也抱有同样的看法，在革命过去了许多年之后，这场革命的光芒仍然还在他们的思想中持续闪耀。黑格尔在1830年的历史哲学讲演录中，仍然将法国大革命视为人类历史上一次"壮丽的日出"，他指出："所有能思考的人都来庆贺这个时代。这个时代存在着一种崇高的动人之情，精神激情震荡着这个世界，精神与现实之间的真正和谐仿佛现在才到来。"[10] 哲学家以如此溢美的语言赞颂法国大革命，既是基于他的历史理性的观念，也是揭示了一个历史的普遍共识：法国大革命通过的《人权和公民权宣言》，首次将自由居于人的诸项权利之首。用安东尼·阿巴拉斯特（Anthony Arblaster）的话来说，在大革命20年之内，"自由"一词获得了现代意义上的政治内涵："法国大革命成为了自由主义得以从梦想、渴望以及奋斗目标转化为主导性、推动性政治力量的时刻和手段。这是一场决定性的胜利，为19世纪自由主义取得的巨大成就开辟了道路。"[11]

因此，不少学者认为，自由主义的历史发端

---

5 同上书，第32页。
6 参阅[英]丹尼尔·汉南：《发明自由》，徐爽译，九州出版社，2020年，第97-98页。
7 参阅[美]海伦娜·罗森布拉特：《自由主义被遗忘的历史：从古罗马到21世纪》，徐曦白译，社会科学文献出版社，2020年，第69页。
8 参阅[英]埃德蒙·柏克：《法国大革命补论》，冯克利译，江西人民出版社，2023年，第76页。
9 参阅[美]海伦娜·罗森布拉特：《自由主义被遗忘的历史：从古罗马到21世纪》，第66页。
10 参阅[德]米歇尔·施托莱斯：《德国公法史：国家法学说与行政学（1800—1914）》，雷勇译，广西师范大学出版社，2021年，第18-19页。译文亦可参阅[德]黑格尔：《历史哲学》，王造时译，上海书店出版社，1999年，第459页。
11 [英]安东尼·阿巴拉斯特：《西方自由主义的兴衰》，曹海军等译，吉林人民出版社，2004年，第270-271页。

于何处？试图为如此普遍的观念运动或意识形态确定一个非常准确的时间和地点是很荒谬的。至少在大多数历史学家看来，19世纪的自由主义采取了两种形式：英国建立了辉格主义的自由模式，法国建立了启蒙主义的自由模式，"欧洲自由主义"被视为是英国模式和法国模式的融合。霍布斯鲍姆（Eric Hobsbawm）用"双元革命"——英国的工业革命和法国的政治革命——来概括19世纪以自由主义为标志的一系列胜利：

"不仅仅是'工业'本身的巨大胜利，而且是资本主义工业的巨大胜利；不仅仅是一般意义上的自由平等的胜利，而且是中产阶级或资产阶级自由社会的胜利；不仅仅是'现代经济'或'现代国家'的胜利，而且是世界上某个特定地域（欧洲部分地区和北美少数地方）内的经济和国家的巨大胜利——其中心是英国和法国这两个毗邻而又互为竞争对手的国家。1789—1848年的转变，基本上就是发生在上述这两个国家里的孪生大变革。从那以后，这一变革波及了整个世界。"[12]

由英法"双元革命"所开创的自由主义洪流，在19世纪广泛地冲击了几乎所有欧洲国家的传统政治体制以及国际秩序，引发了欧洲历史上前所未有的"古今之变"，古老的帝国、传统君主制、封建贵族庄园和经历了上千年风雨的中世纪习俗，在现代变革的大潮中面临着全面沦陷的命运。但是，这股强大的自由主义洪流并非是沿着一个统一的航道向前不断奔流，相反，因为源于英法不同的历史文化传统，它很快便趋于分流状态。法国大革命在进入雅各宾专政之后所实行的恐怖统治，以及革命最终导向拿破仑军事专制的结局，不仅让英国辉格和托利两党领袖们重新思考法国大革命的意义，而且也让斯塔尔夫人、邦雅曼·贡斯当这样的法国自由主义者意识到自由主义的

"古今之别"问题。斯塔尔夫人断言："在法国，自由是古典的，专制才是现代的。"[13] 贡斯当提出了"古代人的自由"和"现代人的自由"的区别，他们对自由主义的"古今之别"的概括性认识，实际上均来源于对英法两国不同的自由模式的基本判断。斯塔尔夫人在"法国大革命总是从一个极端走向另一个极端"的现实中，认识到英国的"朝气蓬勃的自由"的价值："我们可以想见，这种自由如何帮助英国抵御住了法国大革命的反噬"。[14] 她撰写的历史性著作《法国大革命》的第六卷，重点探讨的是英国的历史、英国的繁荣及其强盛的原因、英国人的自由和公共精神、英国的知识、宗教和道德、英国社交界以及它与社会等级的各种关联、英国的对外关系等一系列问题，由此认识到："任何自由的首要基础，便是保障个人。在这点上，没有什么比英国法律做得更好了。"她承认："由于英国人民受到了一个世纪的制度的熏陶，他们已经成为欧洲引以为傲的一个最虔诚、最守德、最文明的民族，我看不出这个国家的繁荣——也就是它的自由——受到了什么威胁。"[15] 贡斯当在他的著作中也着重阐述了一个与斯塔尔夫人大致相同的看法："个人自由是真正的现代自由"，而法国人追求的政治自由则是退回到"古代人的自由"，即"为了政治自由而牺牲所有个人自由"。[16] 贡斯当的政治目标是力求实现"古代人的自由"和"现代人的自由"的统一。

很显然，"盎格鲁的自由"和"高卢的自由"存在着重大差别，并由这种差别导致了自由主义的分流及其不同政治后果。概括地说，前者是"单数的自由"即个人自由，后者是"复数的自由"即政治（共同体）自由。对于追根寻源的历史学家们来说，要寻找"单数的自由"的起源，总是免不了会回到雅典和文艺复兴时期，并且必然会考虑宗

---

12 [英]艾瑞克·霍布斯鲍姆：《革命的年代：1789—1848》，王章辉等译，中信出版集团，2017年，第2页。
13 参阅[意]圭多·德·拉吉罗：《欧洲自由主义史》，杨军译，张晓辉校，吉林人民出版社，2001年，第1页。
14 [法]斯塔尔夫人：《法国大革命》上、下册，李筱希译，吉林出版集团，2015年，第322页，589页。
15 同上书，第572页，626页。
16 [法]邦雅曼·贡斯当：《古代人的自由与现代人的自由》，阎克文等译，上海人民出版社，2017年，87页。

教改革的因素，如路德改革和加尔文教的兴起，因为宗教改革运动者的教义展示了一种个人主义的倾向，新教关于人人平等的主张，构成了现代早期自由主义和激进政治思想的主要源泉。但是，在英国历史学家艾伦·麦克法兰（Alan Macfarlane）看来，英国的自由主义传统完全是起源于英国的个人主义历史进程。他撰写的《英国个人主义的起源》一书，挑战了在史学界长期具有主导影响力的关于英国资本主义起源的"马克思—韦伯的社会转型年表"，年表的两位权威作者都认为，直到15世纪末，英国在本质上是一种充分意义上的"农民"社会结构，性质与欧洲其他国家相似，英国现代的个人主义是在15、16世纪脱胎于一个集体主义的、"传统导向的"老式社会。而麦克法兰则认为，英国个人主义的起源要远远早于15世纪，至少从13世纪开始，英国的大多数平民已经是无拘无束的个人主义者："他们在地理和社会方面是高度流动的，在经济上是'理性'的、市场导向的和贪婪攫取的，在亲属关系和社交生活中是以自我为中心的。"[17] 相应的，英格兰普通法在13世纪已经演变成为一套以个人权利体系和一种个人所有制为核心的法律体系。正是基于个人主义的充分发展，英国在16世纪以前，与欧洲大多数国家已经分道扬镳，到了17世纪，英国已经是一个非常现代的国家，同时也是一个高度自由的国家。为证明这一点，作者引用了法国托克维尔和孟德斯鸠的看法。前者认为英法两国的主要制度差别在于："此时已在英格兰破土而出的一种个人主义，在法国却告阙如"。后者对英国的判断是："这一国民酷爱自由"，而且"人人皆独立"。[18]

英国"单数"的自由主义传统起源于其个人主义的独特历史，在英国著名左翼思想家哈罗德·J·拉斯基（Harold J.Laski）的著作中也有过系统阐述。他从欧洲范围内研究"欧洲自由主义"的兴起，认为自由主义作为一种新的意识形态，它的出现适应了新世界的要求，地理大发现、封建经济关系的瓦解、新教的建立、科学革命和技术创造、印刷术的发明带来的文化的广泛传播、民族国家的诞生，共同促使了一种新的生产方式，那就是资本主义。自由主义从哲学的意义上为新的资本主义的实践提供了正当性证明。在中世纪，人的行为的正当性标准是由外部提供的，不论是国家、教会或是行会，有效的社会制度是通过源于自身之外的标准来衡量人们的行为；而基于资本主义实践的自由主义哲学，主张最大限度地给予个人创新以行动自由，把实现个人的利益作为社会进步的最终的衡量标准。他这样写道：

"中世纪的社会观念否认了人们一望可知的事物，否认人们对所拥有的资源予以开发的权力，虽然在当时改变了的经济条件已经使人们可以进行这样的开发。人们发现，要开发新的资源就要建立新的阶级关系。但是，新的阶级关系反过来又需要一种新的哲学，以证明那些由其推动才建立的行为习惯的正当性。从封建主义向资本主义的转变，是从一个旧世界向一个新世界的转变：在旧社会里，个人福利被视为社会控制的行动所带来的结果，而在新社会里，社会的美好生活福利是个人自主的行为所创造的。"[19]

个人主义作为资本主义的源头，同时也是作为自由主义的源头，构成了"自由主义的形而上和本体论的内核"（阿巴拉斯特语）。从个人主义的前提出发，自由主义的理论建构对自由、宽容、私有财产和个人权利的相关论证才得以推演出来。英国自由主义的"古典"形态，以霍布斯（Thomas Hobbes）、洛克（John Locke）、休谟（David Hume）、边沁（Jeremy Bentham）、密尔（John Stuart Mill）的著作为主要文献依据，虽然有作者各自不同的问题意识和理论关切，但他们

---

17 [英]艾伦·麦克法兰：《英国个人主义的起源》，管可秾译，商务印书馆，2020年，第263页。
18 参阅同上书，第267页，271页。
19 [英]哈罗德·J·拉斯基：《欧洲自由主义的兴起》，林冈、郑忠义译，欧阳景根校，中国人民大学出版社，2013年，13页。

都坚持鲜明的个人主义价值观。约翰·格雷（John Gray）在论述"自由主义传统的统一性"时，特别强调"古典自由主义的思想体系"的各种"变体"的共同之处在于：它是个人主义的，因为它主张个人对于任何社会集体之要求的道德优先性；它是平等主义的，因为它赋予所有人以同等的道德地位；它是普遍主义的，因为它肯定人类种属的道德统一性；它是社会向善论的，因为它认为所有的社会制度与政治安排都是可以纠正和改善的。[20] 在格雷看来，正是在17世纪，出现了对现代个人主义观点的第一次系统阐释，即霍布斯"阐述了一种毫不妥协的个人主义"，从而标志着其现代性理论与柏拉图、亚里士多德传承给中世纪基督教的社会哲学的彻底决裂。他为此引述列奥·施特劳斯（Leo Strauss）的看法：霍布斯是自由主义的理论之父，因为霍布斯把自由主义视为一种关于人的权利而不是人的义务的政治学说，把保护或捍卫个人不可转让的自然权利视为国家功能的政治学说。[21] 到了洛克著书立说的时代，个人权利至上的观念不再是停留在自然法或"自然状态"的抽象层面，而是将这一观念具体运用于证明个人私有产权的合法性和正当性，实际上确立了古典自由主义的一个基本信条：私有财产神圣不可侵犯，并基于这一信条，要求建立一个足以限制国家权力的有限政府。格雷为此高度评价洛克对古典自由主义的理论贡献：

"洛克的思想带来了一个为霍布斯和斯宾诺莎所缺乏或拒绝的主题，即个人财产所有权与个人自由之间存在紧密联系的主题。洛克持有一种早期的个人主义者所没有看到的明晰洞见，即个人的独立必须以私人财产权在法治之下得到安全地保护为前提条件。洛克以后，公民社会需要广泛分布的个人财产权这一看法成为自由主义文献的一个重要主题；并且这一洞见体现了洛克对自由主义最大的贡献。"[22]

霍布斯和洛克所阐述的古典自由主义，目标是要在中世纪的政治枷锁中打开现代性的大门，它本质上是一种现代性思想，因此，不仅在英国的现代化进程中，而且在欧洲的政治转型中，自由主义成为普遍的思想现象。尤其是在法国，在18世纪启蒙运动中成长起来的一代思想家，在思想光谱上接近英国在17世纪已经蔚为大观的古典自由主义，他们普遍承认并主张自由主义的基本价值。诸如伏尔泰和孟德斯鸠这样的启蒙先哲，最初都是以英国为师，对法国中央集权的绝对主义制度的批评都是参照英国的宪政实践。伏尔泰（Voltaire）在其《哲学通信》中，通过对比法国专制制度，突出了英国君主立宪制的进步性，热情称赞英国的宪政制度、宗教宽容和思想自由，称赞作为"英国各项自由的神圣来源的伟大宪章"，称赞培根、洛克、牛顿在思想和科学发现上的伟大贡献，几乎就是将英国塑造为一个欧洲的"理想国"。[23] 孟德斯鸠（Montesquieu）在《论法的精神》一书中，以英国为原型，为法国设计了一个以保障个人自由为目的的权力分立与制衡制度，强调"英格兰政制"因为实行"三权分立"而"优于大多数古代共和国"，强调英国作为一个"自由国家"已由他们的法律确立起来了。[24]

虽然伏尔泰和孟德斯鸠一直试图为法国塑造一个英国自由主义的样板，但是，法国自笛卡尔以来所形成的理性主义思想传统——推崇理性为最高权威，追求知识的绝对确定性，强调演绎法和数学方法的科学性，认为理性本身拥有超越经验的内在原则，与以洛克、休谟为代表的英国经验主义形成了鲜明对比。也就是说，17世纪的英国经验主义和18世纪的法国理性主义，分别为这

---

20 参阅[英]约翰·格雷：《自由主义》，曹海军、刘训练译，吉林人民出版社，2005年，第2页。
21 参阅同上书，第14页。
22 同上书，第20页。
23 参阅[法]伏尔泰：《哲学通信》，第九封信、第十二封信、第十四封信。高达观等译，上海人民出版社，1961年。
24 [法]孟德斯鸠：《论法的精神》上册，张雁深译，商务印书馆，1959年，第194页，196页。

两个毗邻的国家提供了关于自由主义的不同哲学基础。在法国理性主义的宏大叙事中，英国式的个人主义被无情淹没在理性的普照之光下，个人自由的实现取决于共同体的"政治自由"或卢梭（Rousseau）所主张的"公意"——"任何人拒不服从公意的，全体就要迫使他服从公意。这恰好就是说，人民要迫使他自由。"[25] 按照意大利学者拉吉罗（Guido de Ruggiero）的看法，在法国启蒙主义的强大语境中，孟德斯鸠与卢梭，虽分别属于英国自由式和法国民主式的自由主义类型，却在革命中走到了一起。法国大革命通过的《人权和公民权宣言》，是把两个起源不同、神髓各异的因素杂糅合一，即一方面是先于政治状态的自由，另一方面是国家结构中个人的参与，他在这份"现代自由主义宪章"中发现了一种对自由和平等新阐释的根源："与自由派和民主派法定的形式主义相比，其更重视权利的实质而非形式。它呼求公平分配社会、道德财富与经济财富的权利，以对抗陷人于饥饿的自由；它要求社会的平等，以对抗单纯是法律面前的平等。"[26] 事实上，法国大革命从一开始起就制造了自由和平等之间的紧张关系，实际上也就是制造了"盎格鲁的自由"和"高卢的自由"之间的紧张关系。

在英国古典自由主义所构想的"自然状态"中，"人生而自由"与"人生而平等"几乎就是同义语，如洛克在其《政府论》中所说：在自然法的范围内，"一种完备无缺的自由状态"，"也是一种平等的状态，一切权力和管辖权都是相互的，没有一个人享有多于别人的权力。"[27] 但是，在卢梭的著作中，平等被置于高于自由或决定自由的地位："没有平等，自由就不可能存在。"[28] 法国大革命名义上是为自由而战，实际上是将平等视为"共和国和民主的核心"，用罗伯斯庇尔的话来说："王权已被消灭，贵族和僧侣也已消失，平等的统治开始了。"[29] 因此，英国"古典自由主义"和法国"现代自由主义"的"古今之争"，可以被视为是"自由"与"平等"之争，或"自由"与"民主"之争。阿克顿勋爵准确地概括了"自由"与"平等"之争的不同阶级基础及其不同政治后果："法国革命给自由带来如此灾难的原因是其平等的理论。自由是中产阶级的口号，平等则是下层阶级的口号。……由于这种平等的理论，自由熄火于血泊中，法国人愿意为拯救生命和命运牺牲其他任何东西。"[30]

如果英法两国关于自由主义的"古今之争"只是停留在经验主义和理性主义争论的层面，自由与平等孰先孰后的关系是不会成为两国在自由主义航道上分道扬镳的原因。在法国大革命的早期阶段，英国不管是辉格党人还是托利党人，普遍对法国发生的这场欧洲前所未有的政治变革持欢迎态度，他们从《人权和公民权宣言》中看到的关于自由、平等、博爱的条款，恰恰也是他们一直主张的政治原则。但是，随着革命进程日趋向恐怖和专制的方向发展，他们日益从法国自由主义的激进风暴中清醒过来，并且开始重新认识他们的同胞埃德蒙·柏克在法国大革命刚刚启动时就发出的警告："从拒绝承认应当受制于最温和的限制开始，而以建立一种闻所未闻的专制结束。"[31] 罗兰夫人（Madame Roland）在1793年11月8日被处决，她临终前留下的遗言："自由，多少罪恶假汝名以行"，是对柏克撰写的《法国大革命反思录》的最有力的呼应，法国在"自由国家"的名义

---

25 参阅[英]伊安·汉普歇尔-蒙克：《现代政治思想史：从霍布斯到马克思》上册，周保巍等译，上海人民出版社，2022年，第245页。译文亦可参阅[法]卢梭：《社会契约论》，李平沤译，商务印书馆，2011年，第23页，两个译文有所不同。
26 [意]圭多·德·拉吉罗：《欧洲自由主义史》，第68页。
27 [英]洛克：《政府论》下篇，叶启芳、瞿菊农译，商务印书馆，2022年，第145页。
28 [法]卢梭：《社会契约论》，第58页。
29 转引自[法]阿尔贝·索布尔：《法国大革命史》，马胜利等译，张芝联校，北京师范大学出版社，2015年，序言，184页。
30 [英]阿克顿：《自由史论》，第74-75页。
31 [英]埃德蒙·柏克：《法国大革命反思录》，冯丽译，江西人民出版社，2015年，第213页。

下所发生的雅各宾暴政，成了自由的屠夫，证明了柏克在大革命初期对法国"暴虐的自由计划"的怀疑和批判是深刻而富有远见的，他的惊世骇俗的理论的横空出世，既意味着英国和法国两个不同的自由主义模式从此各奔前程，也意味着英国"辉格主义"运动的内部分裂——出现了新老辉格党人之争，柏克是以一个"老辉格党人"身份向以福克斯为代表的"新"辉格党发起挑战，由此在英国自由主义的思想传统中开辟出保守主义的转折点。拉斯基认为，英国政治哲学的重大分水岭是埃德蒙·柏克，正是柏克向保守主义的转型，同时其思想的功利主义基础包含着可以从自由主义的角度予以阐释的因素。柏克在为英国美洲殖民地免于税收和印度帝国免于专制统治进行辩护时，他是一个典型的新辉格党人；当他在英国第一个支持政党政治并主张建立代议宪政体制时，他是一个典型的自由主义者；当他猛烈批判法国大革命颠覆了所有传统价值时，他则是一个典型的保守主义者。柏克政治身份的多重性，让后人在确定他在思想史上的定位变得困难：是一个保守主义者还是一个自由主义者？阿克顿勋爵认为，柏克既是一个彻底的自由主义者——坚持良知的自由、财产的自由、贸易的自由、奴隶的自由，同时他又是一个保守主义者——缘于对历史的理解、对过去的权利要求、对时间的权威、对已逝先辈们的意愿、对历史的连续性等因素的理解，这"使得柏克第一个成为既是自由主义又是保守主义的人。"[32] 事实上，柏克集自由主义和保守主义于一身，恰恰正是英国自由主义思想传统的内在构成的体现，新与旧不可区分地统一在一起。柏克思想转型的意义，如阿巴拉斯特的概括："柏克轻易地从相对自由的辉格党教义倒向强烈反对革命的保守主义，这一点意义重大，而且不仅仅因他自身之故，对其后自由主义史的发展也是如此。"[33]

在柏克之后，诸如福克斯的新辉格党人所代表的自由主义，必须真实地面对保守主义所提出的一系列挑战，除了必须面对如何维护英国的传统以及如何在传统条件的约束下进行革命性改革这些重大议题之外，还要进一步回应在法国大革命中所形成的法国式自由主义的一些根本性问题，比如，自由和平等的关系究竟如何理解？自由主义的古今之别究竟何在？个人自由和政治（共同体）自由的关系究竟应该如何建构？这是英国自由主义必须回答的问题。约翰·密尔是试图回答这些问题的英国古典自由主义在19世纪的传人，他在1859年发表的《论自由》一书，论述的主题已经不是与个人主义密切相关的"意志自由"，而是"公民自由"或"社会自由"，"也就是要探讨社会所能合法施用于个人的权力的性质和限度"，换言之，"究竟应该怎样在个人独立于社会控制之间做出恰当的调整？"[34] 为此，密尔一方面坚持了洛克的古典自由主义的基本原则，从"个人乃是最高的主权者"的立场出发，强调政府的合法性来源于大多数自由人的同意与授权，成立政府的目的是保护个人自由及其财产，政府管控个人事务的权力不是无限的，政府只是有限权力政府，反对政府过多干涉个人和社会事务。另一方面，在密尔的理论框架中，政府并不仅仅是被动地扮演一个"守夜人"的角色，他对政府的有限干预持开放性态度，在坚持经济自由的同时，承认政府在某些领域（如教育、劳工权益、公共事业）的干预具有合理性，同时，他反对将经济竞争完全等同于自由，强调社会正义与个人自由的平衡。密尔在新的时代条件下，实际完成了古典自由主义的三个理论转向：1.从自然法到功利主义：拒绝社会契约论和自然权利学说，通过功利主义论证自由的价值，使自由主义脱离抽象权利话语，

---

32 [英]阿克顿：《自由与权力》，侯健、范亚峰译，译林出版社，2011年，第306页。
33 [英]安东尼·阿巴拉斯特：《西方自由主义的兴衰》，第299页。
34 [英]约翰·密尔：《论自由》，许宝骙译，商务印书馆，1959年，第1页，第5页。

更具有现实依据和针对性；³⁵ 2.从政治自由到社会自由：将自由议题从政府行为扩展到社会领域，尤其是重视思想自由和讨论自由；3.从消极自由到积极发展：在保护"免于干涉"的消极自由的基础上，强调个性发展与自我实现的积极价值。密尔的自由主义，明显地是在新时代条件下为应对新的政治、社会和道德挑战而作出的重要理论反应，正如霍布豪斯（L.T.Hobhouse）所说：密尔坚持不懈地使自由主义的原理同"新的经验和新的思想结合起来，研究它们如何发挥作用，为了保持它们内容中真正健康和宝贵的东西应如何把它们加以修正。"³⁶ 从这个意义上说，密尔是英国古典自由主义向现代自由主义过渡的关键性人物。

英国 19 世纪的自由主义，除了密尔进行的理论转型之外，辉格党亦开始主动进行政治转型，在 1839 年改名为英国自由党，党的名称的变化突出显示了一种现代自由主义意识的觉醒。自由党的代表性人物是威廉·尤尔特·格莱斯顿（William Ewart Gladstone），他曾四次出任首相，在他的领导下，自由党的影响力达到了鼎盛时期。格莱斯顿作为一个典型的自由主义者，一直恪守他从中年就开始信奉的"科布登原则"（Cobdenism），³⁷

对于 1880 年代末出现的以托马斯·希尔·格林（Thomas Hill Green）为代表的主张国家干预的"新自由主义"以及半社会主义的思想观念并没有好感，他反对国家决定论，认为除了已经被人类良知证明是正当的事情以外，任何事情都不能被国家的理由证明是正当的。这表明，辉格党向自由党的转型，并没有改变古典自由主义所确立的关于个人自由与国家关系的基本观念，行动界的格莱斯顿和思想界的密尔，共同促使了新老自由主义的对接，英国的 19 世纪因为他们两人而被公认为自由主义时代。但是，到了这个世纪的末叶，用霍布豪斯的话来说："这项伟大运动却大大地衰落了。无论在国内还是国外，那些代表自由主义思想的人都遭到了毁灭性的失败。"³⁸

这个判断肯定是过去夸张了，但自由主义在进入 20 世纪之后面临着远比 19 世纪更为复杂的挑战则是不争的事实。挑战一方面来自于自由主义的内部，霍布豪斯就代表着自格林以来就已形成的"新自由主义"的进一步崛起，³⁹ 他试图在古典自由主义的理论体系中打入"国家干预"的楔子，也就是遵循其理论先驱格林在 1880 年阐述的关于"契约自由"的新观念，完成从一种纯粹自由竞争的理论向国家干预和自由竞争相结合的理论的转变，以便"把自由主义从一种个人主义的自由概念的桎梏中释放出来，为当代立法铺平道

---

35 约翰·密尔的自由主义理论贡献主要体现在两个方面,一是对古典自由主义的修正和发展,用他父亲老密尔(詹姆斯·密尔)和杰里米·边沁共同创立的功利主义理论,突破了古典自由主义那套关于"天赋人权""自然法"和"自然权利"的抽象叙事。二是用古典自由主义的价值观修正了功利主义的幸福观,将人的幸福从边沁的单纯快乐提升为道德层次上的自我实现,注重提升个人的美德和知识,从而为功利主义注入了人本主义的精神维度,超越了早期功利主义冷冰冰的整体形象。参阅[英]伊安·汉普歇尔-蒙克：《现代政治思想史：从霍布斯到马克思》下册，周保巍等译，上海人民出版社，2022 年，第七章，第八章。
36 [英]霍布豪斯：《自由主义》，朱曾汶译，商务印书馆，1996 年，第 54 页。
37 理查德·科布登（1804—1865 年），英国政治家，被称为"自由贸易之使徒"，1839 年主导成立全国性反谷物法联盟并推动国会于 1846 年废除《谷物法》，是该运动的主要领导者。"科布登原则"的核心思想是：一个国家应避免对外国的内部事务进行政治和军事干预，尤其应避免结盟和战争，同时应致力于通过自由贸易、国际仲裁和军备控制来促进和平与繁荣。
38 [英]霍布豪斯：《自由主义》，第 109 页。
39 在自由主义发展史上，曾出现多种关于"新自由主义"的定义，除了霍布豪斯的"新自由主义"之外，罗斯福的自由主义也被称为"新自由主义"或"新政自由主义"，他们均是从左翼立场对自由主义的重新定义，都是主张国家干预市场，主张实行"福利国家"政策。而从哈耶克到里根—撒切尔主义，则是从右翼立场要求重新复兴古典自由主义的基本观念，信奉自由竞争，反对国家过多干预经济和社会事务，他们的理论和政策也被许多思想史学者称之为"新自由主义"，或者作为对罗斯福式新自由主义的反动，称之为"新新自由主义"。"新自由主义"和自由主义一样，面临着混乱的概念之争，本书后续论述将会不断涉及关于"新自由主义"的各种争论。

路"。⁴⁰ 霍布豪斯重新定义了自由主义，使自由主义从一种主张"小政府"的学说，转变为一种主张通过民主的、干预性的国家介入来实现个人自由与社会正义相结合的学说，他把"自由主义的未来"寄托于能否构建一个"福利国家"的宏大计划。霍布豪斯开创的"新自由主义"在20世纪的影响是深远的，拉吉罗的评价是：霍布豪斯是"20世纪英国自由主义新的最佳形式"，⁴¹ 阿巴拉斯特则认为：霍布豪斯为复兴自由主义"伟大运动"做出了"重大思想和政治贡献"。⁴² 后来发生的影响更为广泛的"凯恩斯革命"和罗斯福"新政自由主义"运动，均可以从霍布豪斯的著作中找到理论源头。

另一方面，从自由主义的外部世界来看，国际共产主义运动在20世纪的迅猛发展，对自由主义的发展提出了更为严峻的挑战。马克思主义在19世纪为工人阶级锻造了最激进的理论武器，那就是主张通过暴力革命来推翻现行的资本主义社会秩序，公开号召打碎资产阶级国家机器，从而是要彻底颠覆自由主义经由几百年传承所形成的基本理论及其价值观。这与自由主义过往所经历的各种挑战在性质上完全不同。从古典自由主义的洪流中分流出来的保守主义和"新自由主义"，其实都没有从根本上改变古典自由主义所确立的个人权利至上、私有财产神圣不可侵犯、建立宪政代议制度、坚持思想自由和宗教宽容的基本观念，这些观念是自由主义、保守主义和"新自由主义"坚守的共同底线。但是，马克思和恩格斯在《共产党宣言》中赋予无产阶级的使命是："共产主义革命就是同传统的所有制关系实行最彻底的决裂；毫不奇怪，它在自己的发展进程中要同传统的观念实行最彻底的决裂。"在这两个"决裂"中，马克思和恩格斯毫不隐晦地宣称，消灭资本主义私有制及其观念，"正是要消灭资产者的个性、独立性和自由"。⁴³ 这意味着，在马克思主义所规划的革命宏大计划和未来社会蓝图中，是没有任何自由主义、保守主义或"新自由主义"的合法生存空间，它们统统是作为传统的私有制的观念，要在无产阶级的革命进程中被彻底清除干净。

马克思主义的横空出世，彻底改变了欧洲的思想地图，让自由主义的"古今之争"有了一个新的维度，那就是在自由主义和保守主义的对峙中，出现了以马克思主义为代表的激进主义之维。如果说在19世纪的自由主义时代，马克思主义的传播因为巴黎公社的失败和欧洲社会民主主义运动的发展而遇到瓶颈的话，那么，在20世纪它却因为列宁领导的俄国十月革命的胜利而日益产生重大而深远的影响。路德维希·冯·米瑟斯（Ludwig von Mises）在1922年撰写《社会主义：经济与社会学的分析》一书时，承认了一个严峻的现实：在历史上，从没有任何教义能够像马克思主义那样被迅速而完全地接受，它取得的巨大而持久的成功被普遍低估了；在莱茵河以东的欧洲，非马克思主义者所剩无几；甚至在西欧和美国，马克思主义的支持者也多于反对者；包括那些虔诚的基督徒在攻击马克思主义的唯物主义时，也希望自己被称为"基督教社会主义者"；而那些保皇派和民族主义者，则把自己打扮成"国家社会主义者"和"民族社会主义者"。正是根据这些现实，米瑟斯认为马克思主义取得了不容置疑的成功：

"马克思主义取得空前的成功，是由于它承诺要实现那些自远古以来就埋藏在人类灵魂深处的渴望和梦想。它许诺了一个人间天国，一个充满幸福欢乐的至福乐园；令生存竞争中的失意者更加开心的是，所有出人头地者都将遭到贬损。逻辑和理性被弃之如敝屣，因为它们会揭露这些天堂和复仇之梦的荒谬。在与理性主义建立起来的有关生活和行为的科学思想的所有对抗中，马

---

40 [英]霍布豪斯：《自由主义》，第111页。
41 [意]圭多·德·拉吉罗：《欧洲自由主义史》，第146页。
42 [英]安东尼·阿巴拉斯特：《西方自由主义的兴衰》，第380页。
43 《马克思恩格斯选集》第1卷，人民出版社，1995年，第293页，287页。

克思主义是最激进的一派。它确实应以'科学社会主义'之名而享有科学声誉，因为它在批评社会主义经济学的构建所取得的所有科学成就时利用这种声誉，在约束人们的生活和行为上取得了不容置疑的成功。"[44]

马克思主义的成功传播，当然不仅仅是米瑟斯所说的源于它为人类描绘了一个未来美好社会的蓝图——人类关于千年王国的梦想在几千年的时间里从未中断过，而是提供了一套新的完全有别于自由主义的社会政治哲学——唯物史观，它以生产力决定生产关系、经济基础决定政治上层建筑及其意识形态的基本原理，用来证明资本主义社会必然灭亡、社会主义和共产主义社会必然胜利的"历史规律"。在这套宏大理论叙事中，个人的地位微不足道，决定历史发展的主体力量是阶级、人民或群众，无产阶级是作为"天选阶级"的身份承担着解放自己也解放全人类的历史使命，这个阶级因为在资本主义剥削体制中处于绝对贫困的地位而具有天然的革命性，以它为主体的革命将成为历史的火车头。在马克思主义的话语体系中，自由、平等和正义也是关键词，它所规划的共产主义社会最终是要消灭阶级、私有财产和国家，取而代之的，"将是这样一个联合体，在那里，每个人的自由发展是一切人的自由发展的条件。"[45] 马克思主义依靠这套独特的话术描绘的人类自由和平等的理想愿景，比所有自由主义者对自由社会的界定都更具有煽动性和感染力。用哈耶克（F.A.Hayek）的话来说，"对更大自由的允诺已经成为社会主义宣传最有效的武器之一"，他在《通往奴役之路》这部历史性著作中坦承，社会主义这个"伟大乌托邦"对自由主义构成了最大威胁：

"社会主义已经取代自由主义成为绝大多数进步人士所坚持的信条，这不只意味着，人们已经忘记了以往伟大的自由主义思想家有关集体主义后果的警告。事情之所以发生，是因为他们相信与这些思想家所作的预言正好相反的东西。令人惊讶的是，同一个社会主义，不仅在早先被公认为是对自由最严重的威胁，而且从一开始便十分公开地作为对法国大革命的自由主义的反动，却在自由的旗帜下获得普遍的认可。现在难得有人还记得，社会主义从一开始便直截了当地具有独裁主义性质。"[46]

正是因为马克思主义夺取了自由话语的霸权地位，社会主义运动在20世纪前半叶的凯歌行进，几乎就是将自由主义打得落花流水。雷蒙·阿隆（Raymond Aron）观察到在两次世界大战后的一个相同的政治和思想现象：在1936年，也就是在第一次世界大战结束后的18年，欧洲除了英国以及佛拉芒和斯堪地纳维亚的几个小国家之外，大多数国家的自由民主制度都消失了；法国的自由民主制度处在危险中，被右翼的法西斯主义和共产党的力量撕裂；即使在自由民主制度没有受到威胁的地方，大萧条也使人们赞同马克思主义关于资本主义经济危机的预言，即由于生产的社会性质和所有制的私人性质之间的矛盾，不仅仅民众贫困化，而且经济也必将崩溃。同样的情况也发生在第二次世界大战后的18年里，虽然西方世界在战后呈现出经济高速增长的态势，自由民主制度也得到了巩固，但是，在亚洲和非洲的大多数"被解放"的国家中，自由民主制度并没有扎下根来。在阿隆看来，两次世界大战后自由民主制度的现实困境，表明在马克思主义、自由主义和保守主义三大意识形态的对峙中，比较于保守主义限于对一种不复存在的秩序的怀念，以及强调革命者的虚幻的或灾难性的抱负，以及比较于自由主义在政治上主张限制国家权力、在经济上

---

44 [德]路德维希·冯·米瑟斯：《社会主义：经济与社会学的分析》，冯克利、崔树义译，中国社会科学出版社，2012年，第16页。
45 《马克思恩格斯选集》第1卷，第294页。
46 [德]弗里德里希·奥古斯特·冯·哈耶克：《通往奴役之路》，王明毅、冯兴元译，冯兴元等校，中国社会科学出版社，1997年，第50页。

相信个人首创精神的美德，马克思主义仍然是"属于在政治—历史的意识形态中最有影响的一种"，"它把对资本主义的一种所谓的科学批判与对一个不可避免的将来的预言和对高奏凯歌的明天的预告结合在一起"。[47] 如此看来，在20世纪的大多数时间里，保守主义作为一种"传统"的意识形态，自由主义作为一种"现代"的意识形态，在与马克思主义作为一种"未来"的意识形态的对立与对抗中，始终没能占据上风，人们更多地选择相信，要逃避或超越现实的苦难，不能回到过去，而是要面向未来。或者说，为了美好的未来，既要抛弃过去，又要不惜牺牲现在。马克思主义对人类未来建立一个既无阶级、也无剥削甚至没有国家的自由和平等社会的美好承诺，不仅让广大的无产阶级信以为真，而且也深深地吸引了诸如萨特（Jean-Paul Sartre）那样的左派人士，包括"让硕果仅存的古典自由主义思想家如英国的欧内斯特·本（Ernest Ben）爵士也在哀叹自由主义的衰落"。[48]

正是在保守主义、自由主义和马克思主义分别指向"过去""现在"和"未来"的三岔路口，以及有越来越多的人涌向了马克思主义指示的未来之路，以赛亚·伯林（Isaiah Berlin）出场了。他一生的经历几乎完全与20世纪相重叠，也几乎完全与自由主义的衰落和马克思主义的复兴相重叠，尤其是他亲眼见证了20世纪两个最大的极权主义国家——希特勒领导的纳粹德国和斯大林领导的苏维埃政权——给本世纪造成的灾难性后果。伯林在1933年就已经充分认识到纳粹的恐怖，清醒地意识到文明国家绝无可能与之和平共处，但他在战后却并没有对纳粹的暴行发表"任何原创性的观点"，他把批判的锋芒主要指向了苏联。伯林和雷蒙·阿隆一样，认为在纳粹德国覆亡之后，自由主义面临的主要挑战是来自于苏维埃制度，用后者的话来说，"只剩下面对面的苏维埃制度和自由民主制度"，苏维埃制度是西方自由民主制度必须与之作斗争的"惟一敌人"。[49] 伯林的俄国生活背景，他在幼年时期所形成的对布尔什维克专政的恐怖记忆，以及苏维埃共产主义在他的左倾知识分子小圈子中激起的同情心理，让他远比阿隆更为深切地意识到，苏联式的极权主义是20世纪人类社会面临的最大威胁。诚如《伯林传》作者叶礼庭所说："是斯大林，而非希特勒，犯下的罪行激起了柏林最为尖锐、最富独创性的回应"。[50] 这些回应中的一个重要主题就是对马克思主义的乌托邦理想的批判，他要证明："牺牲真实的当下，以成就一个可能存在的美好未来"的历史目的论和决定论，是人类所能犯下的最为深重的罪孽之一，它将自己理应承担的道德责任转移到无法预测的未来秩序之上，这是一种让一切现实考量屈服于未来预期的做法，是"一项反对'人'的生活的恶鬼契约"，与对"未来天堂"的无情追寻之旅相伴的，是"数以百万计的人的死亡，而真正的民众则没有从中得到任何收益"。[51] 在伯林所界定的自由主义的敌人中，最有魅力的同时又是最危险的敌人是那些表面上的确主张自由、甚至把自由置于其他价值之上、但却重新把自由定义为它的反面的那些作者，这个作者名单包括卢梭、费希特和黑格尔，而马克思则是他们的集大成者。虽然伯林并没有把批评卢梭那样的文字——"在整个现代观念史上，卢梭是自由最险恶和最可怕的一个敌人"[52]——加诸马克思身

---

[47] [法]雷蒙·阿隆：《论自由》，姜志辉译，上海世纪出版社，2007年，第36页，117页。
[48] 参阅[英]约翰·格雷：《自由主义》，第53页。
[49] 同上书，第37页。
[50] 参阅[英]乔舒亚·L·彻尼斯：《一种思想及其时代：以赛亚·伯林政治思想的发展》，寿天艺、宋文佳译，译林出版社，2023年，第73页。
[51] 参阅同上书，第153页。
[52] [英]以赛亚·伯林：《自由及其背叛》，赵国新译，译林出版社，2019年，第64页。

上，但在他的第一部著作《马克思传》中，他就明白无误地揭示出马克思与19世纪以来所有思想家的不同之处——"伟大专制的新信仰奠基人"：

"19世纪涌现了众多著名的社会批判家和革命者，这些人与马克思相比并不缺少创新、暴力和固执，但是没有人能如他那样执着坚定，那样全心全力地将自己一生中的每一句话和每一个行动都变为朝向一个专一、直接、实际的目标的手段，对此而言没有什么事太过神圣而不能牺牲的。假如有人认为他的思想领先于他的时代，那么同样一定有人认为他代表了最古老的欧洲传统之一。他的现实主义，他对历史的感觉，他对抽象原则的攻击，他要求任何解决方案必须通过其在真实环境中的适用性和结果加以检验，他轻蔑地将妥协或渐进主义视为回避极端行动必要性的方式，他坚信群众易受蒙蔽，因此必须花任何代价，必要时使用武力，把群众从那些欺压他们的无赖和傻子手中解救出来，所有这些使他成为下一个世纪中更加严厉的一代务实革命者的先驱；但是他坚信必须要和过去有一个彻底的了断，认为需要一个全新的、唯一能挽救个人的社会体制——那些个人从社会限制中解放，就会和别人齐心协力，但同时也需要严格的社会指引——正是这些使他居于那些伟大专制的新信仰奠基人，以及那些无情的颠覆者和改革者之列，他们采用单一、明确、热情持有的原则来解释这个世界，凡是一切与原则对立的东西都要受到谴责和摧毁。"53

从柏克到伯林，在英国自由主义近二百年时间的发展中，似乎并没有必然的关联，虽然他们分别是他们所属时代的自由主义的代表性人物。本书之所以要把他们两人联系起来考察，是因为从18世纪末至20世纪末，源于英国的自由主义洪流在汹涌向前的奔流中，尽管出现了各种"分流"和"逆流"，但其在现代性进程中的"主流"地位始终没有改变，自由主义即使在最困难的时期，它在奠基时所形成的传统思想基石并未根本动摇。中国学者李强在其著作中引述了一些西方学者流行的看法："西方现代实际上只有一种意识形态，那就是自由主义。保守主义在本质上是要'保守'自由主义的成果，而激进主义则企图以激进的方式实现极端化了的自由主义原则。"54 阿巴拉斯特在其著作中就认为："保守主义者和社会民主主义者正在明显地共享着自由主义的假设和态度，这也证明了自由主义的支配性地位，但同时也揭示出了其支配性地位的局限性。"55 "世界体系"理论创始人伊曼努尔·沃勒斯特（Immanuel Wallerstein）则从其固有的左翼立场出发，强调1789年以来只有一种意识形态——自由主义，自由主义、保守主义和社会主义这三大意识形态均明显地具有自由主义的特性；在1848—1914年期间，自由主义独步天下；在1917—1968年（或1989年），自由主义在全世界达到顶峰；包括列宁主义，虽然它声称自己是竭力反对自由主义的一种意识形态，但实际上也不过是自由主义的一个化身。他按照左中右的划分标准，明确将保守主义视为右派，将自由主义视为中间派，而将社会主义视为左派。56 如果这些看法成立，自由主义、保守主义和马克思主义这三大意识形态在20世纪的对立和冲突，不过就是自由主义内部的"古今左右之争"。伯林显然是要颠覆这套叙事，他在理论上的一个重要使命在于：证明以马克思主义为指导的苏联社会主义实践，从根本上改变了自由主义"古今之争"和"左右之争"的性质，马克思主义作为自由主义的敌人或"逆流"，它所倡导的无产阶级专政制度是要从根本上彻底消灭自由主义。因此，如果说柏克是要保守自由主义的成果，

---

53 [英]以赛亚·伯林：《马克思传》，李寅译，译林出版社，2018年，第21页。
54 李强：《自由主义》，东方出版社，2015年，第3页。
55 [英]安东尼·阿巴拉斯特著：《西方自由主义的兴衰》，第11页。
56 参阅[美]伊曼努尔·沃勒斯特著：《自由主义的终结》，郝名玮、张凡译，社会科学文献出版社，2002年，第89-90页，第8页。

伯林则是要把自由主义最重要的成果——消极自由，从绝对主义、一元论和决定论的理论桎梏中拯救出来，也就是要把自由主义从极权主义的桎梏中拯救出来。他对马克思主义的研究，是要证明这个曾经是一种"批判的、理性主义的维多利亚时代学说"，已经转变为"一种过分简化的、教条式的狂热信仰，依赖于对简单公式的无限重复，以及对可见的、神圣不可侵犯的权力的崇拜"。他与苏联异议作家鲍里斯·帕斯捷尔纳克（Boris Pasternak）和安娜·阿赫玛托娃（Anna Akhmatove）的交往，以及他对"他们简直无法形容的生活和工作处境以及他们所遭受的对待的认识"，"深深地影响并永久地改变了"他的世界观，甚至使他绝望地认为苏维埃"这个体制给人们带来了巨大的身体和精神上的创伤，没有哪个西方社会能够救得了它"。[57] 他对乔治·奥威尔（George Orwell）持有"极大的敬意"，强调后者撰写的政治小说《1984》是"我们时代对左翼暴政的最佳警告"。[58] 他赞成雷蒙·阿隆对自由原则的重申——"当前最受威胁的自由是自由主义者为之辩护的自由"，以及对极权主义统治模式发出的警告——"在我们的时代，最大的威胁是极权主义的威胁。在极权主义的制度中，一种垄断性组织，党的组织，试图把它的权力延伸到整个社会生活。"[59] 最重要的是，如果说柏克对法国大革命的反思是致力于把英国乃至整个欧洲从激进革命的迷思中唤醒过来，那么，伯林对极权主义的批判则是力图把整个西方世界从对马克思主义的普遍迷思中唤醒过来，他始终是把批判极权主义政治及其观念视为自由主义最主要的任务。对于伯林的理论贡献，乔治·克劳德（George Crowder）的下述评价是准确的：

"伯林必须被看作20世纪极权主义最重要的分析者之一。我们追踪极权主义思想的智力起源和道德心理学呈现为伯林的主要方案。在这方面，他解决了他所处时代在道德和政治上面临的最大挑战，伯林的回应是精微、深远和非常独特的。对他而言，极权主义政体可能部分来源于历史环境的偶然事件，来自经济因素和领导者的个性，但是它们最重要的起源是观念的。观念是强大的，它们可能创造或摧毁了千百万人的生活。观念也是可以被塑造的，它们可以被塑造为自由社会的原则，或扭曲成压制的意识形态。"[60]

本书并非是对柏克和伯林的个案性研究，也不是分别将他们设定为英国自由主义史上的某个阶段的起点和终点，由此叙述在两人间隔二百年时间里英国所发生的重要政治事件、人物、观念变迁以及他们各自思想对历史的影响。从伯林观念史批判的视野来看，在西方的思想传统中，从柏拉图经由启蒙运动直至今天，大多数思想家都致力于建构一套宏大叙事，试图阐释一种普遍有效的真理体系，最终为解决人类所面临的一切问题提供唯一的终极方案。用伯林的话来说："哲学家们都在寻找绝对确定性、毋庸置疑的解答或观念的绝对可靠性。"[61] 但是，柏克和伯林都不是形而上学的信徒，都没有沉醉于普遍主义的美酒之中，他们相信经验更胜于相信抽象的原则，不管这个抽象的原则是指向英国古典自由主义语境中的自然法或自然权利的抽象观念，还是指向法国启蒙主义语境中的理性主义抽象话语。因此，预设一个从柏克到伯林的叙事路径，除了要分别研究他们的思想在观念史上的应有位置、意义和影响之外，更主要的是要探讨他们时代的自由主义变迁的内在逻辑及其主要问题。在柏克时代，因

---

57 参阅[英]以赛亚·伯林：《苏联的心灵：共产主义时代的俄国文化》，刘北成、潘永强译，译林出版社，2010年，第82页，113页。
58 参阅[英]乔舒亚·L·彻尼斯：《一种思想及其时代：以赛亚·伯林政治思想的发展》，第82页脚注58。
59 [法]雷蒙·阿隆：《论自由》，第117页。
60 [英]乔治·克劳德：《自由与多元论：以赛亚·伯林思想研究》，应奇等译，译林出版社，2018年，第217页。
61 [英]以赛亚·伯林：《观念的力量》，胡自信、魏钊凌译，译林出版社，2019年，第6页。

应于对法国大革命的不同认识和评价而导致的自由主义与保守主义的分野，是当时欧洲思想界最重要的变化之一，柏克无可置疑地是引领这个思想变化的关键人物；而在伯林时代，自由主义、保守主义和马克思主义三大意识形态的对立与冲突，则从根本上决定了20世纪世界历史的走向。这印证了伯林关于观念史研究的一个基本判断：是观念的力量而不是马克思所宣称的人类的技术能力决定有意识的人类生活轨迹。正如他在《两种自由概念》这篇纲领性文章中引用德国诗人海涅（Heinrich Heine）的话："不要低估观念的力量，教授在沉静的书斋中所成长起来的哲学观念，能够摧毁一种文明。"[62] 这并非危言耸听，就像法国大革命中的罗伯斯庇尔不过就是卢梭的手而已，他的躯体的灵魂是卢梭创造的（海涅语），20世纪波澜壮阔的国际共产主义运动，也是由马克思在《共产党宣言》中所说的"幽灵"构成了它的"第一推动力"。因此，伯林的观念史研究，是致力于对自由主义在两个多世纪的发展中演变或激发出来的一些重要观念，作出符合自由主义原则的解释，对诸如"为什么我（或任何人）必须服从另一些人？""我为什么不能如我所愿地生活？""我必须服从吗？""如果我不服从，我会被强制吗？""又有谁来强制、强制到何种地步、以什么名义、为着什么目的进行强制？"等问题[63]，作出符合自由主义的理论原则和历史经验的回答。在他看来，尽管杰斐逊、柏克、潘恩（Thomas Paine）、密尔开列了个人自由的不同清单，但他们阻止权威入侵的论点始终没有变。也就是说，古典自由主义所确立的以"消极自由"为核心的自由原则，在虽变动不居却永远清晰可辨的那个疆界内不受干涉。正是在一个自由被各种不同甚至截然对立的观念重新定义的时代，伯林对自由主义基本立场和价值观的坚守，使他有资格称自己是"一个为人类自由而战的士兵"。源于英国的自由主义洪流，如果从1215年发表《大宪章》开始计算，至今已奔流了800余年；如果从约翰·洛克的《政府论》为自由主义的理论奠基开始计算，已有300余年的历史；而从柏克去世到伯林去世，正好是200年。在英国自由主义的历史进程中，埃德蒙·柏克和以赛亚·伯林并非是自由主义原创性理论的创立者，他们在思想史或观念史上的重要性在于，前者完成了自由主义与保守主义的分流，开创了自由主义的"古今之争"，而后者则对逆自由主义潮流而动的马克思主义进行了前所未有的批判，让意识形态的"左右之争"最后指向自由主义与极权主义的世纪之争。柏克和伯林虽然身处两个不同的时代，应对的是不同的时代问题，但他们共同的理论底线是基于英国传统的个人自由或消极自由的自由主义，不管这种自由主义是以古典形态出现还是以现代形态出现。在他们的著述中，维护个人不可侵犯的权利和自由始终是一以贯之的主题。本书预设的"从柏克到伯林"的叙事路径，以"批判的思想史"为方法，实际上是将伯林的观念史研究贯穿其中，将理论考察的视野从英国自由主义的古今左右之争转向一个更大的范围，重点探讨"自由主义的法国之路""自由主义的德俄困境"和"自由主义的美国问题"，最后对自由主义的未来作出展望。恰如哈耶克所说：

"如果我们在创造一个自由人的世界的首次尝试中失败了，我们必须再次尝试。一项维护个人自由的政策是唯一真正进步的政策，在今天，这一指导原则依然是正确的，就像在19世纪时那样。"[64]

---

62 [英]以赛亚·伯林：《自由论》，胡传胜译，译林出版社，2011年，第168页，译文参阅以赛亚·伯林：《观念的力量》，第17页，编者前言。海涅在《论德国宗教和哲学的历史》一文中的原文是："记住吧，你们这些骄傲的行动者！你们不过是思想家们不自觉的助手而已。这些思想家们往往在最谦逊的宁静之中向你们极其明确地预示了你们的一切行动。"[德]海涅：《论德国宗教和哲学的历史》，海安译，商务印书馆，1972年，第99页。
63 [英]以赛亚·伯林：《自由论》，第169页。
64 [德]弗里德里希·奥古斯特·冯·哈耶克：《通往奴役之路》，第251页。

左翼之争是如何自毁魏玛共和?

荣 剑

提要： 魏玛共和国从其执政党的性质而言，无疑是世界上经由和平选举产生的第一个社会主义共和国，因为共和国的总统和总理均来自德国社会民主党。该党自1875年走上议会道路之后，经过几十年的合法斗争，终于在第一次世界大战前成为国会第一大党，并在战争与革命的双重变奏中取得了关键性的政治突破，赢得了魏玛共和国的政治主导权。但是，在社会民主党内部，由于对战争、革命和政权的重大认识分歧，产生了三个不同的政治派别，最终分裂为三个彼此严重对立的左翼政党。正是因为"左翼之争"，持续引发了魏玛的政治危机和政治动荡，促使共和国不断地从左翼向右翼方向发展，最后被纳粹政权所取代。从这个意义上说，德国社会民主党是魏玛共和国走向崩溃的第一责任者。本文是《帝国转型中的"魏玛问题"》一书的第二章，分四个部分展开。长篇专业论述，全程读完，必有收获。

社会民主党的议会之路

德意志帝国的崩溃，让德国突然有了一个共和国，而且还有了一个社会民主党政府。在威廉二世宣布退位时，社会民主党领导人艾伯特其实并没有废除君主制的想法，他对谢德曼仓促宣布成立共和国的做法极度反感，按照他的设想，德国应该沿着君主立宪的轨道继续实行和扩大议会民主制，逐步实现"爱尔福特纲领"所提出的政治要求："一方面从现代资产阶级社会的历史发展中导出社会民主党的历史任务、无产阶级阶级运动的最终目标，另一方面则要标出党在这个社会基础上的实际道路……这个阶级必须在当前的实际条件下进行斗争。"[1] 从社会民主党的"政治成熟"而言，该党在1918年11月革命爆发的前夜，既没有从思想上和组织上做好革命的准备，更没有做好全面掌握国家政权的准备。德国从一个议会有限参政的君主立宪国家向一个现代共和国的革命性转变，得到了大多数德国人的支持，但是，他们却未必都愿意接受一个社会民主党领导的政府。革命的形势有利于社会民主党的地方在于，在帝国崩塌后出现的权力真空中，该党远比其他政治党派在国会中掌握了更多的席位。在1912年，社会民主党已经成为国会的第一大党，拥有27.7%的席位，合法地具有组阁的权力，尽管这一权力在威廉皇权内阁时代一直被搁置着。随着革命形势的突变，当艾伯特意识到社会民主党的执政机会已是迫在眉睫时，他就毫不犹豫地决定紧紧抓住这个机会。

1918年11月7日，艾伯特和谢德曼代表社会民主党向威廉王朝最后一届内阁首相冯·巴登亲王发出最后通牒，要求皇帝退位，内阁交出权力，他们认为只有社会民主党才能掌控德国在革命运动中的命运。11月9日，威廉二世宣布退位，社会民主党在感到大规模革命运动步步逼近时，决议与独立社会民主党人进行谈判，最终决定："在必要时与工人士兵共前进，社会民主党应当夺取政府，但尽可能避免流血。"[2] 同日中午12时

---

1 参阅[德]弗兰茨·梅林：《德国社会民主党史》，第四卷，青载繁译，生活·读书·新知三联书店，1966年，第326页。
2 参阅[德]霍斯特·穆勒：《魏玛德国：从共和到纳粹》，第13页。

35分，巴登亲王宣布将内阁权力移交给社会民主党，由艾伯特担任过渡政府的首相。巴登亲王在移交权力时请求艾伯特"细心照管德国"，后者的回答是："我已为这个国家失去了两个儿子。"[3]

德国社会民主党通过和平的合法的方式获得魏玛共和国首届政府权力，如果从执政党的性质来判断，这无疑是世界上第一个社会主义政党的政府。这一重大政治成果标志着自1848年以来德国无产阶级运动发展在经历了多种道路选择之后，终于在议会道路上取得了关键性的政治突破。德国是马克思的故乡，马克思为德国工人运动制定的基本原则是：与资产阶级进行长期的不可调和的阶级斗争，通过暴力革命的方式推翻资产阶级统治，在革命成功之后建立无产阶级的革命专政，最后是向共产主义社会过渡。然而，德国工人运动并未全盘接受马克思这一套关于阶级斗争、革命和专政的理论方案。1863年，斐迪南·拉萨尔领导建立了"全德工人联合会"，该会的宗旨是通过平等的普选权来争取工人阶级的解放，肯定民族国家的社会民主主义的改良主义，以区别于马克思提出的国际的革命的社会主义。1869年，奥古斯特·倍倍尔和威廉·李卜克内西在爱森纳赫成立了德国社会民主工党（史称爱森纳赫派），该党在纲领中要求铲除阶级统治和"建立自由的人民国家"，要求普遍的、平等的和直接的选举权，把政治自由视为"工人阶级经济解放"的先决条件，主张参加帝国议会竞选，把议会作为工人阶级参与政治斗争的主要场合。德国两大工人政党基于基本政治理念的一致性，在1875年决定合并，统一组成"德国社会民主工党"，并通过了由李卜克内西主持起草的《哥达纲领》，该纲领"虽然严重背离了他的朋友马克思和恩格斯的理论，但得到了代表大会的一致赞同。"[4] 马克思为此撰写的《哥达纲领批判》，几乎是逐字逐句地对"合并纲领"进行批判性批注，特别强调"我们同上述原则性纲领毫不相干，同它没有任何关系。"他对俾斯麦政权的基本判断是："一个以议会形式粉饰门面、混杂着封建残余、同时已经受到资产阶级影响、按官僚制度组成、以警察来保护的军事专制国家"；工人阶级绝不能向这个国家庄严地保证，"用合法手段"从它那里争得民主。马克思仍然要求德国工人党在资产阶级社会的这个最后的国家形式里的阶级斗争中进行"最后的决战"。[5] 对于来自马克思的严厉批判，德国社会民主工党采取的策略是，将批判手稿搁置起来，直到1891年才公布于众。此时，德国社会民主工党在爱尔福特举行党代表大会，决定将党的名称改为"德国社会民主党"，将"工人"从党的名称中去除，表明社会民主党的领导人不再把本党视为纯粹的无产阶级政党，而是视为一个"全民党"。在代表大会通过的"爱尔福特纲领"中，理论部分保留了马克思在《资本论》中对于"资产阶级社会的经济发展"和由此必然得出的结论所作的简短分析，实际政策部分则提出了关于国家和社会的民主化以及改善工人阶级的社会地位的一系列主张：各级议会、各级国家机构和自治管理部门的选举实行普遍的、平等的比例制选举法，妇女享有平等权利，学校世俗化，司法独立，医疗免费，改变税收和经济政策，设劳工局，保障言论、集会和结社自由，由工人参与工人保险机构，实行八小时工作制，等等。"爱尔福特纲领"按照恩格斯的评价，比"哥达纲领"有很大进步，这是一个和平"长入社会主义"的纲领，认为德国社会民主党只有"在民主共和国这种形式下，才能取得统治"。[6]

自爱森纳赫派和全德工人联合会在1875年统一以来，德国社会民主主义运动在议会道路上发展迅速，日益壮大。哥达代表大会两年后，德国社会民主工党在国会选举中获得了9.1%的选票。

3　参阅[瑞士]埃里希·艾克：《魏玛共和国史》上卷，第51页。
4　[德]苏珊·米勒、海因里希·波特霍夫：《德国社会民主党简史：1848—1983》，第31页。
5　《马克思恩格斯选集》第3卷，人民出版社，1995年，第295页，315页。
6　参阅《马克思恩格斯选集》，第4卷，人民出版社，1995年，第411-412页。

1878年，俾斯麦以有人两次刺杀威廉一世皇帝为理由，借机打压社会民主党人，在国会强行通过了"镇压社会民主党企图危害社会治安的法令"（简称"反社会党人法"），该法有效期原为三年，直到1890年9月30日被废除时，曾三次延长期限。在执行该项法令的12年时间里，总共有近900名社会民主党人连同他们的1500名家属成员被逐出家园，153个协会和175种报刊遭到查封，接近社会民主党的工会也遭到解散。该项法令允许社会民主党人所从事的唯一合法活动，是参加帝国国会选举和各邦的议会选举。在俾斯麦政府的如此打压之下，社会民主党在1878年的国会选举仍然获得了43万7千张选票。到了1890年终止"反社会党人法"之后，社会民主党的选票如同井喷一样，当年达到了142万7千张，成为国会第一大党。恩格斯在晚年（1895年）正是基于德国社会民主党在议会选举中取得的重大进展，认为"无产阶级的一种崭新的斗争形式"开始被采用，德国社会主义政党对工人阶级事业作出的一个"重大贡献"是，教会了工人卓有成效地利用普选权这一新的武器——"最锐利的武器中的一件武器"，并且承认马克思和他以前关于无产阶级通过暴力革命夺取政权的设想，"只是一个幻想"，他断然认为："1848年的斗争方法，今天在一切方面都已经过时了。"[7]到了1912年，德国社会民主党在国会选举中获得了34.8%的选票，在帝国议会中占有110个席位，成为最强大的议会党团。

德国社会民主党在议会道路上走得越远，就越偏离马克思曾经为德国工人阶级规划的暴力革命之路，并且用行动证明议会道路是更符合工人阶级实现其政治权利和经济利益的唯一正确路径。马克思主义理论与德国社会民主主义实践之间显而易见的矛盾，虽然没有从根本上动摇马克思主义在党内的意识形态支配地位，但却引发了党内的重大分歧，出现了三个派别，即以考茨基为代表的"正统马克思主义"（中派），以伯恩斯坦为代表的"修正主义"（右派），以罗莎•卢森堡为代表的"激进马克思主义"（左派）。三派的主要区别在于：考茨基是试图在坚持马克思主义基本教义的前提下走议会道路，将工人阶级从暴力革命转向和平斗争视为马克思主义的题中应有之义，用恩格斯晚年的思想转变来为社会民主党走议会道路背书。伯恩斯坦是主张彻底修正马克思主义，对马克思主义的三个理论部分展开批判性反思，断言为"未来的餐馆"开出菜单的空想共产主义已经彻底破产，明确提出了"目的算不了什么，运动就是一切"的口号。卢森堡在坚持马克思主义基本教义这一点上与考茨基站在一起，他们都反对伯恩斯坦的修正主义路线，但卢森堡比考茨基更注重于坚持马克思主义的革命理论，用她自己的话来说：党必须"坚持它的最终目的，坚持取得政权以废除资本主义制度……它对社会改良和不知不觉地逐渐进入社会主义的彼岸丝毫不抱幻想，相反，它期待着社会灾变和政治灾变，它坚定地希望表明自己日益能胜任这一任务并作为形势的支配者出现；最后，它对现存的国家不仅不进一步实行让步政策，而且要把斗争进行到底。"[8]

社会民主党内的左中右三派对于马克思主义革命理论的不同诠释，以及在关于党的基本纲领、战略和策略方面存在的分歧，并没有妨碍他们形成一些必要的共识，他们都信奉"社会民主主义"的基本理念，都充分认同自由、民主和人权的基本价值，都主张走和平的议会道路，反对以暴力革命的方式夺取国家政权。对于列宁发动"十月革命"并建立了苏维埃政权这一突发事件，德国社会民主党的领导人从一开始就抱着质疑和批判的态度，即使如卢森堡同情并理解列宁的革命，但她还是坚决不能接受革命创造的苏维埃政权所

---

7 同上书，第510页。
8 中央编译局国际共运史研究室编：《德国社会民主党关于伯恩斯坦问题的争论》，生活•读书•新知三联书店，1981年，第57页。

体现出来的极权本性，认为这一政权只是一小撮政治家的专政，是雅各宾统治意义上的专政。因此，在德国革命爆发时，以艾伯特为代表的社会民主党人首先考虑的是，决不能让德国革命沿着俄国革命的轨道向前发展，建立共和国是实现社会主义的重大步骤，社会民主党只能通过合法的和平方式执掌国家权力。问题在于，革命形势的迅速发展在很短的时间里造成了政权更替的局面，革命不仅造成了扑朔迷离的政治前程，而且也进一步激化了社会民主党内部原来只限于理论层面上的分歧。由社会民主党开创的魏玛共和国，首先因为战争、革命和政权问题引发了左翼的内部之争，社会民主党人从思想分歧走向了组织分裂、军事冲突和最后决裂。社会民主主义运动内部的政治危机，开启并加剧了魏玛共和国的一系列政治动荡。

因战争而分裂

社会民主党从思想分歧走向组织上的分裂，始于对战争的不同认识。在1914年战争爆发初期，德国社会民主党和欧洲所有参战国家的社会主义政党一样，迅速抛弃了第二国际所确立的"国际主义"路线，完全转向一种民族主义立场，支持本国的战争政策。卢森堡是一个彻底的国际主义者，当她目睹战争爆发后欧洲参战国家的无产阶级及其政党纷纷选择与本国政府站在一起时，深感绝望："这是第一次在无产阶级国际团结的需要同各国人民自由和民族生存的利益之间出现鸿沟，这是我们第一次发现各民族的独立和自由迫切要求操各自语言的无产者互相残杀和互相灭绝。"她由此将欧洲各国无产阶级及其政党支持本国战争的行为视为"国际社会主义的生死存亡问题"。[9] 与卢森堡持相同看法的是卡尔·李卜克内西——社会民主党第一代领导人威廉·李卜克内西的儿子，他最初也是持反战立场，但是，战争形势的发展很快就改变了他的立场，他转而支持帝国的战争政策。社会民主党人普遍认为采取这样的行动符合党的传统观点，他们为此引述了马克思和恩格斯承认自卫战争的说法，以及再次重申奥古斯特·倍倍尔发表过的声明：在俄国发动进攻的情况下，他将"扛起枪来"。因此，在战争爆发初期，德国社会民主党形成了全党共识：为了防御俄国沙皇、英帝国主义和法国对阿尔萨斯—洛林地区的领土要求，为了维护社会民主党和工会的"成果"及它们所属组织的"物质财富"等等，德国工人运动必须把威廉德国作为它要加以维护的生存和活动之地。[10] "保卫祖国"成了高于党和工人阶级利益的最高民族利益，社会民主党议会党团的大多数议员在帝国国会投票同意政府所要求的战争拨款，其中包括卡尔·李卜克内西。尽管如此，仍有14名议员投了反对票，包括党的主席胡戈·哈泽，他们反对的理由是：这次世界大战本质上是一场帝国主义掠夺战争，社会民主党必须继续扮演一个传统反对党的角色。

社会民主党内反对战争拨款的人占据少数，而且基于议会党团的纪律要求，个人的不同意见不能影响和干扰议会党团的集体决议，但这个传统因对战争的不同立场而被打破，党内的少数派，因为与多数派对战争性质认识的分歧不断扩大，很快就导致了党的分裂。卡尔·李卜克内西第一个摆脱社会民主党议会党团的纪律束缚，于1914年12月2日在帝国国会公开投票反对第二次战争拨款提案。在表决第三次战争拨款提案时，投反对票或提前离开国会大厅的社会民主党议员开始多了起来。1915年12月，已有20名议员发表声明，指责帝国首相纵容德国军队吞并他国领土行为，在帝国国会中投票反对战争拨款。1916年，当社会民主党议会党团多数派赞成紧急预算，而以党的主席哈泽为首的少数派根据1910年党的

---

9 参阅[德]罗莎·卢森堡：《社会民主党的危机》，李宗禹编：《卢森堡文选》，人民出版社，2012年，第326页。
10 参阅[德]苏珊·米勒、海因里希·波特霍夫：《德国社会民主党简史：1848—1983》，第68-69页。

马格德堡决议拒绝紧急预算时，终于发生了党的分裂。党内多数派认为少数派背离议会党团决议的行为不仅是"违反纪律"，而且是一种"变节行为"。社会民主党议会党团以58票赞成，33票反对，取消了这20名党的异端分子的议会党团成员资格。随后，这些被多数派逐出议员党团大门的20名少数派议员，以"社会民主党工作委员会"的名义组成独立议会党团。1917年1月，党内分裂进一步扩大，反对派召开全国会议，酝酿成立被多数派指斥的"反党的特殊组织"。同年4月6日至7日，在哥达的人民之家，"德国独立社会民主党"（USPD）正式宣告成立，社会民主党由派系之争演变为政党之争，一个左翼政党分裂为两个对立的左翼政党。

德国社会民主党从思想分歧走向组织分裂，完全打破了党内派系之争的传统格局。按照党内元老里夏德·菲舍尔的说法，党内自始至终都存在着思想、纲领和政治上的对立："只要党存在，我们就会有意见分歧并且毫不隐瞒这种分歧。……但只要党存在，它的基本原则就是对外保持一致。"[11] 党内这个"斗而不破"的格局因为对战争政策认识的巨大分歧而不复存在，党对外不再是一个统一的整体，而是公开分裂为两个对立的党。由此产生的结果是，党的分裂重新改写了党内划分左中右的传统标准，原来党内的中派、右派和左派的思想领袖——考茨基、伯恩斯坦和卢森堡，居然都参与到独立社会民主党阵营，该党自称是马克思、恩格斯、拉萨尔和倍倍尔的"老"社会民主党的真正继承者，它宣称要不受一切妥协的约束，为反对战争和社会弊端，为争取和平、民主和社会主义而斗争。卡尔·李卜克内西和罗莎·卢森堡，在1916年1月1日成立了以他们两人为核心的一个"国际小组"，按照他们出版的《斯巴达克信札》的名称命名为"斯巴达克小组"。最初这个小组参加了独立社会民主党，很快，他们又从独立社会民主中独立出来，于1918年12月30日成立了德国共产党。至此，德国社会民主党分化为三个政党，从左翼的政治光谱看，以艾伯特、谢德曼为代表的多数派社会民主党属于中左（在党内属于右派），以哈泽为代表的少数派独立社会民主党属于左派（在党内属于中派），以李卜克内西和卢森堡为代表的斯巴达克派属于极左派（在党内属于左派）。从政治立场和倾向看，多数派社会民主党属于温和的改良派，它主张与其他资产阶级左翼政党合作，共同建设魏玛共和国；斯巴达克派属于激进的革命派，主张通过革命的方式建立一个纯粹的社会主义共和国；独立社会民主党则介于两者之间，其政治立场在大多数时候与斯巴达克派比较接近。

德国社会民主主义运动史研究专家弗兰茨·瓦尔特认为，随着独立社会民主党的建立，德国工人运动长期分裂了，这是战争的结果。在1914年以前，社会民主党内存在着两个基本派别，即改良派和革命派，以及持续地存在着关于修正主义的激烈辩论，党内的"两重本性"从来都没有导致分裂，在任何时候都没有认真地辩论过退党的问题。"直到1917年，借助于战争的推动，德国工人运动的两颗心灵才开始寻找不同的政治躯体——尽管不能简单地将独立社会民主党看做是战前党内左派在组织上的延续。"[12] 战争在1918年11月结束了，按理说已经没有理由继续维持社会民主党的分裂，一个由战争批评者与和平主义者组成的政党在德意志帝国领导人投降之后似乎是多余的。伯恩斯坦也是这么认为，他在战后重新加入了多数派社会民主党，但他的行动并没有改变党的分裂状态，独立社会民主党没有与多数派社会民主党重新合并，反而采取了与后者更加激烈对抗的立场。这一情况的出现仍然要归因于战争："因为战争触动了社会进程并且使无产阶级中出现了新的抗议形式，这使得最初看起来只是短

---

11 转引自同上书，第71页。
12 [德]弗兰茨·瓦尔特：《德国社会民主党：从无产阶级到新中间》，张文红译，重庆出版社，2008年，第30页。

暂的社会民主党的分裂加深并最终巩固了。"¹³ 按照瓦尔特的评价标准，独立社会民主党不太像是一个政党，而更像是一个另类的、激发情绪的、相当混乱的、主要由青年工人组成的抗议运动，他们迫切希望立即彻底改变可恶的现状，蔑视多数派社会民主党为胆小鬼和叛徒，因为后者没有夺取资本家的金钱和工厂。年轻工人的激进情绪和参与意识，让独立社会民主党的党员人数以德国工人运动史上从未有过的速度和规模上升，1919年3月至11月，该党党员从30万人增加到70万人。在这个过程中，社会民主党的一批元老，如卡尔·考茨基、胡戈·哈泽、鲁道夫·希法亭，包括伯恩斯坦，都被青年无产阶级抗议运动掀起的潮流卷着走。用瓦尔特的话来概括："独立社会民主党明显地极端化了，也日益同倍倍尔的社会民主党的传统决裂。他们不再重视普选权、议会主义、三权分立和民主宪法——他们把这一切蔑视为资产阶级的骗术。"¹⁴

多数派社会民主党领导人艾伯特是奥古斯特·倍倍尔的政治传人，他作为该党的第二世代，是行动派的代表，从来没有沉陷于马克思主义教条之中。如同霍斯特·穆勒所说，在引领社会民主党坚定不移地向共和国方向前进时，"他既没有感到恐惧，也不曾体会社会民主深远的基于历史哲学的希望，既没有俾斯麦式的社会主义法律创伤，也没有马克思主义的未来期望。"¹⁵ 艾伯特显然是一个不过多地纠缠于意识形态斗争的政治人物，长期的议会实践培养了他的民主自觉和本能，让他清醒地意识到德国革命决不能复制俄国革命的模式，政府必须通过民主程序，即通过选举获得合法性。正是基于议会民主的政治意识，多数派社会民主党从执政的第一天起，不仅试图寻求与独立社会民主党的妥协与合作，而且也致力于与其他资产阶级政党的合作。该党另一位领导人马克斯·科恩在1918年12月中旬举行的工兵代表大会上明确宣布：只有全体国民团结起来，德国才能进步；中产阶级也必须一同被带向社会主义，而只有自由选举产生的全国制宪会议才能达此目的，而非工兵代表大会。¹⁶

德国社会民主党因为对于战争的不同立场和态度分裂为三个左翼政党，并没有因为它们共享着马克思主义的意识形态而趋于一种战略性的合作关系，或至少在策略上形成某种准同盟关系，相反，它们基于对马克思主义的不同理解而在彼此之间形成了远比对资产阶级政党更深的敌意。自魏玛共和国首届社会民主党政府成立以来，它面临的最直接的挑战不是来自于资产阶级政党，而是来自于从社会民主党母体中脱胎而出的独立社会民主党和斯巴达克派。魏玛共和国初期的政治战争，是社会主义左翼阵营内部的战争，或者说，就是左翼反对左翼的战争。

因革命而冲突

1918年11月爆发的德国革命，在极短的时间里摧毁了德意志帝国，开创了共和国时代，社会民主党有史以来第一次通过和平的议会授权的方式掌握了国家权力，有史家由此认为德国十一月革命是1917—1923年最成功的革命之一。¹⁷ 革命既没有造成大规模的流血事件，也没有促使产生一个俄国苏维埃式的极权体制。革命就像一个美丽的梦，当人们在第二天早晨醒来时，发现在帝国废墟上诞生的新的共和国，被大多数人欣然接受。哲学家恩斯特·特洛尔奇（Ernst Troeltsch）在11月10日发表评论说：

"经过一个多灾多难的夜晚，晨报呈现了一

---

13 同上书。
14 同上书，第31-32页。
15 [德]霍斯特·穆勒：《魏玛德国：从共和到纳粹》，第8页。
16 参阅[美]埃里克·韦茨：《魏玛德国：希望与悲剧》，第26页。
17 参阅[德]罗伯特·格瓦特：《1918年11月：德国革命》，第3页。

幅清晰的画面：皇帝在荷兰，革命在大多数城市取得了胜利……没有一个人为皇帝和帝国而死！现在所有公务员都在为新政府工作！国家仍在履行所有职责，银行没有发生挤兑。"[18]

从法国大革命到俄国十月革命，革命与生俱来的恐怖、野蛮、杀戮与毁灭，在德国革命中似乎消失殆尽。这一切应该归功于德国社会民主党对于马克思主义革命观念的根本性转变。从《哥达纲领》到《爱尔福特纲领》，社会民主党所确立的通过和平的合法的方式争取国家政权的思想路线一以贯之，在左中右三派中亦达成了基本共识。因此，当革命爆发时，艾伯特领导的多数派社会民主党人首先想到的是，在帝制被推翻之后应该尽快结束革命，避免流血冲突，维护社会安宁与秩序，迅速推动德国进入宪政轨道，按民主制的方式完成国家权力重建。

独立社会民主党人在革命爆发的第一天起，一直试图按照他们的革命理念主导革命进程，认为德意志帝国的军事崩溃是一个千载难逢的历史性机会，可以建立一个由工人和士兵委员会管理的社会主义国家。他们并非完全赞成列宁领导的布尔什维克革命，而是渴望进行一场更彻底的政治和社会革命，从根本上打破帝国陈规和一切等级制度。卡尔·李卜克内西抢在谢德曼的前面，在柏林城市宫殿阳台上宣布成立"苏维埃社会主义共和国"，就是想制造一个既成事实：德国革命已经为德国工人阶级开辟出一个社会主义的政治空间，只有先巩固了革命成果，才可考虑制宪大会。而对于多数派社会民主党人来说，革命虽然是向社会主义迈出了重要一步，但革命建立的共和国是属于全体德国人民，如谢德曼宣布的那样，是"德国共和国"，共和国的合法性必须经由一部新的宪法的确认并通过国民议会选举产生。在面对着"纵容革命极端化"和"通过议会制民主制共和国来迅速终结革命"两个选择时，艾伯特领导的多数派社会民主党毅然选择了后者，他们把稳定社会秩序作为党的首要职责，把建立新政府视为是朝着人们可以通过自由选举代表并勾画未来的国家制度前进的第一步，他们承认"德国应当是一个社会主义共和国"，"这一要求是我们的政治目标"，但是，他们强调"相关事宜必须由人民通过制宪大会决定"。在霍斯特·穆勒看来，"有秩序地阶段性迈向社会民主主义"才是艾伯特的计划。[19]

因对战争的不同认识而分裂的社会民主党，进一步因对革命的方式和目标的不同认识而产生了更为严重的分歧，这个情况让党的各派领导人都意识到必须寻找到一条有效解决分歧的路径，以便最大限度地达到社会主义左翼党派在思想和行动上的统一。1918年11月10日，第一届"工人士兵委员会"会议在柏林布什马戏场举行，三百多名代表参加会议，会议代表包括多数派社会民主党、独立社会民主党、斯巴达克派和资产阶级自由派政党。多数工人士兵委员强烈倾向于社会民主党各派合作，艾伯特宣布多数派社会民主党与独立社会民主党已同意合作，这受到了热烈欢迎。随后选举产生了执行委员会，该委员会由六位多数派社会民主党成员和六位独立社会民主党成员组成。在国民议会召开之前，执行委员会在德国享有最高权力，并确认选举出六位已经在政府就职的委员组成新政府，他们是属于多数派社会民主党的艾伯特、谢德曼、兰茨贝格，属于独立社会民主党的哈泽、迪特曼、巴尔特。卡尔·李卜克内西拒绝参加新政府，他提出的在德国建立苏维埃政权的主张被大会否决。

出乎预料的是，多数派社会民主党人和独立社会民主党人的合作蜜月期仅仅持续了数日便出现了新的争执，后者再次向前者发起了攻击。1918年11月14日，独立社会民主党发布了由迪特曼和哈泽签署的命令，宣布工人士兵委员会是德国

---
18 参阅同上书，第14页。
19 参阅[德]霍斯特·穆勒：《魏玛德国：从共和到纳粹》，第29页，第7页。

的最高政治权力机构,社会民主党无权发动革命。接着是有独立社会民主党成员指责社会民主党支持冯·兴登堡享有军事权,并计划召开国民议会。独立社会民主党宣称:"如果柏林政府高举号角,有阶级意识的无产阶级就会拿起武器来扫除革命障碍。"[20] 基于出现了新的矛盾,1918年11月19日,柏林工人士兵委员会举行了第二次会议,会议主席米勒在开幕词中说:"我们不会建立民主共和国,而要建立社会主义共和国。我誓死反对通往制宪议会的道路。"[21] 谢德曼在会议上说明了德国的现状,他指出召开国民议会不是为了使德国革命合法化,而是为未来的国家奠定永久的基础。11月22日,谢德曼政府与工人士兵委员会就双方分配权力达成协议,前者掌握行政权力,后者掌握执行权力。11月25日,谢德曼政府召开了联邦各州代表会议,讨论了国家重建问题。与会代表都认识到必须停战,重组工商业,制定德意志共和宪法。会议最后决定,必须维持德意志统一,尽快召开国民议会。12月16日,在柏林举行了全德工人士兵委员会第一次代表大会。这是十一月革命爆发以来最重要的一次会议,参加会议的代表必须决定是否继续推进1918年11月9日开始的革命,使之发展成德国无产阶级的社会主义革命。会议的前两天,代表们激烈辩论,独立社会民主党的代表米勒认为,大会首要问题是决定革命结束前,无产阶级是否应实行专政。多数派社会民主党的代表艾伯特认为,建立政府的唯一的法律基础就是德意志民众的意愿,国家的目标是建立法治国家,胜利的无产阶级首先要克服政治阶级的差异,克服经济上的不平等,从而实现完全的平等,民主将成为工人阶级建立未来德意志的基石。而斯巴达克派的代表则再次主张革命的必要性,确信共产主义事业必定胜利,大批罢工工人聚集在众议院的门口,声援将革命进行到底的代表们。卡尔·李卜克内西对罢工工人发表演讲,谴责新政府召开国民议会的想法,要求解除德军指挥和反革命武装,并武装参加革命的工人阶级。他对集会的工人们喊道:"为新政府的国民议会投票,就等于反对工人阶级。"[22] 会议到了第三天,终于出现重大转折,多数派社会民主党代表科恩提议国民议会选举于1919年1月19日举行,他为此作了一场简短的演说,特别强调:

"只有以德意志民众意志为坚实基础的强大政府才能拯救国家。如果没有大多数德意志民众的支持,任何一个中央权力都无法在国内外获得权威。唯一能贯彻民众意志的组织是德意志国民议会,每位民众都可以投票。工人士兵委员会决不能代表所有民众的意愿。"[23]

经过激烈的辩论,参加全德工人士兵委员会第一次代表大会的大多数代表都认为有必要召开国民议会,独立社会民主党和斯巴达克派领导人尽管猛烈抨击这一提议,但无法控制大多数代表的意愿。最后,大会对召开国民议会的提议进行表决,以400票对75票通过。独立社会民主党提议将委员会制度作为宪法的基础,被以344票对48票否决。该党提出的另一项议案,允许中央委员会在宪法颁布前有权否决或接受所有法律,也未获得通过。由于没有达到在大会上阻止召开国民议会的目的,独立社会民主党代表离开了会场,宣布将退出谢德曼政府,不参加国民议会选举。拉尔夫·哈斯维尔·卢茨对这次大会的意义做出了恰当的评价:"全德工人士兵代表委员会代表大会显示出社会民主党的力量与德意志民众对实行民主政策的期盼。德意志无产阶级通过投票,同意召开国民大会,确立了民主高于阶级统治的原则。"[24]

---

20 参阅[美]拉尔夫·哈斯维尔·卢茨:《德国革命:1918—1919》,第113页。
21 参阅同上书,第113页。
22 参阅同上书,第118页。
23 参阅同上书,第120页。
24 同上书,第121也、

由于没有在会场达到目的，独立社会民主党人决定在街头展开斗争，主要以游行示威和罢工的方式来对新政府施加最大压力，他们高声呼喊："我们要再次为自己说话，我们要再次走上街头！"而斯巴达克派则决定学习俄国布尔什维克党的做法，通过武装起义夺取政权，他们认为德国革命远未实现建立一个社会主义共和国的目标。罗莎·卢森堡对武装起来的斯巴达克派的战士们说："废除资本主义统治，实现社会主义社会秩序，这是本次革命的重要任务。世界无产阶级革命运动也是德意志革命的基础。"[25] 1918年12月29日，独立社会民主党代表哈泽、迪特曼和巴尔特宣布退出与多数派社会民主党共同组成的临时政府，在他们做出这个决定之前，柏林已经开始了血腥的巷战，斯巴达克派组织了1800名武装水兵，以要求政府支付他们工资的名义占领了柏林皇宫，逮捕了柏林的军事指挥官韦尔斯，艾伯特和兰茨贝格被叛乱的水兵们困在首相府邸。三个社会主义左翼政党处在摊牌状态，斯巴达克派的中央秘书处向独立社会民主党提出要求：在1918年12月底之前召开政党会议，并立即采取革命措施。后者对这一要求摇摆不定，最后还是拒绝了这一要求，主张有必要为争取国民议会席位而进行积极竞选。于是，斯巴达克派决定自己单干。12月30日，斯巴达克派在柏林举行会议，苏维埃俄国领导人、宣传家拉狄克秘密出席了会议，宣布将在必要时支持德国内战，以建立无产阶级专政。卡尔·李卜克内西、罗莎·卢森堡、弗朗茨·梅林和保罗·列维赞成立即发动新的革命，并起草了政党纲领，制定了24项军事、政治、社会和经济改革措施。政党纲领序言明确写道："社会面临选择，要么通过新的战争、混乱局面和无政府状态延续资本主义制度，要么彻底实行社会主义制度，作为救赎人类的唯一方式。"[26] 据说李卜克内西和卢森堡在决定武装起义的最后时刻曾对内战的成功表示怀疑，但是，经过投票程序，大多数与会代表都反对参加国民议会选举，他们相信，如果召开国民议会，他们的计划就会失败，革命就会结束，此时只有通过发动一场内战，才能像俄国布尔什维克党那样建立起无产阶级专政。1919年1月5日，斯巴达克派在柏林发动起义，起初进展顺利，许多政府军和警察没有抵抗就放下了武器，起义者占领了柏林的主要报社、政府办公楼和勃兰登堡，李卜克内西准备效仿列宁和托洛茨基的做法，宣布成立社会主义苏维埃共和国。虽然独立社会民主党没有参与斯巴达克派发动的武装起义，但是，该党通过自己的报纸呼吁民众在胜利大道举行示威，反对社会民主党政府。

面对斯巴达克派发动的武装起义和独立社会民主党发动的街头抗议运动，艾伯特和谢德曼领导的社会民主党政府，不得不决定动用军队的力量来进行镇压。他们首先任命了古斯塔夫·诺斯克这位前编筐工人出任国防部长，授权他采取一切措施清除骚乱。诺斯克在危难之际显出英雄本色，他自诩愿意为新政府充当鹰犬，果断发布命令："如果发现任何人手持武器对抗政府军，就立刻开枪射击。"丘吉尔后来评价此人是"人民的儿子，在普遍的混乱中为公共利益无所畏惧地采取行动。"[27] 正是在诺斯克强有力的领导下，大批已经复员的士兵被迅速调动起来，组织成"自由军团"，投入到镇压斯巴达克派武装起义的进程中，并且迅速取得了成功。到了1月19日选举国民议会的那一天，柏林形势基本安定，无人敢干扰投票活动，参与起义的武装人员已是成鸟兽散状态。斯巴达克派为起义付出了巨大代价，李卜克内西和卢森堡在1月16日被"自由军团"的士兵们俘虏后枪杀，大多数柏林居民把他们俩人的意外死亡当作摆脱了一种巨大的危险加以欢迎，而根本

---

25 转引自同上书，第122页。
26 参阅同上书，第125页。
27 参阅[瑞士]埃里希·艾克：《魏玛共和国史》上卷，第59页。

不会去思考这一事件对于魏玛共和国未来的政治演变究竟有何重大影响。诚如埃里希·艾克评论：

"人们已受够了李卜克内西和卢森堡的同志们的血腥暴力，因此不会对他们的命运特别感到愤慨。但这一恶事也有恶报：它摧毁了对罪行的厌恶和对人的生命的尊敬，使人习惯于采取血腥暴行作为国内政治斗争的手段。"[28]

社会民主党因战争而分裂，因革命而冲突，冲突的性质犹如法国大革命期间所发生的左翼党派的互相厮杀，也像是俄国十月革命中出现的布尔什维克党对临时政府的武装暴动。多数派社会民主党人没有像吉伦特党人或俄国的温和左翼党派那样束手待毙，而是及时地动用了国家的军事力量来平息暴乱，并坚持通过召开国民议会来推动国家政治运行迅速进入宪政轨道。谢德曼在得知李卜克内西和卢森堡被杀后发表评论说："我由衷地为两人的死亡感到遗憾。他们一直号召德意志民众拿起武器，以武力推翻政府。现在，他们成了自己血腥恐怖策略的牺牲品。"[29] 斯巴达克派起义的失败，意味着俄国十月革命模式在德国行不通，它既得不到所有中左翼政党和军队的支持，也得不到广大民众的支持。但是，多数派社会民主党政府对斯巴达克派的胜利，并没有终结左翼之争，反而进一步加剧了左翼阵营的分裂，独立社会民主党人和从斯巴达克派中诞生的德国共产党，决心运用各自手段，包括合法手段，即通过国民议会选举与社会民主党争夺国家领导权。

因政权而决裂

1919年1月19日，一个历史性的日子，德国举行国民议会选举。这是确立魏玛共和国合法性的第一次全国大选，也是在欧洲历史上第一次完全民主的选举，所有20岁以上的成年人都拥有选举权，尤其是德国妇女第一次拥有了这项权利。人民代表委员会发布法令规定：根据平等的、无记名的和普选的原则，在比例选举制的基础上，所有年满20岁的男女都拥有选举权和被选举权。在大选中，社会民主党获得了37%的选票，德国民主党获得了18.5%的选票，天主教中央党获得了19.7%的选票，"魏玛联盟"三个政党共获得了76%的选票，取得了压倒性胜利，在国民议会中占据了四分之三的席位。最大的反对党是右翼的德国国家人民党，获得的选票刚刚超过10%，其次是独立社会民主党，只获得了7.6%的选票。德国共产党呼吁抵制大选，没有参加选举。社会民主党成为这次大选的最大赢家，与上一次的1912年大选相比，它在与独立社会民主党分道扬镳的情况下，选票仍然增长了3.1%，无可争议地成为国会第一大党。选举结果表明，绝大多数德国人既反对独立社会民主党和共产党所主张的布尔什维克式的革命夺权模式，也反对右翼民族主义党派企图复辟君主制的政治主张。

选举产生的新的国民议会，在2月11日举行了总统选举，社会民主党领袖艾伯特在379票中获得了277票而当选总统。从政治和阶级身份来看，德国诞生了第一位来自社会民主党和工人阶级的总统。艾伯特在就职总统后发布第一道命令，任命他的同事菲利普·谢德曼为内阁总理，诺斯克为国防部长，兰茨贝格为司法部长；其他内阁成员有来自中央党的埃茨贝格尔、贝尔博士和工会领袖吉斯贝茨；民主党成员普罗伊斯继续担任内政部长，前民族自由党人欧根·席弗尔担任财政部长，戈泰恩被任命为不管部长。共和国第一届议会制内阁是一个联合政府，社会民主党作为国会第一大党，拥有组阁权，但因为在国会席位中未过半数，只能寻求与政治理念相近的中左翼政党建立一个执政联盟。由社会民主党、天主教中央党和自由主义的民主党共同组成魏玛联盟，得到了广泛的民意支持，由此铸就了魏玛共和国

---

28 同上书，第60页。
29 转引自[美]拉尔夫·哈斯维尔·卢茨：《德国革命：1918—1919》，第132页。

的合法性基础。

马鞍工出身的艾伯特成为国家最高领导人，具有极大的象征意义，工人直接掌握国家最高权力曾经是社会民主主义运动长期追求的理想，而今在民主制度中得以实现了，这有力地证明社会民主党和平民主"长入社会主义"战略的正确性和有效性。来自于不同阶级和政党的支持性选票，也表明艾伯特在战时和革命时期赢得了德国人民的普遍信任，如埃里希·艾克所说："连他的政敌也认识到，这个社会民主党人不仅想到自己的阶级，而且也想到整个民族，他是个不尚高谈阔论而注重深思熟虑行动的爱国者……没有偏见的人是欢迎工会运动和政治运动为其重要性不能低估的德国无产阶级开辟了一条路，使人民的才能卓越和性格坚强的儿子有可能在这条路上向上攀登。"[30] 艾伯特在当选总统后宣称："我志愿、也必将成为全德意志民族的代表，而非某一个政党的领袖。"这句话为艾伯特赢得了满堂喝彩。但他同时也声称：

"我必须承认，我是工人阶级的儿子……我在社会主义思潮中成长，我从未想要否认我的出身或信仰……如今你们将德意志自由州的最高权力托付于我……一定不愿建立某党专政。但是你们选择了我，就是承认了在我们国家发生了翻天巨变，同时也承认了工人阶级在未来使命中的举足轻重的意义。"[31]

艾伯特在说出这番话时显然是想扮演一个双重角色：既是作为代表德国全体人民利益和意志的全民总统，也是作为社会民主党的领袖和工人阶级的代表。在他的身上实际上体现的是社会民主党的两种政治人格：在坚持温和改良主义立场的同时，仍然不可避免地还保留着马克思主义的意识形态色彩，有一种属于工人阶级与生俱来的阶级意识。由此导致的后果是，艾伯特在执掌总统大权的六年时间里（1919—1925年），始终面临着来自于极端左右两翼的攻击。极端右翼政党认为他最多算是一个出色的组织者，绝对称不上是合适的德意志人民的政治代表，选择他当总统完全是迫于无奈的选择——在与独立社会民主党人试图建立苏维埃式政权的比较中，宁愿两害相权取其轻。而独立社会民主党和共产党则一直把艾伯特视为"工人阶级的叛徒"，认为他始终以民主主义者的准则行事，在推动社会主义事业的进程中无所作为，不了解无产阶级革命的重要意义。艾伯特越是在中左翼政治阵营中受到欢迎，就越不受极端左翼的待见。他在生前居然被德国马鞍工、泥瓦匠及小皮匠协会除名，由此可见极端左翼对他的怨恨有多么的深。

社会民主党因战争和革命的分歧所导致的分裂与冲突，并没有因为魏玛共和国的建立而终结，相反，三个左翼政党基于对新的国家政权性质的根本不同的认识而最终走向了决裂——在组织上重新合并为一个党已毫无可能性。这一方面是因为在独立社会民主党人和共产党人看来，斯巴达克派起义被军队武装镇压，李卜克内西和卢森堡被枪杀，社会主义苏维埃共和国胎死腹中，是艾伯特和谢德曼政府不可饶恕的罪行；另一方面也是因为两党都认识到，通过选举获得选票并非是他们的政治优势，他们现有的夺权计划根本不可能在议会民主的竞选机制中实现，因此想学习俄国的布尔什维克党，通过武装起义来达到通过选票无法实现的社会及普遍政治目标。在1919年3月举行的独立社会民主党代表大会上，有部分代表拥护议会制，而以恩斯特·盖尔和克拉拉·蔡特金为首的一派人则坚决主张苏维埃制度是值得追求的宪法形式，他们准备在即使没有取得议会多数的情况下争取建立无产阶级专政。4月，以温和著称、不断谋求协调矛盾的党的主席胡戈·哈泽被一个精神病患者刺死，这一偶发事件进一步推

---

30 [瑞士]埃里希·艾克：《魏玛共和国史》上卷，第72-73页。
31 参阅[德]霍斯特·穆勒：《魏玛德国：从共和到纳粹》，第38页。

动独立社会民主党向激进方向发展。在11月30日举行的党的莱比锡代表大会上,占压倒优势的极端左翼通过了一项确认以苏维埃政权的形式而出现的无产阶级专政的纲领,并毅然决然地同社会民主党的第二国际断绝关系,委托党的执行委员会接洽加入莫斯科第三国际的事项。

由斯巴达克派演变而来的德国共产党,表现出比独立社会民主党更强烈的革命原教旨主义色彩,他们完全听命于莫斯科的指挥,采取了一条"要么全部,要么全无"的策略,明确认为既不能和资产阶级政党进行合作,也不能和"谢德曼们"以及"政府社会主义者们"共事,他们始终主张一直战斗,直到推翻现存的帝国政府和所有议会,所有权力必须掌握在未来由"劳动人民"选举产生的工人与士兵委员会手中,通过武装起义来建立苏维埃社会主义共和国。尽管斯巴达克派在1919年1月之后经历了多次战败,但它没有放弃对"直接行动"的信心,仍然计划在德国主要工业城市对政府发动一系列激烈攻击。独立社会民主党支持斯巴达克派的计划,赞成在德国各地建立无产阶级政权,两党还共同组织了在1919年3月的柏林起义和4月的柏林大罢工。这些行动虽然都以失败而收场,但革命还是在巴伐利亚州获得了短暂的成功,工人和士兵委员会依靠武力宣布接管政府权力,成立"巴伐利亚苏维埃共和国",任命革命法庭审判共产主义敌人,并且公开声明以俄国为榜样,拒绝"与卑鄙的艾伯特—谢德曼—诺斯克—埃茨贝格尔政府进行任何合作"。[32] 然而,让革命者没有想到的是,革命的喜剧很快就变成了一场闹剧,这个所谓的苏维埃政府完全无力执政,权力落入少数极端分子手中,他们在不到一个月的执政时间里,不仅放肆地滥用其刚刚到手的权力,而且在垮台前夕,未经任何审讯就处决了被他们扣押的10名资产阶级"人质"。"苏维埃共和国"的短暂崛起与覆灭,让德国人民进一步见证了暴力革命的残酷性,也让极端左翼政党进入了革命的死胡同,虽然他们仍然深信:"只有我们能拯救被社会民主党和资产阶级背叛和毁灭的德意志"。[33]

企图用暴力革命和武装起义的方式来推翻经由民主选举产生的合法政府,这对于魏玛共和国来说是无论如何都不能允许的,必将遭到已经组成议会党团的主要政治党派的共同反对。谢德曼政府根据德国共产党(斯巴达克派)屡屡发动起义的事实指控该党犯有暴乱罪而将其取缔,该党被迫转入地下,党员人数不足5万人,公共影响力降到了谷底。新的严峻的形势使共产党内部开始出现分裂,在1919年10月召开的党的第二次代表大会上,极左的反议会派带着半数左右的党员离开了德国共产党,另组新党——德国共产主义工人党,该党在以后几年里继续积极参与流血斗争,但很快就变得无足轻重,而留下的那部分党员在鲍尔·莱维斯的领导下通过了参加国会的原则。1920年6月,德国共产党首次参加国会选举,获得了2%的选票。11月,独立社会民主党内的部分激进分子同德国共产党合并为"德国统一共产党",该党合法化之后,与独立社会民主党仍然构成了同盟关系,他们在议会中共同扮演一个彻底的反对党的角色,对内阁政府提出的所有议案几乎都持反对的立场,同时在议会之外不时地通过发动罢工、游行示威甚至武装起义来动摇共和国的统治基础。

独立社会民主党和德国共产党迫于政治形势不得不向议会党转型,或至少愿意参加国会选举,但他们都没有放弃革命党的立场。魏玛共和国议会和政府的成立,只是表明革命在形式上结束了,事实上革命形势仍然风起云涌,骚乱和流血暴行此起彼伏,成为当时政治动荡的主要源头。1921年3月和1923年10月,共产党人在明知必然失败的情况下,又发动了两次反对政府的武装起义,

---

32 参阅[瑞士]埃里希·艾克:《魏玛共和国史》上卷,第87页。
33 参阅[美]拉尔夫·哈斯维尔·卢茨:《德国革命:1918—1919》,第187页。

这很难说是一种绝望的自绝于民主制度的政治表现，毋宁说是坚持革命信仰的顽症发作。按照埃里克·韦茨的观察，参与共产党组织的叛乱和罢工的那部分工人，对现实的愤怒和不满的情绪非常强烈，他们在共产党描绘的繁荣、平等、和平的未来蓝图中看到了希望，却对共和国的缔造者们提出的那些虚无缥缈的承诺几乎无动于衷。由于饱受经济困顿的煎熬，他们想迅速改变现状的急切心情，在共产党的动员下极为容易地转变为一种高昂的革命热情和奋不顾身的革命行动。他由此认为，共和国通过促进经济发展、提供参与政治的渠道，或许可以把一部分工人争取过来，但是，共产党和支持共产主义的工人是无法争取的，根本的原因在于：“共产党决意与共和国展开持续的对抗"。[34] 在所有德国政党中，德国共产党基于坚定的共产主义信仰，是最仇视社会民主党的政治力量，它公开咀咒社会民主党是"社会法西斯分子"，以致形成了在埃里希·艾克看到的一个荒诞结果："最终他们自己也相信，法西斯主义的危险首先来自社会民主党，而对真正的法西斯分子来说却是有利无害并感到高兴"。[35]

独立社会民主党虽然没有像共产党人那样把社会民主党视为誓不两立的敌人，它内部的温和派也在不同的时期试图调整对抗社会民主党政府的某些极端政策，但从总体而言，它把社会民主党视为争取工人阶级支持的最大障碍，因为后者从工人阶级那里获得了更多的选票。在魏玛共和国的历次国会大选中，独立社会民主党得到的票数从未超过社会民主党，它参与选举所起到的实际作用是，尽可能地从社会民主党的支持群体中分流一部分票源。两个社会主义政党的分庭抗礼产生了严重的政治后果，社会民主党的执政基础受到了独立社会民主党的极大冲击。1920年6月举行的国民议会选举表明，独立社会民主党的选票从一年前的7.6%增加到了18%，而社会民主党的选票从原来的37.9%下降到21.6%。如果把德国共产党得到的2%的选票同独立社会民主党的选票加在一起，则意味着在社会主义阵营中形成了两个几乎是势均力敌的敌对派别相互对峙的局面。如果两党合作，它们就共同拥有高达40%的选票，在国会中仍然具有举足轻重的地位。可是，独立社会民主党毫不妥协，在这次国会选举之后再次拒绝了社会民主党提出的组建联合党团的建议，这导致社会民主党被迫退出政府，将组阁的权力移交给天主教中央党。社会民主党自1919年2月组建魏玛共和国首届政府以来，由于独立社会民主党和共产党始终以革命和武装起义作梗，政局一直处在动荡之中，先后换了两任总理，仅仅执政了不到一年半的时间便黯然下台。

兄弟阋于墙，堡垒最容易从内部被攻破。社会民主党能够与资产阶级中左翼政党联合组成"魏玛联盟"，却无法与同属工人阶级的政党和平共处，从正常的政党伦理来看，这是一个难以理解的事情。来自于不同阶级的政党尚且可以合作——这是社会民主党自倍倍尔时代以来所确立的政治传统，为何同属一个阶级的政党却无法妥协，最后非要斗得两败俱伤？魏玛共和国初期的左翼之争是社会民主主义运动的自我毁灭，从分裂到冲突最后走向决裂，三个来自于同一个社会主义母体的左翼政党，没有一个在这个悲剧性进程中成为最后的赢家。相反，左翼之争不仅动摇了左翼政府的执政基础，而且引发了左右政党之争，社会民主党主导的魏玛联盟被左翼之争摧毁之后，德国迎来的是中右翼政党的执政时期，希特勒领导的国家社会主义（纳粹）运动就是在这个时期开始崛起了。社会民主党、独立社会民主党和共产党，是在希特勒上台的那一天才真正意识到，左翼之争为极右政权统治德国开辟了道路。

---

34 参阅[美]埃里克·韦茨：《魏玛德国：希望与悲剧》，第93页。
35 [瑞士]埃里希·艾克：《魏玛共和国史》下卷，王步涛、钱秀文译，宋钟璜校，商务印书馆，2021年，第191页。

艺术投机还是政治投机？

——评邱志杰的"抽象艺术文化侵略论"

荣 剑

近日，前中央美术学院副院长兼实验艺术学院院长、现天津美术学院院长邱志杰发表高论，将抽象艺术斥为"美国文化侵略的产物"，是美国中央情报局为冷战策划的一个艺术阴谋。这番言论出自一个所谓的"中国实验艺术领军人物"之口，其荒谬性和反智性震惊业界。这位曾被西方抽象表现主义乳汁滋养、并借此攀上中国实验艺术高地的弄潮儿，如今竟转身将滋养他的美学母体斥为洪水猛兽。这般急转，非但无法用艺术理念的嬗变解释，更似一场精心排演的政治投机剧目——其核心逻辑，正是用今日的政治正确立场，去涂抹、甚至否定昨日赖以成名的艺术投机路径。

邱志杰的艺术发迹史，本身就是一部艺术投机的典型样本。他在近二十年里声名鹊起，其作品内核与视觉语言，无不深烙着美国抽象表现主义的印记——波洛克式的行动绘画痕迹，德库宁式的狂暴笔触，罗斯科式的色域冥想，皆成为他早期作品中呼之欲出的"借鉴"元素。他以敏锐的嗅觉捕捉到欧美当代艺术浪潮在中国的巨大势能，果断搭上这艘航船。这种"艺术投机"，本质是对强势文化符号的精准捕捉与快速移植，是借他山之石攻玉的生存策略，虽难言原创，却是特定历史语境下不少中国艺术家的现实选择。

然而，当邱志杰的艺术资本积累到一定程度，当"实验艺术领军人物"的桂冠已稳稳戴在头上，其策略便发生了耐人寻味的转向。艺术投机积累的声望与地位，此时神奇地转化为他进行政治投机的入场券与抵押物。其标志性动作——"火线入党"，以及在央美实验艺术学院高调引入马义教育、宣讲党课，清晰地勾勒出一条从艺术场域向政治场域主动靠拢的轨迹。他深谙，在当下的文化权力结构中，仅靠源自西方的"实验"标签，其上升通道终有隐形天花板。唯有主动拥抱并宣誓效忠主流意识形态话语，方能在体制的阶梯上更进一步。于是，"抽象艺术文化侵略论"便适时出炉，成为一份华丽的政治投名状。

邱志杰言论的吊诡与虚伪，正在于其双重背叛。他首先背叛了滋养其艺术生命的抽象艺术传统及其背后的开放精神。抽象艺术作为人类共通的情感与形式探索，其根系早已深植于全球多元文化的土壤。邱志杰将其狭隘地等同于"美国文化殖民"，不仅是对艺术史的无知简化，更是对艺术交流本质的否定。这种论调，粗暴斩断了中国艺术家与国际艺术语境的对话纽带，试图将中国艺术重新拉回到封闭自语的牢笼。其次，他更深层地背叛了艺术探索本身应具有的诚实与独立性。当艺术立场可以像变色龙般根据政治气候随意切换，当画笔沦为涂抹政治口号的工具，艺术的灵魂便已宣告死亡。批评家牧野那句尖刻却直抵本质的质问——"难道邱志杰是在自愿被美国文化强奸爽了后又开始艺术觉醒了？"——所刺痛的，正是这种利用与背叛的赤裸现实。他试图用今日的"反殖民"高调，去漂白、掩盖昨日模仿借鉴的"原罪"，这种逻辑的断裂与自我否定，透露出的是机会主义者的心虚与功利。

邱志杰的"文化侵略论"，本质上是一场双重投机相互媾和的产物：以艺术投机积累的声望作为资本，投入政治投机市场，以期兑换更高的体制内红利。其言论并非严肃的艺术批评或文化反思，而是一次服务于个人政治进阶的精明算计。他巧妙地利用了当下复杂的国际文化政治氛围和国内对文化安全的关切，将自己塑造成"反文化侵略"的斗士，以此掩盖其艺术路径的内在矛盾，并试图在新的权力话语体系中占据道德制高点。

回望中国当代艺术四十余年历程，欧美艺术的影响如空气般渗透，从"85新潮"对西方现代主义的狂热引介，到如今多元语境的融合共生，这种影响塑造了无数艺术家的语言与观念，邱志杰本人即是此历史进程的直接受益者。否定抽象艺术的价值，无异于否定这段历史本身，否定无数艺术家真诚的探索与对话的努力。邱志杰的荒谬在于，他今日所批判的，恰恰是昨日成就他的基石；他今日所攀附的意识形态力量，其倡导的文化自信与繁荣，本应包含对包括抽象艺术在内的人类优秀艺术成果的包容与创造性转化，而非狭隘的排外与污名化。

邱志杰的案例，注定将成为未来书写中国当代艺术史时一个极具象征意义的注脚。它冰冷地揭示了在特定文化体制与权力生态下，艺术家的个体选择如何被扭曲，"实验"的先锋外衣如何可能蜕变为"投机"的实用斗篷。当艺术探索的纯粹性让位于精明的政治盘算，当画作沦为体制进阶的敲门砖，艺术最珍贵的独立精神与批判锋芒便已荡然无存。邱志杰的"觉醒"表演，最终留下的并非艺术的本相，而是一面映照出权力诱惑下灵魂失守的镜子。在艺术与政治的纠缠中，真正的勇气与价值，永远在于那份超越功利、坚守艺术本体价值的纯粹，而非在投机浪潮中随波逐流的精明算计。可以断定的是，当艺术创作被一种政治心机所操纵时，那些精致的利己主义者，终将在一场政治赌局中下注后输得精光。

【历史真相】

毛主席用兵真如神？（一）

戴 晴

一、"长征"？

举世闻名的"长征"，至今已有 76 年[1]。还有多少人记得这个八万红军从瑞金上路的日子？

其实，76 年前，没人说"长征"——无论是享有党内最高决策者名份、年方 26 的博古，还是创立根据地、组建红军、彼时正遭排挤、窠因在于都发疟疾的毛泽东。

1934 年夏秋，他们正陷在广昌失守[2]的巨大焦虑中：江西是呆不下去了，必须换个能征粮养兵的落脚之地，此即"党修官史"所说"撤离革命根据地""实施战略转移"。焦虑之中，向国际请示的同时，瑞金派出了探路的"先遣队"（打的当然是"抗日"旗子）。但是，在 76 年前的夏末秋初，他们第一没想到须立即开拔；第二头脑里也没有"征"这个概念。所谓"征"者，就字义而言，是征讨、攫获……那时节，"主义"再高扬，也只有暂且按下不表。

到了 10 月，"转移"获国际批复，"最高三人团"（博古、周恩来、李德）建立。但谁也没想到立刻就得走，而且一走就是两万多里。

"长征"这个兼具坚忍豪迈浪漫、本有几分遭压迫而取守势、终因大胜而不无骄傲意味的赋名，是在征者所剩不足十分之一的境况下，终于找到新的续命之地（陕北）之后。

按照今天所能看到的文档，它最先出现在毛泽东对前锋将士的安抚、对积极分子的激励中。[3] 随后，到了 1936 年初，终于落定的征者看到自己脚下那方土地实在过于不毛，而政府的追剿也未见和缓。万般焦虑中，新的世界政治格局（得知国际七大"新精神"）有如救命菩萨般出现：反法西斯！就世界范围而言，有此大旗在手，攻城略地、夺粮劫财，玩儿什么不名正且言顺啊。

但两万五千里不能白走。经毛泽东精心策划，什么"长征"啦、"红军北上途中发表的《八一宣言》"啦……以及共产党人如何坚忍无畏的神奇故事，相跟着出现在供国人阅读的《红军两万五千里西引记》（董健吾），和供外人阅读的 Red Star

---

[1] 本文写于 2010 年，以"纪念长征 75 周年"。其时——还要加上之前的 11 年和之后至今的 15 年，整整 36 年——作者被党国封杀，在中国大陆不能出版、出镜以及限制出门。因此文章虽然写了，却从来没能正式发表。所谓 75 年，是从 1935 年 10 月胜利到陕北算起。我们的这个故事从一年前的出发算起，故曰"76 周年"。
[2] 广昌失守几乎等于——"广昌失守后，国军日渐逼近腹地，书记处会议决定红军撤离根据地，实行战略转移。报请国际批准，复电同意。秦李周'最高三人团'组成。"《毛泽东年谱》）
[3] 1935 年 11 月 24 日，在会见孤军远征 10 个月、艰苦转战万余里、先期到达陕北，为三大主力会师陕北作出了历史性贡献的红 25 军军长徐海东时候，听徐说"鄂豫皖苏区肃反还有 300 多'反革命嫌疑犯'没有做结论"，毛泽东说："他们长征都走过来了，这是最好的历史证明"。当然，也有可能毛当时没这么说，把这个词安到这里，是后人依照格式化了的公共记忆所为。12 月 27 日，在致电军事将领、通告以发展党员而实施统战中，再次提到红 25 军中"经过长征斗争的指战员"。红军到达陕北后，1935 年 12 月，毛泽东在党的活动分子会议报告中首先用"长征"一词，他说："长征是宣传队，是宣言书，是播种机，是以我们的胜利和敌人的失败而结束"，从此，"长征"一词载入红宝书也载入史册，也应了毛的一句名言：总是先有事实，后有概念。

Over China[4]中：陕北之外的世界终于知道，中国有一批纯洁的、清教徒般的理想者，正在极其艰苦的环境中顽强地抗击法西斯！

后来，"长征"二字越叫越响，文件、报纸、广播、教科书……到1964年，终于由党所指挥的军队的总政治部主任肖华，将其推向顶峰——《长征组歌》闪亮登场北京，六亿人民正奉旨"全国大学解放军"，一步步攀向文革造神之巅峰。其中传得最神、传得最广、信得最实的教条就是："毛主席用兵真如神！"直到今天仍然堪称神座基石。

此前的20多年[5]和此后的近半个世纪，"长征"的故事，在以"枪杆子笔杆子"夺权、建政、当政和维稳的年代，经无可趋避的宣教格式化之后，已经凿入我们的记忆，成为中国前后三代、多达数亿人之大脑硬盘存储。但活生生的人须终生忍受格式化的大脑么？问题于是变成：我们今天有没有可能逐一检点这些宣教死结，努力发掘真相，进而疏通精神血脉，还机体以健康？

从头摸到脚，对20世纪出生的40后、50后、"前半截60后"之大陆国人而言——遍布"宣教死结"之身，实如苦瓜般疙疙瘩瘩。但疙瘩总须一个个解开抚平。借纪念之际，我们就先看看长征吧，特别最著名的所谓"中央红军北上抗日两万五千里"。

依照党修官史[6]，"长征"是"1934～1936年间，中国工农红军主力从长江南北各苏区向陕甘革命根据地的战略转移。"——既然"战略转移"，为什么出发得如此匆匆？而如此匆匆，是否"由于王明'左'倾冒险主义的错误领导"？

两个月后，惨败湘江，军力折损六成——是否因为"博古、李德等领导人一味退却，消极避战，使红军继续处于不利地位"？

又过了一个月，到了1935年1月中旬，充斥于教科书的"具有历史意义的遵义会议"召开。这为期两天政治局扩大会是否自此"确立了以毛泽东为代表的中共中央的正确领导，制定了红军尔后的战略方针，从而在最危险的关头挽救了红军和中国共产党"——该次会议结束的当口，毛泽东实际上处于什么地位？

此外，官史概述长征时，往往留有一个空白，对将近一个月的时间历程不置一词：从1月中旬的遵义会议到2月上旬的扎西会议。这期间发生了什么？红军继湘江之后再次大败于土城（1935年1月28日），怎么竟然发生在毛主席"复出"进入最高军事决策层之后？名头上最响亮的"总书记"和那时节最关键的"军事指挥实权"，到底什么时候（也即此前还是此后）转到张闻天和毛泽东手里的？

接着就到了我们所讲故事的要害，用肖华编排的话说就是：

横断山，路难行。敌重兵，压黔境。
战士双脚走天下，四渡赤水出奇兵。
乌江天险重飞渡，兵临贵阳逼昆明。
敌人弃甲丢烟枪，我军乘胜赶路程。
调虎离山袭金沙，毛主席用兵真如神，
毛呵主呜席喂～～～～用兵真如神，
毛主席用兵真～嗯～如～呜呜～神哪～～～呵呵

熟悉党史的人知道，这段歌词，说的是从广西老山界（1934年12月）到会理会议（1935年5月）间发生的一系列战事，其中最关键的，当数长征之后的第一次也可说是唯一一次胜仗：1935年2月28日赤水二渡之后的"娄山关大捷"（这里所说之"仗"特指一定规模战役而非零星战斗）。对此，毛怎么说呢？他在《忆秦娥·娄山关》里说的是：

雄关漫道真如铁，而今迈步从头越。

---

4 "红星照耀中国"，即直到1978年方经董乐山之手推出的《西行漫记》。
5 著者认为，"此前的时间"可从收集资料编辑《六大以来》的1940年算起。
6 出现在本文的标为"官史"者，指20世纪以来，靠纳税人供养但由共产党中宣部主导的非独立著述。以下论述长征的楷体文字，引自社科院近代史所与团中央网站。

"从头越"？说的是追兵甩掉、自己军事指挥才华从此得到认可，还是统领江山的大业开始了？

确实，娄山关之役连克数城，击溃歼灭两个师八个团、俘获3000；接着又是三渡、四渡：临贵阳、逼昆明，十分了得。可惜战史不像颂歌那么简单，直到1935年5月15日的会理会议上，担任一线指挥的林彪还生气地质问为何违背用兵常识的"走弓背"，由此引出了毛对彭德怀的忌恨——这恨，一直记到1959年庐山会议。而到了哈达铺（1935年9月25日），虽然毛主席早已升格进入统揽军事指挥之"新三人团"，兵强马壮的四方面军也并了过来（又分道而去），在贵州打过几个胜仗的中央红军其实已经到了弹尽粮绝、濒临消亡的境地。

毛主席用兵之神，究竟"神"在哪里——到了无人得以望其项背的地步？当然接着的还有，金沙江龙云献图、两河口诡谲电报、张汉民惨死、刘志丹"牺牲"、胜利会师后的第一场"歼灭战"……这回，我们先讲讲1934年尾到1935年初的几个"用兵真如神"的故事。

二、重走红军道

盘点2010年要闻，真如倒翻五味瓶：有震撼、有悲恸、有瞠目，也有恨得牙痒痒……但其中一桩，不知行者和记者想在观众心中唤起什么，也不知该把它叫做正剧还是闹剧的，当属"正司局级干部重走红军道"了。这年头，堂堂中共中央组织部，为"干部健康成长"能想到这么一出！说"丢份"吧，嫌份量过轻；"反串恶搞"或许比较靠谱。"大规模党性培训"啊！佩服佩服。

司局长们哪儿不能找乐，反正有人供着：公车、公宴、公费全世界乱转，倒也罢了——笔者本人亲眼见过的一桩，是咱们天朝公务员在白宫门前嬉皮笑脸地搂着克林顿夫人的纸制人形拍照。无奈这帮富贵糙人，到了2010年，又玩出花样："身穿红军服装，头戴红军帽""集中学习党性"。

老实说，这帮所谓"上世纪六七十年代出生""文化程度高，能力也非常强"的司局长们怎么顶盔戴甲闹着玩，中纪委、监察部视若平常，我们掰着指头算菜金的纳税人，本可咬牙闭眼只当路边屎坨一堆——不是连"天上人间"都忍了么——无奈人家到井冈山玩培训的，是中组部千挑百选的"未来的执政骨干"。

中国，到了今天，这个政该怎么执，怕不是在"黄洋界朱毛红军挑粮小道"上出几身汗就立地开窍吧？至于玩一把"当红军"，让他们"回归共产党人的精神家园，心灵得到洗礼、震撼"，怕也无法解纽今日中国的贪腐与资源环境危机。至于拉上井冈山的朱、毛两彪人马，怎么从国民革命军、工农革命军变成了（跟着苏联大哥自称的）红军？井冈山的红军和后来瑞金、卓木碉、直罗镇的红军什么关系？以及，从九一八到七七，民族危亡关头，中国人之间怎么打得如此酣畅淋漓？……"正司局级"们减肥之余，有没有接触？有没有细想？有没有谁敢（或者有兴致）问个究竟？

之所以在盘点2010要闻的当口，把这桩"豪华扮家家酒"提溜出来，只为下边我们要说的《毛主席用兵真如神？》系列故事，须从"英勇卓绝的长征"讲起。而讲长征，是躲不开那个撩起脚开步走的缘由，即所谓"第五次反围剿失败"。

但什么是"反围剿"？第五次失败了，前四次呢？前边的不失败，又是怎么回事？是否每当如神的战略家毛先生受到教条主义者的打压，革命就走向低潮，而在没有任何力量得以制约他的1963年，中国国运开始上升？

好啦，不管他们"重走红军道"的怎么玩了。我们今天必须自救——从"胜利者"书写的训谕与宣传中走出来。走进真相、走进常识。

三、1927

说长征之前，先说说1927年。

进入现代，中国之国运，曾在几个特别的年

份，历经重大突变继而转折——庚子（1900）算一个，这本是中国有可能实行君主立宪政体的一次机遇。接着，就是那场仅在形态上结束皇权统治的辛亥（1911）了。如果往下数，依笔者有限之见，该是1927、1946和1989。有人可能会说，你怎么把1949给漏了，瞧去年大庆那阵势！怎么敢漏！只不过60年前那一场，固然也是军车、彩旗、口号，包括怀仁堂的选举和天安门城楼上的宣告，怕是只属于武装夺权而后之盛典，和上边说的几个年份相比，就整个社会所经历的巨大惊骇、深度思索与价值重组，就算不上什么了。

1927，这是中国新派各色人等"咸与共和"历时十六年之后的那个年头。更是以苏维埃联邦共和国为依托的共产国际，将阶级与政党——特别是阶级斗争与政党领导下的武装——输入中国而后约五、六年（以共产国际远东局代表维金斯基到上海分别会见孙逸仙和陈独秀计）的当口。

十六年，对走马灯般轮替的台前政要说来，发通电、立新典、扩充实力、列强大借款……时间似乎绰绰，但比起历时千年的中央集权法统对国人灵魂之统摄，实在只算是转瞬间。这短短的一瞬，辫子、小脚之存废尚在拉锯，"融化在血液里、落实到行动上"的成王败寇、树恩收名、顺旨忤情……诸般千年专制王朝的精神遗产，怕不是开个会、办几份报、联络上各色洋人所能了结的。于是，在"共和"之后这十多年间，谁能压倒众豪强而完成天下一统：换个旗号、姓氏而已。

接着行的秦王政，依旧是时代主旋律。

最后成就为"国父"的孙中山，就死在这十六年间。试问此君何德何能，怎么无论就实力、就资源、就见识、就政绩包括德行并不输于他的陈炯明、吴佩孚、孙传芳……，都一一败在手下？其实，就在自家名头最为了得（"护法军政府陆海军大元帅""广州军政府非常大总统"）、但实际局势不仅岌岌可危，简直到了日暮途穷的时候，孙文主动致信列宁，说是看到"俄共的组织及军队建设"原来是"革命成功的根本原因"。借鉴革命经验而外，不惜以国土割让为交换，终于赢来苏俄青眼独加，送上200万金卢布军火，外加一位其资格，堪与列宁、斯大林比肩的重磅"顾问"：鲍罗廷。

"师法苏俄"，给"大总统"带来东征和北伐的胜局。他那句为后世念得烂熟的"联俄、容共、扶助工农"，孵出了蒋中正毛润之两彪人马——而1927年之后，他们又你死我活地打了整整22年。

四、师法苏俄

除了我们常说的国民党左派宋庆龄、廖仲恺、邓演达等等，没有证据显示广州军政府对"联俄、容共"有什么现实考虑之外的兴趣，更不要说俄式的"扶助工农"（无产阶级革命）了。

与26岁就授衔中将的周恩来无法相比，军校出身的蒋中正一直无缘出头，直到陈炯明发表了他对国民革命和建国方略的独立见解。蒋介石终于等到机会登上永丰舰，"侍护（未来国父）40余日""取得信任和器重"，最后在鲍罗廷超乎常规的提携下，一路砍掉曾经的上峰、袍泽、恩师（包括"禀为师保，悉听尊命"的鲍顾问），自觉羽翼已丰，立即用计甩掉"总理"留给他的联俄容共禁咒，以及屈沉多年的"参谋长"头衔。到了1927，终以"革命军总司令"之威，陡然变脸大开杀戒，踏上以铁血争逐最高权势的毋庸置疑的第一步。

少蒋六龄的毛润之比蒋更能读书。自少年时代，即以济世建功的探寻目光，从长沙、到北京、到上海、到广州，一路寻求实用的救国方略。"容共"期间，他初尝掌权滋味，志得意满之余，既为自己同志讥笑（张国焘说他"正替国民党忙哪"；李立三嘲他为"胡汉民的秘书"），又遭对方忌惮（经费克扣）——直到不得不递上辞呈"回乡养病"。

没想到这一退，竟"退"出了自己广阔天地：在酝酿着"极大革命热情"的农村，找到了革命的突破口。那时节，他是既有理论（国际要求"把土地直接分给在这块土地上耕种的劳动者，消灭不从事耕作的大土地占有者和许多中小土地占有者的制度"）、又有身份（政府要员兼政党领袖），终将千年中国农民对官府苛捐杂税的不满，引向阶级斗争，引向建立武装夺取政权之路。

这一年，与列宁同为反专制战友，但在手段、途径、最终目标上有着重大分歧的普列汉诺夫已离世九年。但他的那份正由好友密藏着的《政治遗嘱》，却道出了苏联曾经发生、而中国正在和将要发生的事情：

布尔什维主义是以流氓无产阶级为取向的特殊策略、特殊意识形态。

布尔什维思想过去和将来始终是无产阶级不成熟、劳动者贫穷、文化落后、觉悟低的伴生物。

布尔什维主义有什么新东西吗？只有一个——不受限制的全面的阶级恐怖。

他这里的"布尔什维"，即是我们"新中国"每几乎一个干部书架上都有的那本《联共（布）党史》里边的"布"，也是当今中国第一权重威高大作家王蒙书写的"布礼！布礼！黄钟大吕般的声音在耳边响起"里边的崇高顶礼。

五、剿匪

1927，这个国共彻底翻脸的年份，因为两边几十年来惯以"官史"告喻后世，所以一些基本国情，从民间叩问的角度，仍需交代——为我们接下来讲"毛主席用兵真如神？"做铺垫。

一是国民党左右两派，在"联俄""容共"与否上，大大地闹了一场之后，终于定都南京，开始了国民党训政的国民政府。也就是说，该党的武装集团至此终于有了自己的行政、外交、军队与警察，并且依"法"责令民间纳税养着——当然此"法"是拿枪的人想怎么定就怎么定。

二是"中央"虽然开始"号令全国"，但就人心收复而言，还差得远。当时，相当一批豪强对南京面上敷衍，私底下则有自己的打算。而位居"中央"者，究竟希望他们生，还是希望他们死，比如

蒋中正对陈济棠、何健、王家烈、刘湘、龙云……何时拉拢何时摧折，桩桩在在凸显于红军长征第次经过的粤、湘、黔、川、滇……，直到陕西。

三是除了"归顺中央"的各路豪杰之外，仍有"武装割据"的"政府"，五脏俱全地存在着，北边的不说，心腹之地江西，就正驻着一个"中华苏维埃"。

割据政府如何造福乡里呢？依照《井冈山土地法》规定："没收土地归苏维埃政府所有而不是归农民所有；一切土地禁止买卖，分配后除老幼疾病及服工役者外，均需强制劳动"——我们今天已经看得很明白，纳粮百姓会选这样一个不明不白的东西——"苏维埃"么？

苏维埃，俄文Советская（英文soviet），原是"代表会议"的音译。到了1930年代的"苏区"，因战事（即两边官史所称"革命"或者"讨伐"），官家对民间的搜刮比现在还狠，快赶上该苏维埃成长为"中华人民共和国"以后的"大跃进"了。知道这一背景，就不难明白，怎么长征开始时候，竟能一下子"征"到的五万新兵，而不过两个多月之后（湘江之役），经死伤逃散，仅剩下二成。对于国府训政之后的十年，也即从南京定都到日军正式大规模武装进犯的1937年，据经济学界一个粗粗的共识，堪称现代中国经济发展、民间休养生息的"黄金时期"。我们后世问史人不禁揣测，如果没有这场"剿匪"（从政府方而言，动用了至少200万兵力，外加购置飞机大炮的银子；匪们则以"打土豪"的方式"就地解决给养"），或者"匪事"以协商和政治运作方式解决，那中国或可赢得个"白金时期"？抗击日军也该是另外的局面了吧？

在给龙应台的信里，卢跃刚说：

民国二十四年冬天，一个大雪纷飞的夜晚，我爷爷连夜赶了两双草鞋，让我爸带上第二天跟着红军撤退。当地农民不叫"红军"，叫"乌老二""霉老二"，与当地"棒老二"（土匪、袍哥）同类……我大伯是长子，大伯母生孩子，我爸爸顶

替大伯当了红军。不顶不行,实际是被迫当兵。那时他才十五岁。

当然如今正当红的金一南将军不这么说。他认为长征是"那个时代的'高光点'","长征的胜利集中体现了中华民族精神,体现了中国共产党人的坚强品格,体现了中国共产党是中华民族的先锋队"。对此,我辈民间问史人,是无论如何不敢苟同的——无论金教授挂着怎样的头衔("国际战略和国家安全"专家),无论其演说多么"生动、鲜活,触动人的情感"。

六、国际

1927年7月之后,中共的总书记、"文化启蒙先驱"陈独秀,无论对共产党、对红军,还是红色政权,已经不再有任何影响——应该说,之前也没有多少。这是因为,自1921年"共产国际"派员与中国激进左派知识人正式接触并成立"中国支部"以来,中共这边与其上级领导的直接联络,从来不曾中断。令我辈问史人每每头晕的一个接一个或亢奋或沉稳的共党领袖更迭,基本全照这个或者那个"鬼子"(此亲切称谓,见李德《中国纪事》)事无巨细的直接指挥行事——无论他们以这种或者那种掩护身份,驻上海、广州、武汉,还是远远地在莫斯科(后来中共干脆称他们为"远方")。

这一连串安到台上的,包括"五届临时政治局负责人"(张国焘、瞿秋白),"六届总书记"(向中发),"中央行动委员会头头"(李立三)、"代理总书记"(王明),以及代理总书记指定的"临时中央负责人"(博古)……直到1934年9月。

1934年9月发生了什么事?按照李德说法,

中央委员会上海局连同电台,都被国民党秘密警察查获了。这样,我们同共产国际代表团以及共产国际执委会的联系完全中断了。由此而来的中央同外界的完全隔绝,对以后事态的发展产生了无法估量的影响。

此处"无法估量的影响",指的当然是毛泽东自长征而后,在共产党、特别是党所掌控的军队里的崛起。

他说得不错。虽然尊奉主流精神写党史、包括写个人回忆的人,历来张口闭口"毛主席带领下",似乎不颂神已无法落笔。但这"带领",始自何时,该不该问问?

平心而论,毛泽东全局性的领袖地位,的确一步一步地发端于长征。此前,润之先生作为一大、二大代表和"湘区"头目,影响只在百把人中间。直到1923年前后,国共短暂蜜月开始,才稍显辉煌:进了中央局,在上海广州主管组织、辅佐宣传等等。蜜月之后,他的活动范围落到地方(湖南)和农民运动领域。轰轰烈烈的国民革命军及其征伐,基本没他什么事——直到如我们前节所说,在遭到主流冷落的阴差阳错间,湘伢子毛润之创造性地将列宁的阶级斗争和武装起义理论,在凋敝的中国农村发扬光大。

李德以为,如果"国际"与中共的联络一直畅通,擅长阴谋的毛泽东没有可能一步步蹿升。此说,显然是这名受了气的伏龙芝军事学院毕业生,身处异国他乡的管见。苏联从建国之际,就一直精心挑选自己在中国的利益代理人——先是在吴佩孚、冯玉祥、孙中山当中选;接着在国共当中选;在瞿秋白、向忠发、王明当中选;在博古、项英、毛泽东当中选……应该说,从井冈山时期,他们对毛的"特长"与"特短",心里就相当有数了。

毛泽东的看不上"言必称希腊"的"洋房子",也不是因为内心高傲而疏远"鬼子"。以实用主义对待"远方",揣测、哄骗、讴歌、忍气吞声……一直持续到他对自己治下的社会主义工业化,大致有了底。

七、建立电讯联络(白区)

说长征的故事,不得不补充一点基础常识。

在1980年代前,依据官方正史,长征的伟大胜利,领袖英明而外,仅见广大指战员在主义感召之下的无比忠诚英勇。"拨乱反正"之后，再说长征，一连串电台、报务、破译、情报截取、"打着灯笼走夜路""玻璃杯里押宝"等等冒了出来。连"如果没有二局，长征能否到达陕北都很难说"这样的领袖语录都面世了。

笔者倾向于相信毛伟人的如是说。但我们后世叩问历史的人，须一层一层深剥、再前后反复验证，才能看出此深谋远虑之大枭，究竟在玩什么。比方说，都到1970年代了，他还说过一句"二部三部，我该多信谁呀"——此说未见出版，但我们那时候过来的人都知道，还旁观了一场这两家顶级绝密单位为争圣眷和资源的较劲。长征时候的"二局"，在（到了陕北）将通讯职能分出去之后，发展为后来的"总参三部"，职责依旧是侦听并处理敌国（以及友好国家？）电台的信号——今天当然想办法钻进对方硬盘了。

我们知道，电报最早在世界上出现，是18世纪中期，也就是大家都熟悉的莫尔斯电码。到义和团奉旨攻打东交民巷的时候，中国在沿海地区已经有了商用无线电报——那时候陈独秀刚刚入东京参加"励志会"；毛泽东正在父亲督导之下学记账。无线电报这阿物儿成为中共手中利器，已经是吃了蒋介石大亏的时候。

共产国际坚持对它的"中共支部"实施直接领导。开头主要靠面对面开会，或者信使传递文件。通讯联络么，虽说届时已然进入中国革命，但主要为"联俄容共"的国民政府和国民军而设。到了1928年夏天、到了遭清肃的中共只能到莫斯科去召开自己代表大会的时候，在上海建立国际直达中共的无线电通信，已是迫在眉睫。

从目前披露的资料看，开完六大回来，经请示并获得批准的周恩来即着手实施。但苏联那时节并没有如1950年代那样"整套设备援建"。1928年深秋，回到上海的周先生在他原先只有总务科、情报科和白刀子进去红导子出来的打狗红队的中央特科，增设了"第四科"，即无线电通讯科。日后的外贸部长李强他们，开始到处寻摸零备件，动手攒机，以当时上海的条件，鼓弄出第一部"收发两用无线电台"，竟用了一年的时间。而此时，正统的国民政府、中统、军统和国民革命军，其无线电收发手段，无论建制、器材、技术、人员、培训……，都已远在成了敌手的"赤匪"中共之上。

有趣的是，中共这边的无线电技术人才，相当一批出自敌方，比如特科鼻祖钱壮飞就出身于中统无线电训练班；王铮，毕业于南京军事交通技术学校；还有最后到了1980年代中期才弄清，军统重庆电讯总台里边，竟有一批从学员时候就潜伏下来的共党。

上海特科开始了自己的培训：英文、无线电技术、报务与世界通用电码，手键抄收英文字母和数字……这批人里，有直接涉及那封最为诡谲的"99长征密电案"[7]的左路军电台台长宋侃夫；还有他上海训练班的同学、江青初抵延安时候的相好之一徐以新。

这是在白区，苏区那边呢？

八、建立电讯联络（苏区）

不知数月前"重走红军道"的"正司局级干部"们，有没有人手配备一台iphone4或者黑莓——以模拟井冈山当时的电讯联络。其实朱、毛红四军那时候还真没"来电"，见识军用无线电通讯，要到蒋介石打完"中原大战"，将目光转向"中国当时最大的祸患"共产党之后。

1930年底，国军对苏区实施"第一次围剿"。嫡系中央军有器材兼有人才，无奈龙岗一战18师大败，极为稀罕的"半台机器""半部密码"落入红军之手，连被俘报务员都"立地成佛"，参加了红军。10天之后，"经毛泽东、朱德正式批准，以（原中尉报务员）王铮等人为骨干，成立了红军的第一支无线电队"。

到后来，又有了第二次和第三次反围剿胜利，

---

7 详见作者"问史笔记"另文《99草地密电》。

红军缴获多部无线电台。到周恩来他们陆续从上海潜入苏区的时候，"无线电队"里边专门执行侦听任务的侦察台，已经从总部的通讯部门中分离出来——毛后来说过多次的"军委二局"自此成立，专门执行无线电侦听、破译。

1934年9月，"大搬迁"（长征）上路迫在眉睫，国际与苏区中央的无线电联络中断。

这"中断"，说得更确切些，是共产国际"中国支部"，与莫斯科"总部"，通过"上海临时中央"（以及以种种掩护身份留在上海的"鬼子"们）曾经有过的大、小两部电台的联络断了——不但器材，时至1934年秋，留在上海的"书记"、联络、报务……，几乎全部遭遇查获、逮捕、叛变。

之所以在这里使用"几乎"两字，是因为那时节国民党中统以它恩威并施的策略对付上海满坑满谷的匪党，的确是"战果辉煌"。但是，志得意满的陈氏兄弟也并未收全功：一批机警、坚韧的理想者，在上海坚持活动，直到1935年7月，直到中央红军过了雪山。

这一小批人的故事，我们将在后边重点细讲。目的无它，只想细究，对此毛泽东为什么从来不说；只想细究，为什么在1937年拿下延安之后，刻意拉拢刘少奇，发布"在前任领导之下"，"革命力量红区损失90%，白区损失100%"这一令柯庆施等人当场暴跳的说道；以及此说，在他攀登权力高峰的征伐中，有过怎样的关键贡献。

这里先说电讯联络。

苏区通过上海的联络断了。莫斯科与瑞金，有没有直接的电讯联系呢？现在已知潘汉年说过，有虽有，可惜那台机器功率太小，只能断续收到"远方"发来的讯号而发报不成功。于是，长征上路的时候，这台"废物"根本就没带上。可以说，自1934年10月下旬，踏上征途的中共中央与莫斯科完全断了联系，直到1936年6月——几路人马，包括携带密码和报务员的张浩、潘汉年、李立三，外加宋庆龄和张学良支援的机器，延安与国际，终于联通了。

与"远方"断了联系，一路逃命的中共中央，与各方面军、各军团、还有其他各根据地——鄂豫皖的张国焘、湘西的贺龙任弼时、赣东北的方志敏、留守的项英……陕北的刘志丹——有没有联系？他们各路同志之间，有没有呢？

九、通讯与技侦

注意，前边几节说的，多为无线电"通讯"而非"技术侦察"。

通讯比较单纯。只要器材给力（接收机、发报机功率足够）、有电源（如果行动在荒山野岭，就要带着电池或者燃油发电机），双方约定好通话的时段、波段、密码（如果不用明码的话），作业就完成了。

关键是通话双方的密码约定。

中央红军长征，博古让权之后，张闻天派潘汉年离队，赴老巢"设法打通上海和国际的联系"。29岁的"小开"混到毒贩子里边，离开贵州到香港窥测动静，再赶往上海最后到达莫斯科。经国际情报局"新编密码"训练之后，在三个月时间里，将其熟记于心，最后绕道巴黎、香港、南京、西安，于1936年8月抵达保安（那时候中共还没有延安），向张闻天交差，并且依照张的指示把与国际联络的时段、波段、还有密码，直接交邓颖超。

当时，毛已主管军事，但还不是党的最高首领。他对通讯的看重，其实是一以贯之的。自从在江西第一次反围剿得胜，见识了张辉瓒的军中无线电，立即开办无线电训练班。到1935年9月9号，长征走到巴西的时候，看到无论在哪个方面都无法与张国焘一较高低、自命"北上抗日先锋队"开溜之际，最舍不得放手的宝贝，就是电讯（特别技侦）高手。到"三大主力会师陕北"，以抗日东征之名到山西抢老财（1936年2月），不离左右的，还是电台和警卫。最后，到手延安，他自己也最后攀上军、政、党，包括思想与精神的高峰，对中共与国际的联络员弗拉基米洛夫（孙平）

和他手边那部电台,已成毛之禁脔——任何人不得插手。

当然,所有这些,都是后人拼接历史碎片之后得以窥见的点滴印迹。在潘汉年身负历史重任赶到保安的时候,并没有人为他点拨关窍。小开做梦都没有想到,手里握着这么重的资源,也不好好揣摩揣摩高层权斗之走势,居然一头扎进张闻天的窑洞,朝夕与共,言谈中更涉及张浩所负真实使命……令老毛忍无可忍——诸位看官大家想想,1955年那场横祸,是不是起自此时?

这是电讯联络(明码与密码)。而"无线电技侦",也就是说,通过电讯手段,截取敌方"通讯"时候的电码,再将它破译,转为能够阅读的情报,更需硬件之外玄而又玄的本领(包括毅力)。技侦第一步,是截获对方相互通讯时候的电码;第二步,是找到、窃取到、或者通过自己超乎常人的钻研,"解密"对方的"加密",通俗地说,就是为译电员自己"弄出"一部"字典"(潘汉年交给邓颖超的,就是在莫斯科整本背下来的"字典");第三步,是依据"字典"将电码翻译出来。

就第一步"截获"而言,技侦难度已经大于自己人之间的通讯联络,因为你不知道对方何时发报,也不知发报频段。到第二步的"解密"或者"破译",对报务人员的要求,实已类似具有非凡想象的魔术师、哲学家、心理学家,绝非常人可以胜任。第三步照"字典"译电,很好办啦,已经和通常的上下左右密电联络相同。只为涉及情报,在人员的甄选上,须更多忠诚与机敏而已。

之所以捌饬这些属于常识的豆腐账,主要因为在后边要讲到的长征的故事里,常会涉及到事关重大的决然决策:长征的突然出发、湘江惨败之后的突然"通道转兵"、处于低谷而后的娄山关大捷、云遮雾罩的四渡赤水……等等。

以红军当时极为艰难与狼狈的逃窜,数千条命保住之外,还打拼出一方地盘——是不是毛的天纵英明,加上二局的突出发挥,终于使红军作战"有如神助"?

十、有枪才有权

有枪才有权——是这样?权到手,做啥子用呢?

想当初1911大家"咸与共和"之后,多少忠忱之士投身社会改造、基础教育、制度设计,不料两千年专制累积下来的精神文明土地之板结,除了可以浮生在浅表垃圾之上的奢靡,什么优良种籽,都难于扎根。君臣主仆、上尊下卑,世情网络盘根错节,连正当的政治运作包括角逐都难于施展,最后只剩下刀兵相见。宋教仁临终口授"上书袁大总统"的时候,尚不知道谁想要他的命;叶挺独立团里边那批周恩来亲手挑选的黄埔生,血战汀泗桥(解唐生智之危)之际,能想到将来与湘军的厮杀么?

一门心思与国父的革命军并肩创业,这批早期共产理想者哪里是蒋某的对手——不仅握筹布划有日,早在到苏联接受军火的时候,杀心已经萌生。"4·12"之后一个接一个的反抗,很壮烈是不是——"擦干身上的血迹,掩埋好同伴尸体"(笔者的两名亲叔父,二十出头吧,就战死于"广州暴动"街头),依旧憧憬着"共产主义"的年轻人四散到政府的军力与警力薄弱区,"唤起(衣不蔽体食不果腹的)工农千百万",井冈山啊,鄂豫皖啊,湘鄂赣啊,闽浙赣啊,川陕啊……拉起了名号各异("工农革命军""农民自卫军""赤卫队"……),但实与梁山贼人难有二致的队伍。待到东躲西逃的"党中央"醒过神儿,开始向能找着人的地方发"通告",已经是1928年——成批骨干正偷偷运往苏联参加这个、那个会,包括自己的"中共第六次全国党代表大会"。

决心成立"我们共产党人自己军队",并且披挂炽热鲜血的颜色,是躲在上海的"留守中央"之手笔:《中央通告第51号——军事工作大纲》(1928年5月)。通告不仅口气相当大,也充满了被主义、被"正义"、被报仇雪恨、被"机不可失失不再来"烧得满眼幻象的顶尖激进革命家,勾画出可操作的坚实前景：

为保障暴动的胜利与扩大，建立红军已为目前的要义。建立红军……不一定要等到一省或一国暴动成功。只要能建立一割据区域，便应当开始建立红军的工作。红军应由苏维埃派政治委员监督军官……政治委员应即为党代表。

而几乎就在同时，在莫斯科六大，周恩来已当选为政治局常委并分工主管军事，正就"中国革命中军事的中心任务、红军的建立、编制、军队中的党组织和政治工作等问题"，同联共（布）军委代表逐条讨论。

《通告》虽然发出，无奈那年头时闪时灭的"星星之火"，距离"燎原"还差得远，抛出之时没见什么响动，后世史家也根本看不上眼——虽有御用史官们将其视为"李立三盲动主义之先声"而着意贬抑。总之，真正到了下边的各路枭强好汉听令接受收编（包括接受趾高气扬的前来当领导的留苏生们），一致追随北边老大自称红军，已是1930年。

在接下去的两年，"有枪才有权"哲学，在吾国吾土、乃至吾家吾民精神中，正遍地开花——顺便说一句，时至2011年，还盛开在对"揣着糊涂装明白"的巨片《让子弹飞》的热捧中。

（未完待续）

不再可能的对话：1989年5月18日的李鹏
——写在六四事件36周年后

陈 军

本文的初衷

2019年7月24日，李鹏去世。作为1989年"六四"事件中最具象征意义的人物之一，他当年的死亡立即引发了针对他的定性式批评。在流传最广的一些社交媒体言论中，有人提出要为这位"刽子手"竖立跪像，与邓小平并列，作为象征性地羞辱与清算的手段。他的死亡，不是一场人生的终结，而是一道历史怨恨的触发器，他的名字也成为一种耻辱的记号，尤其在追溯有关六四历史的特定时刻。

正因为如此，重新审视这位历史人物，尤其从一个当年的、作为中国自1949年以来共产党在任总理绝无仅有的一次与抗议学生直接对话的视角，或许可以给我们带来另外一个观察和思考历史的角度。尤其是在所有纪念六四的人一致主张"拒绝遗忘，寻找真相"的语境中。

说实话过去几年每到六四前夕，我都会与胡平先生及少数愿意保持反思立场的朋友讨论和重温这段历史。我们常常问自己：这场运动究竟给我们留下了什么？其经验教训是否真正被我们吸收？遗憾的是，这样的反思常被视为"替中共开脱"的姿态。在某些民运阵营眼中，提出对六四应重新讨论，就是一种为共产党镇压开脱，就是背叛历史。每次我听到这类评论，我都认为这些人在相当程度上误导了他们自己，也误导了公众舆论。

另外触动我写这篇文章的起点，与戴晴的《邓小平在一九八九》这本书关系密切。最初是朋友推荐，我认真读了她的旧版全文。在阅读过程中，我获得了许多此前未曾了解的信息。特别是"六四"之前的一些历史情境，比如一些在当时被视为党内保守派的人物，如果我没记错的话，像李先念这样的角色，对中国未来的改革都持有认可的态度。对"六四"以及邓小平在其中的作用，戴晴也表达了她自己的不少观点和评论，让我了解当时共产党内部对中国社会未来发展的设想和规划。这本书促使我重新去翻查了大量与官方话语相关的材料，包括我阅读了《李鹏日记》、赵紫阳在软禁之后的各种对话等。特别是看了以前从未认真对待的李鹏在5月18日与学生的那场对话视频。说实话，我第一次认真看这个对话视频，感受是非常复杂的。因为那样一种对话方式、那样的语境、参加的各官员的层级，放到今天几乎是不可想象的。

另一个动因是，这本书再版之后，令戴晴今年成了一些民运领袖口诛笔伐的对象。有的人指责她"带着任务来"，有的人直接用PPT把戴晴写的这本书，和卡玛当年拍的有关天安门的纪录片，包括生活在海外的一些对他们有所批评的人，都列为做统战工作的。他们仅仅因为戴晴曾是叶剑英的养女、有过在情报部门工作的背景。不论她当时的政治立场如何、后来付出了什么代价，都不加分辨，直接贴上标签。在异议者内部，但凡有人提出对戴晴那本《邓小平在1989》有可以讨论的部分，有些人的第一反应不是质疑书中资料的可信性，而是质疑写这本书的"动机"。换句话说，"谁写的"比"写了什么"更重要。这种论辩方式，与官方对异议者著作的处理方式别无二致，只是角色互换，机制未改。

这种认知的扭曲在于对语言的滥用。这种对语言的滥用存在于大陆几代知识分子的认知框架和叙事手法中，究其原因基本都出自于他们在大陆受的教育和生活经验：将一切最大限度地政治化、符号化和道德化，而一切有关的事实都在这个过程中被筛选、被重组，只不过和共产党宣传的那套文本反了一下面，都是一种另类的"真相"。这也很大程度上反映了六四一代的主要代表人物对"六四"事件本身，包括对自己在历史中的角色，存在一种认知上的错位。所以我写这篇文章，除了用一种不同的叙事逻辑和语言之外，同时也对我们使用的政治"语言"本身做一次梳理。

毫无疑问，有关六四不论是官方话语还是民运话语，它们都呈现出一种共同的叙事病症，一种不容质疑的垄断性叙事。官方从"暴乱"——"动乱"——到"风波"，努力淡化六四对中国社会带来的巨大伤害，而民运这边则是另一极，自我正确定义带出的道德优越感，以及一种对真相拥有唯一解释权的路径依赖。这种几十年如一日的叙事遮蔽了其它理解历史的可能性，也弱化了他们自己理解现实复杂性的能力。

现在很多参加过六四运动的人以为，他们当年参与事件的经历和记忆，就代表了"真相"，不少人的回忆录被认为"真实记录"，但我认为这其实是一种认知上的误区。实际上，一个人当时的想法、立场、所听所见、以及转述过的信息，只能代表他在那个时刻的主观状态，而不能等同于客观真相本身。经验告诉我们，人的记忆会出错、感知会偏差、观察会受限。这是我为什么写作本文时更倾向于依靠"文本本身"，而不是依赖他人的叙述或观点。讨论"真相"，我们首先要有方法。真相不是某人说了某句话、转述了某件事，加上"当年"之类的定语，真相就自动成立。"真相"

是一种需要验证的东西，需要多元的视角、多方的陈述，在不同立场与角度的交叉印证下，我们才能靠近更完整的"真相"。这就是为什么人类需要法庭的缘故，这其实都是常识。

所以今天我写这篇文章，不是为了挑战谁的情感立场，也不是为了为谁翻案。我无非想做一件很小却困难的事——重新掀开进入那场李鹏在1989年5月18日和学生历史性对话的现场。这不是"重审"，而是对一个真实事件的真相尽量的复现和"重置"，从而唤起对历史"理解的愿望"。

如果我们还保留对历史复杂性的尊重，就必须容许某些关键人物重新出现在历史的现场，而不是将某些人永远充当某种被固定的符号。当我们用"刽子手"或"英雄"框定人物，我们便丧失了复原真相的可能。

李鹏与学生对话的过程和内容

1989年5月18日上午11时至12时，国务院总理李鹏在人民大会堂与天安门广场绝食请愿的学生代表展开了一场史无前例的对话。这场对话发生在北京高度紧张、局势几近失控的前夜，尤其是前一天，北京当局已经通过决议准备戒严。就在此刻北京让直接总理出面的方式，短暂打开了一个与学生直接沟通的窗口。更罕见的是，这场对话后未经剪辑，以全国转播的形式呈现，成为历史上少有的"共同文本"，将政府与学生的言语交锋、姿态博弈毫无保留地暴露在数亿观众面前。

对话开始前，李鹏逐一与学生代表握手，语气克制，问候一名学生"是不是很累"，并在开场提出"希望大家心平气和"。他说："很高兴同大家见面。今天见面只谈一个题目，如何使绝食人员解除目前的困境。党和政府对这件事很关心，也为此事深感不安，担心这些同学的健康。"这番话试图将对话限定于人道主义议题，回避学生的政治诉求。参会的吾尔开希同学立即回应："您刚才说我们只谈一个问题，而现在的实际情况是，不是您请我们来谈，而是我们广场这么多人请您出来谈，谈几个问题，应该由我们来说。"这一交锋凸显了对话的结构性不对等：李鹏试图控制议题，学生则力争话语主导权，试图将对话引向更广泛的政治诉求。

学生提出了两项核心要求：王丹同学说："要使绝食同学离开现场，唯一的办法就是答应同学们提出的两个条件：一、肯定这次学生运动是民主爱国运动，而不是所说的动乱；二、尽快对话，并现场直播。"这直指政府对运动的定性与对话的公开性，反映了学生对制度性回应的渴望。吾尔开希补充："我们提出要尽快平反，否定4·26社论……只有这样，我们才可以尽量说服同学把绝食改成静坐。"这些诉求试图以道德感召和象征性行动（如平反"四·二六社论"）推动体制改变。然而，李鹏回应："无论是政府，还是党中央，从来没有说过，广大同学是在搞动乱。我们一直肯定大家的爱国热情、爱国愿望是好的"，看似妥协，却回避了否定社论的核心要求，显示出体制的策略性让步而非实质协商。

学生不断试图将议题引向政治改革与政府合法性。熊焱质问："为什么还特别需要政府及其他方面的承认呢？这代表了人民的一种愿望：想看看我们的政府到底是不是自己的政府。"这直击体制合法性根基，表达了学生自认的"民意代表"定位。而李鹏反复将焦点拉回人道主义，"我建议由中国和北京市的红十字会，负责把参加绝食的同学安全地送到各个医院去…救人是第一位的"，试图以"关心健康"化解政治压力。当学生提出赵紫阳亲赴广场或公开道歉的要求，吾尔开希警告："如果连这一点都不行…我们认为政府毫无解决问题的诚意，我们这些代表没有必要在这里再坐下去了"，李鹏仅以"如果今天一味要在这个问题上纠缠，我认为是不合适的"回应，暴露其无法进入学生语言系统的局限。对话中，学生的发言更具情感张力与逻辑主动性，而李鹏显得被动，偶尔流露疲惫，显示出体制官员在直播场景中的不适。这场对话成为两套认知世界的碰撞，注定无法达成共识。

对话的社会背景

要理解这场对话为何发生，必须回到1989年春天的历史脉络。从1978年改革开放至1989年间，中国经历了一场罕见的社会流动与制度转型。这一转型的核心并不在于建立一个新的制度体系，而在于打破旧的封闭秩序，使社会张力与结构不平衡迅速浮出水面。从思想解放运动到经济市场化试验，从知识界的复苏到新闻出版的放宽，从民营企业的萌芽到城市青年对自由职业的向往，一个"半开放"的社会正在形成，但其政治结构却仍然封闭、脆弱，充满防御性。

这场历史性的不对称发展，构成了1989年运动的深层背景。人们往往将这场运动理解为"反贪官""要民主"，但若从结构层面来看，它更像是一次社会结构失衡状态下的突发性断裂事件。政治体制的刚性与社会流动的柔性之间，没有足够的中介机制来调和压力。缺乏制度性的反馈路径，使得所有的社会能量只能涌向街头与广场，而不能进入有组织、有预期、有程序的表达渠道。这不是个人勇气或策略的失败，而是制度结构无法承接社会诉求的根本性脆弱。

5月18日的这场对话正是这一结构性矛盾的象征性展示。它不是两套系统间真实意义上的协商，而是两个完全脱节的认知体系的一次临时交汇。李鹏与学生们的对话，表面上是政府与公民的互动，但在本质上，是一个未能完成制度更新的国家试图用陈旧的语言去回应一个全新社会构造中诞生的主体。

学生所代表的不是"全民"，而是一个新兴的、尚未制度化的"公共人"群体。他们并不具有工人阶级那种制度内的角色认同，也不代表真正意义上的社会底层利益。他们是最早享受到知识开放、思想启蒙与国际接轨红利的一群人。他们的想象力超越了制度的框架，但他们的策略能力却未曾接受过训练。绝食、静坐、话语占领，这些行为方式是他们所能接触到的唯一表达手段。他们无法提出明确的政策诉求，也无法组织可持续的制度谈判，只能依靠象征手段完成"代表人民"的姿态。

而在权力一方，李鹏与政府体系的认知逻辑则仍然牢牢固守在"稳定压倒一切"的冷战式治理结构中。对于他们而言，学生的行为并非公共参与，而是威胁与混乱的前兆。他们无法理解"话语行动"的政治意义，只看到非秩序的潜在危险。因此，整个对话不是两个主体的沟通，而是两个世界的彼此误解。

这个误解之所以无法被打破，正是因为当时的中国没有发展出哪怕最初级的政治"程序化机制"。所谓程序，不只是法律条文与制度设计，更是一种社会运行的逻辑：如何界定合法的诉求、如何分配表达的空间、如何管理冲突的升级。这些机制的缺席，使得学生与政府的互动只能沦为偶发性的"临时搭台"，既没有前置条件，也没有后续机制。

"广场"于是成了唯一的政治舞台，而广场所能提供的，却只是情绪的放大器。这种结构性的陷阱，使得任何不愿意被"广场"吞噬的理性声音都会显得懦弱、模糊、不合时宜。正如胡平曾建议的"见好就收"，在当时的广场心理中，是无法被接受的。因为当情绪成为唯一的动员手段，道德成为唯一的合法性来源时，任何妥协都被视为背叛。这是民主启蒙所引发的最大悖论：它激发了公共意识，却没有配备可供落实的程序工具，反而形成了对纯粹性的迷恋和对结果的绝对化期待。

更深层的问题在于，1989年之前的十年改革，几乎完全回避了政治制度建设的问题。即便有"党政分开""干部年轻化"等口号，也从未落实到制度性安排上。政治体制既没有被有效改造，也没有与社会同步演进。它仍旧依赖高度集中、垂直控制、政治动员式的治理方式，却面对一个逐渐多元化、信息化、思想开放的社会。体制内部对于公共压力的判断仍是"稳定至上"，而不具备"容纳压力"的能力。这使得所有的改革尝试最终都无法打开制度瓶颈，反而在危机时刻迅速退回原点。

这正是这场对话注定失败的原因。不是因为李鹏个人如何，也不完全是因为学生不够成熟，而是双方都身处一个没有协商基础、没有制度支撑、没有现实路径的历史节点。对话只是一场姿态，一次权宜之计，而非结构性的转折。它无法避免广场结构的激进化，也无法提供撤退的出口。

从某种意义上说，5月18日的这场"对话"，是改革开放十年间制度滞后于社会演进的最具象征意义的节点。它将整个社会结构的紧张、制度的迟钝、表达机制的缺失、话语方式的分裂一次性集中展现出来。它不仅预示着运动的失败，也揭示了体制改革的深层盲点，一个政治结构若不能为社会提供表达渠道，最终社会只会选择象征性的燃烧。

李鹏在对话中的表现与体制的逻辑

1989年5月18日李鹏和学生的这场对话，是中国政治史上一次罕见的在高压下权力者与挑战者之间的直接交锋。这场对话不仅暴露了学生与政府之间巨大的价值与语言断层，也给了我们一个机会去观察李鹏本人在体制结构中的角色定位，以及他在这一特定时刻的政治姿态与表达方式。

李鹏的语言风格，从一开始就显得克制、冷静，但并不试图建立平等对话的空间。他不断强调"政府的诚意""领导的关心""理解同学的爱国热情"，但这些表达始终保持在官方惯用语的语境之内。这种语境，虽然在1980年代并不陌生，却在对方情绪激烈、语言直接、要求明确的学生面前显得迟钝、无力，甚至失语。

这是一个训练有素的体制官员所展现出的标准"亲民"姿态，但在历史的放大镜下，它却显得几乎不合时宜。因为紧接着的发言中，他迅速切换回"国家机器"的语言系统，试图以"秩序""安定""法律""责任"来为对话定调。亲和只是前奏，真正的主旋律仍是命令性的叙述。

李鹏似乎并没有把这次会面视作一场真正的沟通，而是视作一次"做工作"，一个向社会"澄清立场"的窗口。他的讲话不断强调政府"容忍已久"、对学生"关心备至"，并且多次提出"希望你们停止绝食"，"回到课堂"。他并没有提及任何学生提出的核心诉求：官员财产公开、媒体自由、反官倒、重新评价运动。他的回避，不是出于技巧，而是出于结构性的无法回应。

体制的逻辑在这里显露无遗。李鹏所代表的，不是一个拥有裁量权的独立个体，而是一个巨大系统中被赋予执行与表态任务的环节。他不具备在现场做出任何实质性承诺的权力，甚至不能对学生的措辞做出情绪性的反馈。他的语调、用词、表情，全部围绕"稳定大局""党中央决策""党和人民政府"这样的共同体想象展开。他是制度的代言者，而非辩论的参与者。

然而，在这样一个结构性的局限中，李鹏仍旧做出了某些有限的回应，比如他讲到自己的三个孩子都没有参加"官倒"，他肯定了学生的爱国热情，并明确表达了自己对某些问题上的保留意见。对于当时的学生要求而言，这种表态也许远远不够，但如果将它放置在1980年代晚期的政治语境中，却是一次罕见的"姿态性松动"。

问题在于，这种松动是被迫的，是结构外的突发事件的回应，而非制度性渠道中的沟通。李鹏个人的"回应能力"，被体制框架牢牢控制，他的"让步"不是因为体制可以协商，而是因为运动逼近了体制的承受边界。

回到人物本身，李鹏并非一个有强烈政治风格的人。他不是赵紫阳那样的改革者，也不是邓小平那样的强人。他更像是一个在规则之中行事、在命令体系中上升的技术官僚。他并不习惯对话，不习惯被质问，也不习惯在电视直播下应对激烈挑战。他所熟悉的是"汇报制度""内部会议""领导讲话"这样的工作语言。因此，在面对学生代表的频繁打断、情绪性表达和节奏上的主动推进时，他显得手足无措。他偶尔露出疲惫、烦躁的神情，更多时候则保持克制。他不是不愿回应，而是没有工具箱来回应。

整场对话的结构并不平衡。李鹏几乎每次讲话都被学生打断，而学生的发言则往往有更大的张力和掌控感。面对一位总理，几位二十出头的年轻人反而显得更有语言主动权。这种"现场权力反转"，一方面是广场运动蓄积的道义动能的结果，另一方面也揭示出体制官员在面对非预设政治场景时的无能与不适。

这就是1989年5月18日的李鹏：一位制度内的执行者，被推到聚光灯下，在一个几乎无法控制的现场，扮演一位政府代表的角色。他既代表了权力的沉默与迟钝，也反映了那一代政治人物在面对突如其来的公民性觉醒时的错愕与被动。他的每一句话、每一次停顿、每一个微表情，都被直播定格成历史的一部分。

而我们今天再去观看这段录像，听到他一再重复"我们是负责任的政府"，"同学们的要求要通过正常渠道"，听到他对"恢复秩序"的坚持，就能明白：这不仅是一个人物的语言失效，更是一整个体制对未知的惧怕和惯性。

关于李鹏为何临时决定出席5月18日的会谈，我们可以推测出几种可能的考虑：第一种可能，是通过这场会谈，展示他代表政府在解决问题方面的努力。如果通过对话，能够成功劝说学生撤出天安门广场，那将是他个人一种极大的政治成就，这是他们所能设想的最好结果。第二种可能，是政府接受了学生的一些核心诉求，比如"不秋后算账"、甚至承认学生未来可以组织自己的政治团体。如果能达成这样的妥协，让学生撤出广场也可以视为一次有意义的妥协成功。第三种情形是谈判破裂，这是最差的结果。也许是他们最能预计的一种结果。但即便如此，对李鹏来说，政府算也尽了力。尤其考虑到政治局当时已通过戒严的决议，在对话后仍将整个过程一帧不减地对全国直播，显示出官方对处理危机有过沙盘推演，并为后来的戒严提前制造了舆论，结果当然是最糟糕的情况出现。

尽管如此，把这场对话放在一个被普遍视为极权体制的国家语境中，今天回看，依然具有非常罕见的历史意义。

青春一代的幻觉与结构性的错位

在理解一场以学生为主导性力量的社会运动中，有一个核心要素无法回避，那就是他们的"青春"本身。它不仅是参与者的生理年龄特征，也是一种思维样态、一种行动逻辑、一种自我认识的起点。在5月18日的那场对话中，我们看到的学生代表，几乎都处于二十出头的年纪；他们的语言、态度、判断与诉求，都深刻嵌套在这种"青春结构"中。

从学生方面来看，根据多人的回忆记录，这次会面其实是临时通知的，包括吾尔开希在内的多位学生都是在最后一刻才被叫去参加。因此，他们根本没有时间做出充分的准备、规划或推演。这也意味着，他们没有机会去讨论和计划怎样在这场会谈中争取有利于他们的成果。同时，这一阶段的学生运动本身就分为多个组织和派别，会谈自然也无法具有完全的代表性，这也导致后来出现了像郑旭光预言的"一个人不撤，大家都不会撤"的局面。从这个意义上来说，我相信，如果这些学生以今天的眼光、今天的经验，重新有机会参加这样一次对话，就会清楚的意识到当中存在很多可以努力争取的空间。比如，他们展现出与政府对话的意愿，尝试建立某种信任，至少在整个对话过程中表现出一定的理性和克制。但当时有些学生刚经历绝食，对情绪和判断都造成了重大影响。这场绝食虽然一度将运动推向高潮，却也埋下了激烈对抗的伏笔。这次对话，本可能成为改变历史、改变"六四"结局的机会，结果却令人唏嘘。

"青春"在这里并不只是热血的代名词，它是我们每个人都曾经历过的人生阶段。尤其作为大学生的青春期，他们的身份是一种准社会人的状态：尚未真正进入社会，没有从事过一份职业，也未承担过完整的成年责任，通常靠着父母的资助，在课堂与书本中想像着理想人生和希望中的理想社会。

这意味着一种真实的认知困境，除了经验的不足，也包括对外部世界机制理解的初步建构阶段。在一个信息不透明、制度闭塞的社会里，这种年龄结构带来的认知盲区不仅没有被弥补，反而因为运动的高强度聚光与道德感召而被进一步强化。

所谓"青春的幻觉"，指的是这一代学生对政治、体制、历史与自身能力的认知之间，存在代际性的错位。他们以为可以通过道义唤起回应，以为真诚可以瓦解压制，以为绝食可以逼迫对方让步，以为媒体镜头可以替代制度通道。诚然，这些信念有其美感，也具有强大的感染力，但在现实结构中，这些信念往往无法构成有效的策略，更难在制度层面获得可持续的成果。

这种幻觉的形成并非个体责任，而是时代语境的产物，是教育结构、社会环境、舆论氛围共同作用的结果。八十年代的中国社会知识青年，很容易受到中国文化传统中"天降大任于斯人也"的道德感召，也容易受西方主流思潮的影响，从而在意识中形成一种宏大的使命感——参与国家转型、推动社会进步、作为"历史车轮"的推动者。这种自我期许，在缺乏制度训练与政治实践的背景下，容易演变为一种理想化的动员模型：相信只要站出来，历史就会听见；相信只要够勇敢，社会就会改变。

然而，现实并不是象征逻辑的延续。尤其在中国这样一个高度防御型的体制结构中，政治系统是冷酷、复杂且充满惰性的。青春的理想化认知不仅无法穿透权力的壁垒，反而更容易被体制视作挑衅，被压制为"敌对行为"。学生表达的形式——如绝食、静坐、占领道德高地——在体制的视角中，常常被联系到文革动乱的"群众造反"，而非作为沟通和建设的邀约。

于是，我们看到一种历史性的悲剧结构：一场怀抱善意与牺牲精神的青春行动，被嵌入了一个没有回应机制的体制系统中，最终陷入了"自我燃烧"式的象征性耗尽。绝食，不再是谈判策略，而是一种道德施压；而当这个呼唤没有回音，它就只能转化为自我牺牲。牺牲一旦发生，就会被历史记忆收编为"伟大"，而这种"伟大"又反过来遮蔽了青年理想在现实中的落空与无力。

我们当然不应将这种错觉简单归为"政治稚嫩"，而应看到它背后的结构症候。这是一个社会长期压抑表达、封闭公共空间、缺乏协商制度的产物。在一个没有对话传统、没有组织训练、没有公共行动教育的环境中，青春一旦觉醒，就容易朝着极端姿态与道德自绝的方向狂奔。不是因为他们激进，而是因为没有中间路径；不是因为他们冲动，而是因为缺乏制度缓冲，在加上他们的上几代前辈们，没有足够的思想资源和可复制的抗争经验可以引领他们前行，让他们避免前赴后继，重蹈牺牲者的悲壮结局。

这种错配在5月18日的对话现场中表现得淋漓尽致。学生代表的发言几乎没有提出什么可以现实操作的方案，因为内部的共识或预案，只能成为个人化的情感表达、道德诉求的展现。他们通过扮演"反抗一代的代言人"，但在缺乏明确议程与对话机制的背景下，这种代言注定无法生效。他们的唯一资源是道德感，而不是谈判策略。反观体制，则以"秩序优先"的语言回应，以"政策不容挑战"的逻辑防御。双方如同两套彼此封闭的语言系统，各自表述，完全脱节。

正是这种自我暗示的"认知错觉"：学生误以为自己面对的是一个可以被感动、说服、影响的对象；而体制却视他们为无法掌控、可能引发连锁风险的异议团体。两者视角根本错位，结果便是"对话"在形式上成立，在实质上注定会失败。

今天回望这一切，我们不应止于情感回溯或道德赞歌，而应将"青春"视为一种社会普遍性的成长经验，视为社会机制中不可忽视的压力测试。如果不能构建起真正可持续的表达渠道与反馈制度，那么任何一次青春觉醒都可能陷入同样的命运：从高涨走向耗竭，从希望走向失语。

这当然不能怪罪青春之错，而是大陆社会体制长期失衡悲剧。但也正因此，我们必须自问：那一代学生领袖们是否高估了自身历史能力？是否误将朦胧的意识觉醒和象征语言当作现实力量？是否在误判体制性质的同时，也误判了自己的行动效能？以为只要代表历史正确的一方，就可以在现实中狂飙，既无所谓过程，也无所谓如何终局，只要有一个可以复述的理想初衷就好？如果答案是否定的，那么今日重审这段历史的意义，就不是再一次感伤的回望，而是学会真正的自我审视、学会理解不是自我的观念，而是理解外部现实构成的多重因素，包括其中决定成败政治人物的复杂性，才是成年的一个标志。只有在这样的基础上，我们才可以讨论社会演变的机制在哪里，并找到合适自己的参与方式。

反思与方法论：语言的边界与理解的可能性

重新进入1989年5月18日的那场对话，并非为了翻案、重评某一位领导人和一代人的自我评价，而是为了打通我们对历史理解的许多路障。这些路障最显性的表现，恰恰是官方和民运社群对各自营造的共识和对这场运动的定语，通过各自的叙事逻辑这段历史只能通过某种确定的滤镜才能被审视。无疑，我们对历史事件的记忆方式，往往是通过一些有限可用的"标签"完成的，而不是首先通过"对历史现场的重置"，并一节一节还原，从而找出所有被忽略的可能性和细节的完整复盘。

李鹏，在人们的认知中早被简化为"刽子手"，学生领袖们，也被塑造成"英雄"或"牺牲者"，而整场对话则被归类为"失败的骗局"或"权力的遮羞布"。这些判断虽然有其情绪上的正义性，却常常遮蔽了事实的复杂结构。

语言的边界，就是理解的边界。我们无法突破标签的框架，便无法深入事物本身的组织逻辑。李鹏的表现，是强硬？冷漠？还是一种共产党体制的不得已呈现的一个机会窗口？学生的姿态，是纯粹的正义？还是一种社会未完成想像的投射？这种问题的提出，不是为了制造"等量齐观"的虚假平衡，而是试图撬动一个长期僵化的叙事系统：我们能否不被语言预设的正义/邪恶所左右，重新去理解人物、结构、行为之间的深层关系？

正如维特根斯坦所说："语言的边界即世界的边界。"这句话也可以理解成：当我们的语言扩展了，世界的边界也被拓宽了。况且，现实并不总是服从语言的规则，也不是语言的总和。我们仅可以用"协商""失败""镇压""动员"这类词语来构建历史情境，结果却是是用现代政治语言去反向覆盖一个尚未政治现代化的中国的社会结构。这造成了两个后果：一方面学生高估了自己运动的冲击力，另一方面却低估了共产党体制"非理性惯性"的容忍度，认为几次游行的成功，一次声势浩大的绝食和百万人上街就可以迫使当局逆转十年的制度惰性。

于是，历史成了两代人互相误读的一场碰撞，而语言也成了理解的陷阱。

这正是我想换一种方式和尤其是语言来讨论历史，哪怕只为了复原某一个时间点历史人物的表演：不是为了取代已有的记忆，而是为了补全记忆中被语言排除的部分。我们必须承认一个事实：历史不仅仅是事件的总和，更是理解方式的总和。不同的理解路径将塑造出不同的历史图景。我们之所以选择进入1989年的5月18日，是因为它提供了一个稀有的窗口，让我们得以观察一个极端紧张局势中，不同结构之间如何短暂地交汇、冲突与失败。

本文的写作本身是一种方法论的实践。我们不是从结论出发倒推事例，而是从一个个具体细节出发，在语言、行动、环境与结构中间找出裂缝与可能性。李鹏为什么迟疑？为什么握手？学生为什么拒绝撤离？为什么一方面他们以"广场学生代表"自居，一方面却内部组织林立，互相争斗、互不服从？为什么一方面"民主自由爱国"各种口号，一方面又各种表演性人格，对话语权的争夺？这些问题本身比答案更重要，因为它们迫使我们不再满足于已有的语言系统，而去寻找语言系统无法涵盖的灰色地带。

这种理解方式，不是价值中立的，而是方法自觉的。它要求我们承认：没有任何一个观点可以囊括全部的真实，而只有多重视角、多层逻辑的交叉结构，各种互相可追溯的人和事，穷尽每一个变量的可能性等等，我们才可能逼近复杂的现实。这也意味着，我们必须保持对"语言逻辑"本身的警觉——尤其是当我们企图用高度政治化的语言去还原一个极端政治化的时刻。

在这里，我们可以再一次回到本文的出发点：我们之所以重读李鹏，是为了不让历史的复杂性被简单化的情绪所吞没。我们之所以研究这场对话，不是因为它带来了改变，而是因为它暴露了改变为何不可能。我之所以写下这些话，不是为了说服谁，而是为了确立一个坐标，一个可以穿透立场、标签与情绪的认知坐标。

李鹏，并不是这篇文章的主角。他只是一个线索，一个入口，一个被高度情绪化处理的历史人物，他所留下的政治轨迹，无需为人所接受，但却值得被理解。理解的过程本身，是对思维惰性的挑战，是对政治标签的拒绝，是对知识结构的重塑。这也是本文最终的动机：将"再理解"作为"再认识"的起点，把"语言"作为"权力"的工具重新校正，把"历史"当作方法论的模拟实验——尤其当我们了解在AI时代下，新的语言和认知结构对我们固有的认知模型和思考方式的突破。

我们要的不是一个答案，而是一种能力：在复杂性中保持判断，在不确定中寻找路径，在历史盘根错节的深处建构理解，而非给出一个不容推翻的定论。

政治理解与现实准备：李鹏与我们的时代

1989年5月18日那场对话，会被一代人遗忘，但会被历史铭记，而重新进入它的意义，最终指向的并不是李鹏一个人，也不是那场注定失败的交流，而是如何理解政治本身。或者更准确地说，理解政治中那些最难被语言掌握的部分：不对称的权力结构、动员的激情、体制的惯性、个体的盲区，以及历史在各种交互力量作用下的不可预知性。

很多人把李鹏当作一个"冷血官僚"的代名词，这是在长久的政治情绪压抑中形成的一种叙事安全感：我们需要一个"坏人"来承载我们无法承受的失败。而学生则被塑造成"民主烈士"，承载了整个社会对"未来中国"的期望。这种简化不是没有道德基础，而是掩盖了历史中更重要的议题——当时的中国，是否具备一套成熟的政治想像与组织能力？换句话说，谁准备好了面对权力？谁理解了谈判的规则？谁意识到政治不是立场之争，而是博弈、程序与妥协之术？

我们当然可以在今天轻松地批判李鹏的语言、逻辑、制度代表性，但如果不能同时反观学生运动中那种"绝对诉求"、道德封闭性和程序经验的缺乏，我们将再次错过一次真正深度理解中国政治转型失败的机会。理解李鹏的同时，必须理解对手为何无法提出一套更有韧性的政治策略；理解制度的封闭性，也必须面对反对力量在现实策略上的空白。

这就是我认为重新讨论李鹏的现实意义：他提供了一个观察历史现场的入口。

观察什么？观察中国三十年来的制度转型失败，观察政治人格在极端时刻的结构反应，观察道德与权力、愿望与机制之间的错位。通过李鹏，我们可以理解到一种结构性冷漠，不是个人的性格缺陷，而是一种嵌入体制之中的行政理性，它可以在一瞬间压倒语言的魅力、程序的承诺乃至人性的动摇。而这种结构性的力量，目前并未因时间推移而退场。

我们今天所面对的现实政治问题，无论是国内的官僚技术主义、民间的政治冷感，还是国际上民粹主义的兴起与制度对话的退化，都在重演某种"未准备好"的情境。李鹏的身影，也许早已淡出公共记忆，但他代表的那个体制逻辑、那个以"稳定压倒一切"为最高法则的治理方式，却依然活跃在今日的政治场景之中。

正因此，我们必须从"李鹏"中学到的，不只是历史的愤怒，而是政治的理解能力。理解什么是制度惯性、什么是制度构成的其他要素，什么是有限理性、什么是不同于知识分子的其他社会阶层的利益诉求、什么是社会正向变革的必要条件，什么又是现实主义的政治决策。这是我们面对今天世界时，必须具备的"第二套语言"——不仅仅只是正义的语言，道德的语言，而是经验，具有描述能力的语言；不是愿望的语言，价值判断的语言，而是有关权力的语言，有关可能性的语言；更不是情绪的语言，而是可规范化制度化的语言。

我们也必须学会分辨"道德化的政治犯"与"现实中的政治人"。后者之所以难以接受，是因为他不符合我们对"牺牲者""战士""烈士"的理想期待。但恰恰只有理解这些"非理想人物"，我们才能真正进入政治世界的结构内部。李鹏并不代表善良，也不是邪恶的化身，他只代表了是一种历史时刻中当时这个体制的现实的回应方式。

而真正的历史写作者，必须有能力从这种回应方式中，看出结构的逻辑、制度的脆弱、人的局限与对话的可能和妥协的必要。

换句话说，这篇文章从一开始就不是为了给出结论，而是为了提供一种路径：如何准备自己去理解这个世界。一个不确定、充满冲突、不断变化的世界。李鹏只是入口，通过他，我们可以更好地理解当年的邓小平到今天的习近平的发展脉络，从而理解中国这个国家权力的运行逻辑和它的演变方式；通过理解今天中国的变化，我们可以进一步反思和观察美国社会今天的变化，特朗普对地缘政治的冲击，包括理解西方民主制度在全球化时代下的衰弱与挑战。

讨论历史不只是为了回到过去，而是为了更好的理解当下，从而预见未来。

我们不需要一个"再判决"，而需要一种"再认识"。我们要用新的方法，把刻意的人设还原成可触摸的个人，把情绪还原成逻辑，把标签还原成行为轨迹，把对抗性理解转化为结构性重建。这不仅仅是对李鹏的历史态度问题，而是对我们每一个人将如何面对世界、如何进入现实政治、如何保持认知清明的一种知识重构的系统性训练。

如果说1989年春天的失败，揭示的是一个民族在制度转型面前的准备不足，那么今天我们需要准备的，是在全球权力结构重组的时代，如何保持对政治的清醒理解、对语言使用的谨慎掌握，对复杂现实的持续敏感，对人性缺陷的宽容和对未来的想像。

这，是我在六四36周年撰写"1989年5月18日那天的李鹏"一文的真正原因。

下面是李鹏与89学生代表对谈的全部文字记录：

李鹏等会见绝食请愿学生代表

国务院总理李鹏等于5月18日上午11时至12时在人民大会堂会见了在天安门广场绝食请愿的学生代表。

李鹏：很高兴同大家见面。今天见面只谈一个题目，如何使绝食人员解除目前的困境。党和政府对这件事很关心，也为此事深感不安，担心这些同学的健康。先解决这个问题，以后有什么事都好商量。我们不是出于其它什么目的，主要是关心。你们年龄都不大，最大的二十二、三岁，我最小的孩子也比你们都大。我有三个孩子，没有一个搞"官倒"的，但都比你们年纪大。你们都如同是我们自己的孩子，都是亲骨肉。

北师大学生吾尔开希：李总理，这样下去，好像时间不够，我们应尽早进入实质性谈话。现在我想把我们的话说一下。您刚才说我们只谈一个问题，而现在的实际情况是，不是您请我们来谈，而是我们广场这么多人请您出来谈，谈几个问题，应该由我们来说。好在，我们的观点是一致的。广场上现在已有许多人，有多少人晕倒了，您大概也清楚。我想重点是如何解决问题。昨天，赵紫阳同志书面谈话，我们都听了，也看了。为什么现在同学们都没有回去呢？我们认为，这还有点不够，很不够，我们提出的条件以及现在广场上的趋势您是知道的。

北京大学学生王丹：广场上的情况，我可以介绍一下。现在已有两千多人次晕倒。如何能使他们离开现场，停止绝食，必须全面解决我们提出的条件。上次同阎明复部长也谈过这个问题。政府一定要重视民心，尽快解决问题。所以，我们的意见很明确，要使绝食同学离开现场，唯一的办法就是答应同学们提出的两个条件。

吾尔开希：您这么大年纪，我叫您李老师，我觉得是可以的。李老师，现在的问题并不是在于要说服我们这些人。我们很想让同学们离开广场，广场上现在并不是少数服从多数，而是99.9%服从0.1%，——如果有一个绝食的同学不离开广场，广场上的其他几千个绝食学生也不会离开。

王丹：我们昨天对100多个同学做了一次民意调查，阎明复同志来讲话之后，是不是同意撤离广场。调查结果是99.9%的同学投票表示不撤离广场。在这里把我们的要求再明确一下：一、肯定这次学生运动是民主爱国运动，而不是所说的动乱；二、尽快对话，并现场直播。这两点如果政府能尽快圆满地回答，我们可以去现场向同学做工作，撤离广场。否则，我们很难做这样的工作。

吾尔开希：关于这两点，我还想说明一下，我们提出要尽快平反，否定社论，即第一，要求正面肯定这次学生运动，而且要反面地否定"四·二六"社论，否定是动乱。到现在为止，还没有人说学生运动不是动乱。还有，应为这次运动定性。然后，可以想出几种办法：一、请赵紫阳同志或李鹏同志，最好是赵紫阳同志到广场去给同学直接讲话。二、人民日报发个社论，否定"四·二六"社论，向全国人民道歉，承认这次学生运动的伟大意义。只有这样，我们才可以尽量说服同学把绝食改成静坐，然后在这种情况下继续解决问题。我们可以尽量说服，但我们还不敢说一定能够做到。但如果连这一点都不行的话，那后面的情况就很难说了。关于对话，应该是公开、平等、直接、真诚地同广大学生代表对话。这一点，国务院也说过，要对话，那么，我们这样提为什么不可以？公开，就应有电视直播，这也是真正地公开，而且应有中外记者在场。关于平等这一点，应该是由有决策力的领导同志，与真正的、能影响学生运动的、直接由学生选出的代表对话，这才是直接、平等的意思。对话之中，不应再出现诸如这个问题："我无法回答这样的说法""这只是我个人的意见"。也可以这么说，如果有些问题政治局会议未讨论到，而我们提出来了，应该马上再召集会议研究，这才是真正解决问题的态度。

王丹：现在我们这些代表到这里来，实际是代表广场上绝食的同学，为他们的生命负责而来的。所以希望各位领导能对我们提出的两个问题表态。作为发起者和组织者，我们都为同学的生命安全担心。我想各位领导也会有同样的想法。基于这些想法，希望能对两个问题尽快明确。

吾尔开希：其他同学还有什么意见，赶快补充，因为我们时间不多。

中国政法大学学生甄颂育：希望尽快讨论。

北京大学学生熊焱：我们认为，不管政府方面还是其他方面是否承认它是爱国的民主运动，历史会承认的。但是，为什么还特别需要政府及其他各方面的承认呢？这代表了人民的一种愿望：想看看我们的政府到底是不是自己的政府。其实问题就在这里。第二，我们是为共产主义而奋斗的人，我们都是有良心的人，有人性的人，为了解决这样的问题，什么面子及其它什么东西都应放下来。只要是人民的政府，承认了自己的错误，人民是会拥护的。第三，我们对李鹏总理有意见，并不是对你个人有什么意见，对你有意见，因为你是共和国的总理。

中国社会科学院研究生院学生王超华：我同意刚才一个同学的说法，如果作出某种决议，但不代表广大同学的话，也是没有用处的。

北京大学党委书记王学珍：有不少北大同学在天安门广场。对同学们的行动，我们作为师长的，心里都很难过。我认为，我们广大同学是爱国的，是希望推进国家的经济、政治体制改革的。广大同学不是代表动乱，这一点，希望政府能肯定。第二，希望政府的领导人，也希望总书记能到天安门广场，给同学们讲一讲，一方面表示理解同学们的心情，对于"官倒"、腐败现象，我们政府也已多次表示有决心解决。同时可把这些问题向同学们讲一讲，即没有人说广大同学的运动是一场动乱。我希望政府同广大同学配合，劝绝食同学回去。这样下去，对学生身体是不好的。中国的建设，民主政治的推进，都要靠青年人担负。

中国政法大学学生王志新：民主、科学的口号已提70年了，但一直未达目的，现在又喊出来了。我再赠给政府一句话，从4月22日开始了请愿，结果你没有出来，5月13日开始绝食直到现在。世界上有个惯例，绝食7天的时候，政府应该给予答复，连南非这样的国家都能做到。再一个问题，不知道政府有何想法，现在，加入游行队伍的有幼儿园的阿姨等，各种人都有。

王超华：我认为，同学们是在自觉地搞一场民主运动，争取宪法赋予的权利，这一点，我希望明确。如果仅仅说是爱国热情，那么在这种热情下，什么事也会干出来的。否则，无法解释这次运动中的冷静、理智、克制、秩序。

王丹：还有发言的没有？没有了，那么请领导表态。

李鹏：我提一点希望，当我们讲话时，不要打断。我们讲完后，如果谁还有意见，可以再讲，充分地讲。

北京大学学生邵江：学生运动可能已经形成一个全民运动。学生是比较理智的，但是我们不能保证全民运动是理智的。我想请你们讲讲，这种事态怎么办？

李鹏：你们讲完了吧，请铁映同志讲一讲。

李铁映：我作为国家教委负责人，已经与明复同志一起和大家讲过。关于与国家教委建立一些对话渠道，听取广大教师和学生的意见，对我们的工作提意见，这个问题，从国家教委来讲，没有能够建立一个正常的、多层次、多渠道的形式，能使大家有说话的机会，我们做得不够。

这次学潮发展到这样的规模，是我们不愿看到的。因为，实际上已经形成了全国范围内很大的一场事件，而且问题是一些政治问题，在社会上产生很大反响，事态还在发展。关于对这次学生游行示威的看法，我在两次对话中已经表示了。广大学生在运动当中，应该说表现了爱国的精神，应该说提出了很多意见，表达了爱国的愿望。但是很多事情并不能完全凭我们主观的想法和良好的愿望，要看事态的发展和历史的检验。大家都是反对动乱的，我们也反对，学生也反对，全国人民也反对，希望有一个稳定的局面。如果在今天的中国，没有一个稳定的局面，没有一个安定团结的局面，什么事情都吹了，不管是经济建设也好，经济体制改革和政治体制改革也好。我们振兴中华的这个愿望，没有一个稳定的局势，或者继续通过改革建立长治久安的稳定的机制，没有一个稳定的和平的国际环境，我看中华民族的振兴只不过是一个愿望，或者说是一句空话。不管我们内部有多少问题的讨论和争论，都应在民主法制的范围内进行。我们有人民代表，我们有人大，还有各种各样的机制。对广场上的学生和广大学生的最大爱护，就是希望我们共同努力，在逐渐推进改革的过程中建立一个能够真正实现振兴中华的这么一个机制，这是我们的历史的任务，这也就是我们十三大提出来的在社会主义初级阶段所要达到的目的。现在事情的发展并不完全取决于同志们的主观愿望和良好的爱国热情。例如从昨天来看，全国已有19个城市发生了不同情况的游行示威，有一些学生已从其他各地来到北京。现在广场上的那些学生已经不完全都是北京的学生。像这么一种秩序，已经不完全和我们的主观愿望相适应。为解决同学们提出的一些问题，我们已经举行几次对话。现在最主要的问题是来研究如何通过民主和法制的办法来加以解决。希望同学们能够认真思考，使我们在座的一些同学能够工作，使在广场上的同学尽快回到学校去。

阎明复：这些天来，我和同学们有过多次接触，我现在关心的唯一问题就是要救救在广场上绝食、体质非常虚弱、生命受到严重威胁的孩子们。我想，问题的最终解决和绝食要分开，特别是没有参加绝食的同学，要爱护绝食的同学。我相信问题是会最终解决的。但是，今天就必须把一些身体非常虚弱的同学送到医院里去。我们应该达成一个协议，把这两个问题分开来谈，因为现在事态的发展正像我5月13日晚和吾尔开希、王丹讲的，已经超出了发起人的善良愿望，已经不是你们能够影响得了的。5月16日，我到广场上和同学们交换意见，我提出了3点：第一，请你们马上离开，把绝食的同学赶快送到医院去抢救；第二，我代表中央宣布，绝对不会对同学们"秋后算帐"；第三，如果同学们不相信我的话，在人大常委会开会之前，我可以和同学们一起到学校里去。听说我走之后你们同学组织讨论，有些同学同意我的意见，但大部分同学不同意。在这样的情况下，中央领导同志本想到广场上去看望同学们，因为没有与你们联系上，就没有办法进去，这一点你们可能都知道。现在，越来越多的迹象表明，同学们自发产生的3个方面的组织，对局势的影响是越来越差了，现在事态的发展不是按你们的意愿进行的。事态会怎么发展，我们很担心。现在你们唯一可以影响的是，决定绝食的同学离开现场。党中央、国务院有诚意、有决心解决同学们提出的问题。现在人们关心的重要问题是孩子们的生命，对孩子们的生命要高度地重视，对孩子们的生命要负责。

陈希同： 我来这里时，车子已经很难通行，所以晚到了。我作为北京的市长讲几句话，这几天事态的发展，同学们都已经看见了，广场上的游行大家也看见了。现在，许多人很关心这件事，工人、农民、知识分子、机关干部，都关心目前发生的事情。许多工人、农民、知识分子和机关干部到市委、市政府，希望我们能够按照赵紫阳同志讲的，在民主和法制的轨道上解决问题。大家知道，现在城市交通基本上瘫痪，生产受到极大的影响，有的工厂的一些工人也出来了，表示支持同学们。但多数群众希望不要再这样继续下去，希望安定下来。如果全城交通瘫痪了，供应中断了，会对我们的人民、我们的国家造成很大的影响，这一点大家是很明白的。他们要我向同学们转达这个意见，现在，我转达了。

现在，大家对绝食的同学都非常关心，医务工作者、红十字会的工作人员，都十分关心绝食同学的健康，要求给他们以最大的方便条件，能够把绝食的同学顺利地送到医院。他们向我提出来，政治问题是政治问题，不要拿我们孩子的生命开玩笑，或者作为一个什么交换条件。我想，这一点希望同学们能了解。你们因为绝食，身体受到影响了，甚至于牺牲了生命，对国家、对个人都没有好处。我作为市长，就转达这两点意见，希望同学们多多协助，让红十字会能够履行他们的人道主义的义务，保证每个绝食同学的生命安全。我们市政府决心提供一切必要的手段，提供防雨、防寒设备，我们现在已经做了充分的准备。

李锡铭： 我没有什么说的，现在首要的任务是不要有一个绝食的孩子生命受到威胁。要团结一致，先解决这个刻不容缓的问题。希望大家共同努力。

李鹏： 我现在谈几点意见。大家愿意谈实质性问题，我首先谈实质性问题，我建议由中国和北京市的红十字会，负责把参加绝食的同学安全地送到各个医院去；我希望所有在广场上的其他同学予以协助和支持，这就是我的具体建议。同时，我要求北京市的和中央所属单位的各级医务人员，大力地抢救、护理参加绝食的同学们，以保证他们生命的绝对安全。不管我们之间有多少共同点，或者还有什么不同点，现在救人是第一位的。在这方面，政府责无旁贷，有责任。每一个在广场上的同学也应该从关心同学的立场出发，予以协助。我这个要求，不是讲等到绝食的同学在生命垂危的时候再把他们送走，而是现在就把他们送到医院去。我已经发出指示，要求各大医院想一切办法，腾出床位和必要的医疗条件，接待这些绝食的同学。这些天来，我们广大医务人员也是非常辛苦的，他们夜以继日地、精心地护理绝食的同学。今天上午，我和紫阳、乔石、启立等同志看望了在医院的部分同学。

第二点，无论是政府，还是党中央，从来没有说过，广大同学是在搞动乱。我们一直肯定大家的爱国热情、爱国愿望是好的，有很多事情是做得对的，提的很多意见也是我们政府希望解决的问题。我坦率地讲，你们对于解决这些问题起了一定的推动作用。有些问题我们一直想解决，因为有许多阻力，未能及时解决。同学们很尖锐地提出了这些问题，能够帮助政府克服前进道路上的困难。这一点，我认为是积极的。但是，事态的发展不以你们的善良的愿望、良好的想象和爱国的热情为转移。事实上现在北京已出现秩序混乱，并且波及到全国。我没有把这个责任加给同学们的想法,绝对没有这个意思。现在这个事态,已是客观存在。我可以告诉同学们,昨天京广铁路在武汉一段被堵塞了三个多小时,停止了铁路动脉的运输。现在有不少城市的社会闲杂人员,纷纷打着学生的旗号到北京来了。北京这几天,已经基本上陷入了无政府状态。我再说一遍,绝没有把这个责任加给同学们的意思。我希望同学们想一想,这样下去最后会导致什么样的结果。中华人民共和国政府,是对全国人民负责的政府,我们不能对这种现象置之不理。我们要保护广大同学的生命安全,要保护工厂,保护社会主义的成果,保护我们的首都。这些话,你们愿意听也好,不愿意听也好,我很高兴能够有这样一个机会告诉大家。动乱,中国出现过很多次,原来很多人并不想搞动乱,但是最后发生了动乱。

第三点,现在是有一些机关的工作人员、市民、工人,甚至有我们国务院一些部门的人员上街游行,表示声援。我希望你们不要误解他们的意思,他们出于对你们的关心,是希望你们身体健康不要受到损害。但是这里面也有许多人的作法,我是不完全赞成的。如果他们劝你们吃点东西,喝点水,能够保持身体的健康;劝你们尽快地离开广场,有话好和政府来商量,这完全是正确的。但是,也有不少人是在那里鼓励你们继续绝食,我不能说他们动机怎么样,但是这样做,我是不赞成的。作为一个政府的总理,不能不表明我的态度。

同志们提出了两个问题,我们是理解的。我作为政府的总理,作为一个共产党员,不隐瞒自己的观点,但是我今天不讲,我会在适当的机会来讲这个问题,而且我也差不多讲了我的观点。如果今天一味要在这个问题上来纠缠,我认为是不合适的。如果你们认为你们自己在座的这些同学,不能够左右你们伙伴们的行动,那我就通过你们向在广场上绝食的同学发出呼吁,希望他们尽快结束绝食,尽快到医院去接受治疗。我再次代表党和政府向他们表示亲切的慰问,衷心希望他们能够接受政府对他们这一很简单、而且很紧迫的要求。

吾尔开希: 非常抱歉,我刚才给您写了一个条子,我现在想提醒您,刚才说纠缠这个问题,我们学生现在只是从人道主义立场上来解决这个问题。

还有一点,现在解决问题的关键,并不是说服我们在座的这些人,问题是在于怎么让他们离开。他们离开的条件我已经说得很清楚了,只有这一种可能性,这是客观现实。我们广场上如果有一个人不离开,再继续绝食的话,我们就很难保证其他的几千人离开。关于由红十字会解决这个问题,我请李总理和在座的领导同志们考虑一下这个问题的可行性。我现在再说一遍刚才说的话,咱们不要纠缠,这也是我们的意见,迅速答复我们的条件,因为广场上的同学正在挨饿,如果再不行,还在这个问题上纠缠的话,那么我们认为政府毫无解决问题的诚意,我们这些代表没有必要在这里再坐下去了。

王丹: 如果李总理觉得会闹成动乱,对社会造成不良影响的话,我可以代表广大同学说,应由政府来负全责。

熊焱: 亲爱的李鹏同志,刚才您说了一个问题,就是现在好像社会上有动乱的迹象,我要讲学生运动与动乱的关系。学生游行与动乱没有关系,望能及时解决。

阎明复: 在今天这个对话中,大家的意见向党中央、国务院提了出来。李鹏同志代表党中央、国务院表示了我们对这些问题的看法。现在一个最迫切需要解决的问题,是如何尽快地使绝食的同学在红十字会的协助下,到医院里边去进行治疗。其他的问题,我们都有时间来解决。对话就到此结束。

王志新: 这不是对话,而是见面。

阎明复: 对,是见面。

关于细菌战指控的政治对抗和学术争辩

——朝鲜战争期间细菌战问题研究之一

沈志华

关于冷战期间发生的重大历史事件，考察时间最长久、研究内容最全面、讨论问题最详尽的，应属朝鲜战争，其主要参与方美国、中国和苏联相关档案文献的解密和公布，虽然还有不尽人意之处，但相对来说是最彻底、最完整的。因此，除对中、苏、朝方面的决策动机尚有不同推断外，关于这一事件整个过程的基本史实，包括战争爆发、中国出兵、苏联参战、停战谈判、战争结束以及战俘问题、原子弹问题等等，大体上可以说已经水落石出。至今在关于朝鲜战争的史学研究中唯一没有说清楚、无法达成共识的，就重要史实而言，只有细菌战的问题。

所谓细菌战，顾名思义就是在战争中把细菌武器作为一种打击敌方的手段。细菌武器是生物武器的一种早期形式，主要以细菌类制剂（用于战争则称战剂）为主，如炭疽杆菌、鼠疫杆菌、霍乱弧菌等致病性细菌，通过各种方式撒布到目标区域，致使人员、牲畜等感染疾病，造成伤亡。后来人们发现了真菌、病毒、立克次氏体、衣原体等，随着制剂种类的扩展，细菌武器衍变为生物武器，现在比较流行的说法是生物战。[1]

据历史记载，早在公元前 600 年，雅典人就开始在战争中采取污染河流的手段战胜对手，公元前约 200 年，迦太基人曾使用具有麻醉效果的毒酒杀死他们的敌人，公元前 190 年，汉尼拔则通过发射装满毒蛇的陶罐赢得了海战。14 世纪中期，蒙古鞑靼人利用制造瘟疫攻破黑海港口城市卡法，人们怀疑这引发了 1348-1350 年席卷欧洲的黑死病。此后，在进军新大陆和美国内战的过程中，也有一些法国、英国和美国军队把细菌作为制敌武器的记录。[2] 到 20 世纪初，随着微生物学的发展，利用生物作为武器的机会增多了。在第一次世界大战期间，尽管没有一个国家拥有生物武器研究机构，也没有大规模的生物武器使用，但是通过传播细菌从事破坏活动的事情的确是存在的，如德国特工成功地使美国、法国和罗马尼亚的军用牛马、牲畜感染了鼻疽和炭疽，并在俄国前线传播鼠疫。[3]

---

1 参见黄培堂、沈倍奋主编：《生物恐怖防御》，北京：科学出版社，2006 年，第 4-13 页；Mark Wheelis, Lajos Rózsa, and Malcolm Dando, "Historical Context and Overview", in Mark Wheelis et al（eds.）, *Deadly Cultures: Biological Weapons Since 1945*, Cambridge and London: Harvard University Press, 2006, pp.6-7。细菌的英文表述一般为 Bacteria，更专业的用词是 Bacteriological，而在日常用语中常出现的是 Germ。细菌战（Bacterial War, Bacteriological War）和生物战（Biological War）的英文缩写都是 BW。

2 Stockholm International Peace Research Institute（SIPR）, *The Problem of Chemical and Biological Warfare*, Vol.1, *The Rise of CB Weapons*, Stockholm: Almqvist & Wiksell, New York: Humanities Press, 1971, pp.214-215; Edward M. Eitzen and Ernest T. Takafuji, "Historical Overview of Biological Warfare", in Sidell et al（eds.）*Medical Aspects of Chemical and Biological Warfare*, Washington, D. C.: Borden Institute Walter Reed Army Medical Center, 1997, pp.416-417.

3 SIPR, *The Problem of Chemical and Biological Warfare*, Vol.1, pp.216-217; Рагинский М.Ю., Розенблит С.Я., Смирнов Л.Н. Бактериологическая война: Преступное орудие империалистической, Москва: Издательство академии наук СССР, 1950, c.7-8; Theodor Roseberry, "Some Historical Considerations," *Bulletin of the Atomic Scientists*, Vol.16, No.6, June 1960, p.228.

关于细菌战犯罪的国际审判

大规模试验和使用细菌武器的事件发生在第二次世界大战中。纽伦堡国际法庭的审判资料证实，法西斯德国在战俘营和集中营用人体进行细菌武器试验，并准备对苏联军队使用细菌武器，只是因为苏军迅速开展的攻势使德军的计划未能得逞。[4] 纽伦堡审判没有对德国进行细菌战指控，但在后续的"医学审判"中，23 名德国医生和党卫军管理人员因在战俘和囚犯身上实施人体实验而被指控犯有"危害人类罪"。[5]

另一个法西斯国家日本在战争期间不仅进行了大规模惨无人道的人体实验，而且实实在在地使用了细菌武器。臭名昭著的 731 部队和 100 部队作为日本细菌战的核心力量，在中国浙江、湖南、江西等地投撒带菌跳蚤、老鼠等，引发鼠疫、霍乱等疫情，造成中国军民大量伤亡。[6] 这些罪行在战争结束后理应受到法律的审判。1946 年 4 月 3 日，盟国远东委员会决议将违反战争法规和惯例定性为战争罪，而使用细菌武器属于严重违反战争法规和惯例。[7] 根据《波茨坦宣言》和联合国安排设立的远东国际军事法庭于 1946 年 5 月 3 日在东京正式开庭，对二战中日本首要战犯进行国际审判，史称"东京审判"。这场审判一直持续到 1948 年 11 月 12 日，以前日本首相东条英机为首的 25 名被告全部被判有罪。然而，关于日本战犯的细菌战罪行，尽管在审判中已有证人证言揭露，也有一些资料证据，却没有得到法律追究。其中主要原因是美国为了获取日本细菌武器的实验数据和技术资料，与石井四郎等细菌部队的核心成员进行秘密交易，承诺对他们免于起诉。在最终的判决书中，对于日本细菌战罪行仅是简要提及，没有提出正式指控，也没有对相关责任人进行明确的定罪量刑，从而使日本细菌战罪行逃脱了应有的法律裁决，为细菌战的国际审判留下了令人遗憾的法律空白。[8]

在东京审判进行期间，1947 年夏秋，美国与苏联关系彻底破裂，形成了冷战对抗的局面。为了揭露美国掩盖和庇护日本细菌战罪行的行径，苏联决定对日本细菌战犯进行单独审判，史称"哈巴罗夫斯克（伯力）审判"。1949 年 12 月 25-30 日，苏联滨海军区军事法庭对在苏联关押的前关东军总司令山田乙三等 12 名日本战犯进行审判，并判处 2-25 年的刑罚，罪名是"准备和使用细菌武器"。[9]

这次审判填补了东京审判在这方面的空白，尽管从国际法的角度看，做出判决的是国家法庭

---

4 *Рагинский М.Ю. и др.* Бактериологическая война，с.19-24.
5 关于纽伦堡医学审判的详细情况，参见 Paul Julian Weindling, Nazi Medicine and the Nuremberg Trials: From Medical War Crimes to Informed Consent, London: Palgrave Macmillan, 2004。
6 1989 年和 1994 年相继出版了两部英文专著（均有中译本），详细考证了日本的细菌战罪行。见 Peter Williams and David Wallace, *Unit 731: The Japanese Army's Secret of Secrets*, London: Hodder and Stoughton, 1989; Sheldon H. Harris, *Factories of Death: Japanese Biological Warfare, 1932-45, and the American Cover-Up*, London: Routledge, 1994。中国学者对此行进行了长期深入的调查和研究，其中最重要的成果是 2015 年由中国和平出版社出版的一套《侵华日军第七三一部队罪行实录》。这套丛书是国家出版基金项目，由侵华日军第七三一部队罪证陈列馆与哈尔滨市社会科学院合作完成。全书共 60 卷，近千万字，收录了大量珍贵文献资料和学术研究成果，全面深刻地揭露了二战期间以七三一部队为代表的侵华日军在中国进行细菌战和人体实验的犯罪史实。
7 *Рагинский М.Ю. и др.* Бактериологическая война，с.113.
8 关于在东京审判中美国蓄意掩盖日本实施细菌战罪行的最详实的研究，参见 Harris, Factories of Death; Jeanne Guillemin, Hidden Atrocities: Japanese Germ Warfare and American Obstruction of Justice at the Tokyo Trial, New York: Columbia University Press, 2017.
9 关于伯力审判的详细资料，见 Materials on the Trial of Former Servicemen of the Japanese Army Charged with Manufacturing and Employing Bacteriological Weapons, Moscow: Foreign Languages Publishing House, 1950;《前日本陆军军人因准备和使用细菌武器被控案审判材料》，莫斯科：外国文书籍出版局印行，1950 年。《人民日报》（1950 年 1 月 4 日第 4 版）刊登了判决书全文。

而非国际法庭[10]，且苏联的审判只涉及日本罪行的很小部分[11]，但这毕竟是有史以来人类社会第一次对细菌战罪行的正式指控和法律审判。

不过，这里也有一个情况需要补充。苏联对二战时期日本的细菌武器研究同样十分关注。苏联科学家对石井四郎并不陌生。早在1928年石井四郎就曾访问过苏联，那时苏联红军已经开始研制细菌武器。1934年10-11月，苏联的生物武器首席科学家I.M.韦利卡诺夫也访问了日本，其主要任务就是收集有关日本生物战能力的情报。[12] 1947年1月，远东军事法庭苏联检察官要求审问已经落在美国人手中的731部队长石井四郎等人。由于迟迟没有得到答复，3月7日苏联政府照会美国，要求将石井等人移交给苏联，以便将他们作为"反对苏联的战争犯罪送交审判"。美国占领军当局拒绝了这个新的要求，并继续拖延答复苏联最初提出的讯问石井及其部下的要求。当时美苏之间虽已产生嫌隙，但还没有翻脸。3月20日，麦克阿瑟司令部收到参谋长联席会议发来的电报：准许苏联在遵守远东委员会工作小组限定的条件下，对石井等人进行讯问。5-6月期间，苏联人终于被允许与石井等人见面、谈话，但盟军远东司令部情报部门（G-2）的官员始终在场监督。据传苏联方面向石井透露，大约有30名日本战俘在莫斯科近郊的细菌武器研究机构工作。苏联的压力也是促成美国与石井等日本战犯加快幕后交易的因素之一，但由于相关的档案文献美苏双方仍未解密，苏联讯问的内容和详细情况目前还不得而知。[13] 关于战后美苏情报部门争夺日本细菌武器实验数据和技术情报的故事坊间早有流传，以此为题材的纪实文学作品也有问世。[14] 可以想见，如果石井等日本战犯落在苏联人手中，如果美苏合作共享日本的细菌武器秘密，哈巴罗夫斯克审判是否还能进行值得怀疑。

关于朝鲜战争期间细菌战指控的政治对抗

接下来的事情便发生在朝鲜战争中。1950年6月25日朝鲜向韩国发动大规模军事进攻，并很快占领了首都汉城（今首尔）和大约三分之二的韩国领土。9月15日大批美国军队成功在仁川登陆，朝鲜人民军土崩瓦解，联合国军随即越过三八线，直抵鸭绿江畔。10月19日中国人民志愿军秘密进入朝鲜。经过三次战役，中朝联军打过三八线，再次占领汉城。1951年初联合国军反攻，又把中朝联军打回三八线以北。以后两军激战数月，在三八线附近形成对峙局面。1951年7月双方开始停战谈判，直到1953年7月签署停战协定。在第五次战役期间，1951年5月朝鲜政府向联合国指控美国在朝鲜进行细菌战，苏联和中国报纸刊登了这一消息，表示支持朝鲜，但此事并未发酵，几周后便草草收场。1952年2月风波再起。朝鲜和中国政府相继发表声明，指控美军在朝鲜战场和中国东北使用细菌武器，苏联则发动整个社会主义阵营及左翼国际组织和团体，进行

---

10 Ann Van Wynen Thomas and A.J. Thomas, Jr., *Development of International Legal Limitations on the Use of Chemical and Biological Weapons*, Prepared for The U.S. Arms Control and Disarmament Agency, Contract No. ACDA/GC-128, November 1, 1968, Dallas, Texas: Southern Methodist University School of Law, 1968, p.33.

11 由于苏联军队占领中国东北前，日本细菌战的主要罪犯已逃离，并销毁了大量罪证（详见藤井志津枝：《七三一部队——日本魔鬼生化战的恐怖》，台北：文英堂出版社，1997年，第340-348页），伯力审判无法对日本细菌战罪行进行充分揭露和指控。

12 Anthony Rimmington, *Stalin's Secret Weapon: The Origins of Soviet Biological Warfare*, New York: Oxford University Press, 2018, pp.75-77、162.

13 藤井志津枝：《七三一部队》，第374-382页；Harris, *Factories of Death*, p.213。关于30名日本731部队成员被俘后在苏联参加细菌武器研制的情况，美国情报机构也有所披露。见Rimmington, *Stalin's Secret Weapon*, p.172.

14 如见吴民民：《海狼事件》，北京：群众出版社，2004年；Minmin Wu: *The Shadow of the Sea Wolf*, New York: Bouden House，2025。

大规模舆论宣传，声讨美国的细菌战罪行，并代表朝鲜和中国要求在联合国讨论细菌战问题，并对美国提出谴责。美国政府完全拒绝这一指控，坚决否认使用了细菌武器，认为指控是蓄意捏造和恶意宣传，并坚持要求联合国组织国际调查。朝鲜和中国政府均拒绝联合国提议的红十字国际委员会（ICRC）进行调查，也不接受世界卫生组织（WHO）提供援助。苏联控制下的国际民主律师协会（IADL，中国称国际民主法律工作者协会）和世界和平理事会（WPC）先后组成了两个调查团，赴朝鲜和中国进行调查取证，并相继认定了美国发动细菌战的罪行。美国和西方各国否认上述两个组织及其调查结果的公正和科学性，并与苏联及波兰等社会主义国家在联合国会议上展开激烈辩论。1953年4月停战谈判恢复，关于细菌战的指控稍有停息。7月朝鲜停战协定签字后，由于被遣返的美国战俘发表声明，纷纷否认了在中国战俘营所做关于美国使用细菌武器的证词，中国政府随即发表了大量新的战俘证词，并再次掀起对美国的指控高潮。直到1954年初以缓和国际紧张局势为主旨的美、英、法、苏四国外长柏林会议召开，关于细菌战指控的风波才算平息下来。[15]

以上是当年关于细菌战指控问题公开报道的大致情况，当然只是表面现象，而实际过程和幕后真相究竟如何，直到今天，始终存在着两种对立的立场和看法。在政治上，美国政府始终没有承认在朝鲜战争中曾使用过细菌武器，而苏联、中国和朝鲜政府的立场却有不同变化。

1954年以后，苏联和中国政府在正式的国际场合没有再提出细菌战问题。根据第23届联合国大会决议，联合国秘书长吴丹委托由14名专家组成的小组编写化学和生物武器报告。1969年1月提交的这份以联合国名义编写的报告写到：自第二次世界大战以来，出现细菌（生物）武器的可能性越来越大，但是"没有明确的证据表明这些制剂曾被用作现代军事武器"。而苏联科学院院士、莫斯科国立大学化学教授O.A.列乌托夫正是该报告的编委之一。[16] 这说明在中苏关系破裂以后，苏联官方关于细菌战问题的立场已经根本改变，而且不再回避。[17]

1986年9月10日第二届禁止生物武器公约审议大会在日内瓦召开，中国代表范国祥在大会发言阐明中国的立场时指出：中国曾经是生物（细菌）武器的受害国之一，中国一贯反对研制、生产和使用生物武器。[18] 发言没有指明使用细菌武器的国家，且刊登在《人民日报》的第6版，说明中国政府在国际舞台上有意回避朝鲜战争中的细菌战问题。值得注意的是中共中央党史研究室2011年提出的说法："1952年初，中朝方面发现美国侵略者不顾国际公法，在朝鲜战场和中国边境海防地区使用细菌武器。中朝军队和两国人民全面开展了反细菌战斗争，世界进步舆论对美国予以强烈谴责。"[19] 此书稿是经过中共中央审阅的，这种客观描述的写法表明了中国官方的谨慎立场。[20] 此后在历年纪念抗美援朝战争的官方文件中，"细菌战"问题都是一笔带过。不过，中国

---

15 柏林会议决定1954年4月在日内瓦召开包括中国在内的五国外长会议，讨论和平解决朝鲜问题和在印度支那恢复和平的问题。
16 Chemical and bacteriological（biological） weapons and the effects of their possible use, A United Nations Report, No. E.69.1.24, New York: Ballantine Books, 1970, pp.xxi、3.
17 有学者观察到，80年代初苏联媒体偶尔还会谈到美国在朝鲜战争中使用细菌武器的话题（Milton Leitenberg, "New Russian Evidence on the Korean War Biological Warfare Allegations: Background and Analysis", *CWIHP Bulletin*, Issue 11, Winter 1998, p.191），这说明苏联党和政府很可能并没有为此事下达过正式文件。
18 《人民日报》1986年9月11日第6版。
19 中共中央党史研究室：《中国共产党历史》第二卷（1949-1978），北京：中共党史出版社，2011年，第84页。
20 该书的一位作者告诉笔者，他们是研究了许久才决定这样表述的。这很像中国官方关于朝鲜战争起因的说法。以往的说法一直是美帝国主义和南朝鲜发动了战争，90年代以后不再提发动者，改为"6月25日朝鲜战争（或内战）爆发了"。

党和政府显然也不曾下达过有关这一问题的正式文件。所以在中国报刊文章和出版物中仍不时出现有关美国进行细菌战的指责，尤其是在纪念抗美援朝战争和中美关系恶化的时候。例如，2022年4月《人民日报》就有文章写到："美国曾庇护臭名昭著的日本731部队头目石井四郎等战犯，驱使其为美国研发生物武器；在朝鲜战场上，美国对中朝军民发动无差别细菌战。"[21]

朝鲜在这个问题上的立场最为坚定，不仅持续进行反细菌战宣传，甚至在时隔四十多年后重新在联合国对美国提出细菌战指控。1999年3月9日，当中国驻联合国大使担任联合国安理会轮值主席时，朝鲜驻联合国大使致信安理会，重提美国在朝鲜战争期间进行细菌战的问题，并要求联合国"讨论美国使用生物武器和化学武器、进行大规模屠杀和滥用联合国名义的问题"。[22] 然而，朝鲜的提议在国际上没有得到包括中国在内的任何回应。2002-2003年，朝鲜战争期间担任保健省卫生防疫局局长的金成俊数次接受日本一个民间调查团的采访，详细讲述了美国实施细菌战和朝鲜进行防疫的过程，愤怒驳斥了关于细菌战指控是虚假宣传的说法。[23] 考虑到朝鲜的现行体制，这完全可以被看作是朝鲜官方对外的正式表态。2015年2月17日，朝鲜维护和平全国民族委员会发布了控诉美国在朝鲜实施细菌战和化战暴行的控诉书。该控诉书不仅重复了以往关于美国在朝鲜战争期间使用细菌武器和化学武器的指控，而且指控美国在1976年至2013年之间持续进行细菌武器实验和生物化学战训练。[24]

2015年5月，五角大楼官员透露，美国陆军在犹他州研究生物武器的达格威实验室，无意中将炭疽活体样本分别送往八个州参与研究项目的实验室和美国在韩国的乌山空军基地。这一研究是针对2001年9-10月在美国连续发生的几起炭疽杆菌邮件袭击事件而进行的，这样的实验室在美国已多达1500个。目前，国防部与疾病控制和预防中心正在调查并追回样本。[25] 6月3日朝鲜国防委员会发言人就此发表声明，谴责美国将炭疽杆菌引入南朝鲜。第二天，朝鲜代表向联合国秘书长和安理会主席转递了这份声明，并强烈要求安理会处理这一事件，"彻底调查美国的生物战计划"。[26] 直到最近，朝鲜政府的立场和做法仍然没有改变。2025年7月2日，朝鲜中央通讯社报道：在祖国解放战争时期，美帝国主义粗暴违反国际法，发动了"在战争史上未曾有过的规模最大的细菌战"。[27]

看来，除了苏联，美国与中国、朝鲜的官方立场都没有发生根本改变，只是出于种种原因，中美双方政府在这一问题上公开的是非争辩已经沉寂。然而，关于细菌战问题的学术争辩却从来没有停止过，而且"学者们的立场几乎与国家立场一样两极分化"。[28]

---

21 《人民日报》2022年4月1日第3版。
22 U.N. Security Council，S/1999/251，9 March 1999.
23 中嶋啓明：朝鮮戦争における米軍の細菌戦被害の実態—現地調査報告，《アジア太平洋研究センター年報》，（1）2003〔中岛启明：《朝鲜战争中美国军队细菌战受害者的实际情况——现场调查报告》，《亚洲太平洋研究中心年报》2003年第1期〕，第15-18页。
24 김영일，미제가 조선에서 감행한 세균전, 화학전만행, 평양출판사, 2015〔金英一编：《美帝在朝鲜实施的细菌战、化学战的暴行》，平壤：平壤出版社，2015年〕。
25 *Washington Post*，28 May 2015，p.2，29 May 2015，p.6；More Labs Are Likely to Have Mistakenly Received Anthrax Samples, Military Says，*New York Times*，4 June 2015，p.13.
26 U.N. Security Council，A/69/924，S/2015/408，5 June 2015.
27 http：//www.kcna.kp/cn/article/q..
28 Albert E. Cowdrey，"'Germ Warfare' and Public Health in the Korean Conflict"，*Asian Perspective*，Vol.7，No.2，Fall-Winter 1983，p.210；Martin Furmanski and Mark Wheelis，"Allegations of Biological Weapons Use"，in Mark Wheelis et al（eds.），*Deadly Cultures*，p.253.

西方学界关于细菌战指控的学术争辩

早期关于细菌战问题的讨论集中在英语世界，主要是美国、英国和加拿大。在冷战背景下的学术争论，不可避免地受到"政治正确"的严重影响，著名的美国鲍威尔案就是一个典型事例。美国记者约翰·鲍威尔因其50年代初在上海主编和发行英文期刊《密勒氏评论报》批评美国在朝鲜战争中的细菌战及其他罪行，一直成为美国政府的眼中钉。1953年该刊因美国政府禁邮被迫停刊，鲍威尔回到美国后便一直受到政治迫害。1956年4月美国政府以"煽动叛乱罪"起诉鲍威尔夫妇及其助理，1959年1月又企图以"叛国罪"提出控告，但终因证据不足而失败。1961年5月指控被撤销。[29] 还有加拿大的牧师詹姆斯·恩迪科特（中文名文幼章），朝鲜战争爆发时他就在中国，而且是公开证实和宣传美国使用细菌武器指控最早的西方人士之一，并为此荣获1952年斯大林国际和平奖金。[30] 加拿大政府曾试图以叛国罪起诉恩迪科特，后来也因缺乏证据而放弃。[31] 尽管如此，在整个50-70年代，美国学者关于细菌战问题研究的结论，几乎完全站在政府一边，怀疑或否认对美国的指控。在具有国际影响力的学者当中，首先对指控提出质疑的，是美国著名的汉学家费正清。他在1957年为英文版《中国现代史文件集》所写的导论中指出，中国政府公布的对美国进行细菌战指控的文件是"试图通过学术渠道传播细菌战谎言"而"发布的精心编造的'文献'"。[32] 著名美国微生物学家T.罗斯伯里也持同样的看法。同J.R.奥本海默二战时期在美国研发核武器中的地位相同，罗斯伯里是战后美国生物武器研发的组织者和领导者，他在1947和1949年相继出版的专业论著就已经引起国际关注。[33] 在1960年发表的一篇讨论细菌战问题的论文中，罗斯伯里认为："战争中使用或据称使用生物武器的历史有一个显著的特点，即虽然指控很多，但没有一个可以被完全证实。"这"可能是编造出来的（指控）；也有可能是自然爆发的疾病，被误认为是生物武器，尽管这种可能性很小；或者有些可能是其中一种，有些可能是另一种；或者可能是两者的混合体。"[34] 比较极端的是美国学者J.克卢斯的观点，他认为，对美国的指控"动用了全球共产主义宣传机器的所有资源"，是"最有组织、最集中、最恶毒"的"仇恨宣传"。[35]

1968年美国承认在越南战场使用了反作物生物和化学武器，引发了人们对这一问题的重视，美国和英国的学者专家纷纷召开会议、著书立说，对化学和生物武器目前的研发水平、在战争中的使用方式以及防御的可能性进行评估，审议此类武器在国际法中的地位，并讨论伦理问题，特别是科学家在开发和使用这些武器方面的责任。不过，几乎所有人都回避或避免直接讨论朝鲜战争

---

29 详见 Williams and Wallace, *Unit 731*, pp.259-262；巨火：《鲍威尔揭露美军对华发动细菌战受审真相》，《档案春秋》2011年第11期，第53-58页；《人民日报》1956年10月11日第5版、10月20日第6版；1959年1月9日第5版、2月3日第6版、7月19日第4版。

30 Endicott to Needham, 20 July 1976, Needham Papers, Vol.137, Imperial War Museum（IWM）, London；Chaddock, *This Must Be the Place*, p.51；胡小进：《文幼章与朝鲜战争细菌战》，《上饶师范学院学报》2010年10月，第30卷第5期，第59-63页；《人民日报》1952年12月22日第1版。

31 Stephen Endicott and Edward Hagerman, *The United States and Biological Warfare: Secrets From the Early Cold War and Korea*, Bloomington: Indiana University Press, 1998, pp.190-191.

32 John K. Fairbank and Mary C. Wright, "Documentary Collections on Modern Chinese History: Introduction", *The Journal of Asian Studies*, Nov. 1957, 17（1）, ABI/INFORM Collection, p.55.《中国现代史资料丛刊》是人民出版社公开出版的一套文献资料集，1949年9月出版了第一本，以后陆续出版或再版了几十本，直到1981年为止。

33 Theodore Rosebury and Alvin Kabat, "Bacterial Warfare", *Journal of Immunology*, Vol 56, May 1947, pp.7-96；Theodor Rosebury, *Peace or Pestilence: Biological Warfare and How to Avoid It*, New York: Whittlesey House, 1949.

34 Rosebury, "Some Historical Considerations", *Bulletin of the Atomic Scientists*, Vol.16, No.6, June 1960, pp. 228、231-232.

35 John C. Clews, *Communist Propaganda Techniques*, New York: Frederick A. Praeger, Inc., 1964, pp.179-180.

中的细菌战问题。[36] 多数研究者还是站在为美国辩护的立场上指出，尽管当时已经具备了进行生物战的能力并认为这样做在军事行动中是有效的，但没有证据证实生物战剂已经被用作军事手段。[37] 英国首屈一指的细菌战历史学家、萨塞克斯大学教授 J.P.罗宾逊也接受了联合国报告的说法，即"没有使用细菌（生物）制剂作为战争武器的军事经验；使用它们作为战争武器的可行性经常受到质疑"。[38] 到 70 年代中期，伴随美国冷战史学中修正学派的出现，开始发出了对细菌战讨论中传统观点质疑的声音："真相是多层次的，在接受指控和彻底否定指控之间，存在着一系列的可能性。"[39] 尤其重要的是，随着历史档案解密期限的到来，涉及朝鲜战争的各方面美国历史文献逐步对公众开放，并有大量文件陆续编辑出版。

首先是美国国务院编辑的《美国对外关系文件集》1976 年开始公布有关朝鲜战争的档案，至 1984 年各卷全部出齐。[40] 其次是军方文件，1979-1980 年以缩微胶卷的形式公布了参谋长联席会议的会议记录和决议，其中有关联合国家在朝鲜战争中的行动集中在 JCS-2155 系列，有关生物战的文件集中在 JCS-1837 系列。[41] 还有美国情报系统的文件，到 1982-1983 年中央情报局有关朝鲜战争时期活动的档案也开始公布。[42] 美国政府最高决策机构国家安全委员会涉及此期的文件，从 1980 年开始以缩微胶卷的形式公布，以后又出版了相关的会议记录。[43]

由于大量历史档案问世，再加上中美关系和解后，美国国内和整个西方的政治环境趋向宽松，关于细菌战的研究出现了新气象。1979 年多伦多约克大学历史学家斯蒂芬·恩迪科特率先发表文章认为，尽管"朝鲜细菌战一案仍未结案"，但根据不断出现的新的信息，"可以初步确定美国在朝

---

36 Robin Clarke, *The Silent Weapons: The Realities of Chemical and Biological Weapons*, New York: David McKay Company, Inc., 1968; Seymour M. Hersh, *Chemical and Biological Warfare: America's Hidden Arsenal*, New York: The Bobbs-Merrill Company, 1968; Steven Rose (ed.), *CBW: Chemical and Biological Warfare*, Boston: Beacon Press, 1969.
37 Thomas, Development of International Legal Limitations on the Use of Chemical and Biological Weapons, p.307.
38 SIPR, The Problem of Chemical and Biological Warfare, Vol.1, p.225.
39 John Gittings, "Talks, Bombs and Germs: Another Look at the Korean War", Journal of Contemporary Asia, Vol.5, No.2, 1975, p.217.
40 见 U.S. Department of State, Foreign Relations of the United States (FRUS): Diplomatic Papers, 1950, Vol.7, Korea, Washington, D.C.: GPO, 1976; FRUS, 1951, Vol.7, Korea and China, 1983; FRUS, 1952-1954, Vol.15, Korea, 1984; FRUS, 1952-1954, Vol.16, The Geneva Conference: Korea and Indochina, 1981。2003 年中国学者已经将美国外交文件集中有关战后初期美国对华政策和朝鲜战争的文件译成中文，并编辑出版。见陶文钊、牛军主编：《美国对华政策文件集（1949-1972）》第 1 卷，北京：世界知识出版社，2003 年。
41 所有文件目录见 Paul Kesaris (ed.), A Guide to Records of the Joint Chiefs of Staff, ParrII: 1946-1953, The Far East, Washington, D.C.: A Microficm Project of University Publications of America, Inc., 1979; Paul Kesaris (ed.), A Guide to Records of the Joint Chiefs of Staff, Part II: 1946-1953, Meetings of the Joint Chiefs of Staff, Maryland: A Microfilm Project of Uni. Publications of America, Inc., 1980。有关心理战和非常规战的文件见 Records of the Joint Chiefs of Staff, Part II: 1946-1953, Strategic Issues, Section 2, Rell 1, Psychological and Unconventional Warfare, Maryland: University Publications of America, 1979。有关中国的文件见 Records of the Joint Chiefs of Staff, Part II: 1946-53, The Far East, Rell 2, Microfilm, Washington, D.C.: University Publications of America, 1979。有关朝鲜的文件见 Records of the Joint Chiefs of Staff, Part II: 1946-53, The Far East, Rell 8、9、10、11、12, Microfilm, Washington, D.C.: University Publications of America, 1979.
42 Paul Kesaris (ed.), CIA Research Reports: China, 1946-1976, Frederick, MD: University Publications of America, 1982; Paul Kesaris (ed.), CIA Research Reports: Japan, Korea, and The Security of Asia, 1946-1976, Frederick, MD: University Publications of America, 1983.
43 Paul Kesaris (ed.), Documents of the National Security Council: 1947-1977, Reel 2, Microfilm, Washington, D.C.: University Publications of America, 1980; Paul Kesaris (ed.), Minutes of Meetings of the National Security Council, First Supplement, Microfilm, Washington, D.C.: University Publications of America, Inc., 1988.

鲜战争期间进行了生物武器试验"。⁴⁴ 作者与细菌战问题颇有渊源，其父是中国人熟知的加拿大牧师詹姆斯·恩迪科特。此外，曾因细菌战问题遭受政治迫害的鲍威尔在1980和1981年连续发表了两篇文章，引用大量历史文献，揭露了战后美国政府掩盖日本战争罪行的行为，并指出其目的在于获取日本细菌部队的试验资料，加快美国对细菌武器的研究。⁴⁵ 由此掀起了西方学界对细菌战问题的新一轮讨论，很多人对"美国无辜"的观点产生了怀疑，尽管他们并没有完全认可指控。⁴⁶

英国科学记者麦克德模特认为，关于美国与日本细菌战犯的故事非常具有暗示性，不过在直接证据出现之前，"朝鲜细菌战的案例仍然是一个没有解决方案的谜，一个没有令人满意答案的谜"。⁴⁷ 澳大利亚学者麦科马克指出，"近年来对美国作出有罪判决的间接证据逐渐增强"，以往宣布证据不确凿的结论是基于对概率的权衡，而这种权衡由于新证据的出现可能已略有改变。⁴⁸ 美国著名历史学家哈利迪和卡明斯也指出，控辩双方的论据都存在有力和薄弱之处，都有部分撒谎的可能性。西方强烈否认使用过细菌武器，但美国的确"在某些极其重要的方面撒了谎"。⁴⁹ 1989年和1994年英美分别出版了两部颇受学界好评的揭露日本细菌战罪行及美日幕后交易的专著，但作者对朝鲜战争中的细菌战问题也持谨慎的中立立场。威廉姆斯和华莱士提出："如果严格意义上指控和否认都无法验证，那么是否可以从合理性的角度审视双方的主张和反驳？共产党的指控是合理的。美国的否认也是合理的。"⁵⁰ 哈里斯则认为："不管怎样，论战各方目前保密的朝鲜战争资料被公开之前，不可能会有定论来结束这场争执。"⁵¹

英美学界对美国传统观点的质疑在亚洲也引起了反响，从70年代后期到90年代中期民主化运动期间，不少韩国学者撰文支持对美国在朝鲜进行细菌战指控的观点。⁵² 1996年台湾《海峡评论》月刊也刊登了一篇文章，题目是《美军在韩战实施细菌战的新证据》。⁵³

尽管如此，这一时期在西方世界占主流地位的仍然是否定细菌战指控的观点。德国学者艾岑讨论了指控的各种证据后认为，"这些指控完全缺乏科学依据"。⁵⁴ 著名的朝鲜战争研究专家施蒂克

---

44 Stephen L. Endicott,"Germ Warfare and 'Plausible Denial':the Korean War,1952-1953", *Modern China*,Vol.5,No.1,January 1979, p.101.
45 John W. Powell, "Japan's Germ Warfare：The US Cover-Up of a War Crime", *Bulletin of Concerned Asian Scholars*，Vol.12, No.4，1980，pp. 2-17；John W. Powell, "A Hidden Chapter in History", *Bulletin of the Atomic Scientists*，Vol.37，No.8，1981，pp. 44-52.
46 Robert K. D. Peterson, "The Role of Insects as Biological Weapons", The Seminar at the University of Nebraska, 1990, Insects, Disease and History Web site, Entomology Group of Montana State University, https://www.montana.edu/historybug/insects-as-bioweapons.html.
47 Jeanne McDermott, *The Killing Winds：The Menace of Biological Warfare*, New York：Arbor House, 1987, p.169.
48 McCormack Gavan, *Cold War, Hot War：An Australian Perspective on the Korean War*, Sydney：Hale & Iremonger, 1983, pp.154-56.
49 Jon Halliday and Bruce Cumings, *Korea：The Unknown War*, New York：Pantheon Books, 1988, pp.184-185；Jon Halliday, "Anti-Communism and the Korean War（1950-1953）", in Ralph Miliband et al.（eds.）The Socialist Register, London：The Merlin Press Ltd, 1984, pp.151-153.
50 Williams and Wallace, *Unit 731*, p.262.
51 Harris, *Factories of Death*, pp.231-232.
52 如강정구，〈한국전쟁과 미국의 세균전〉，동국사회연구，1992，Vol.1, pp.159-193〔姜祯求：《韩国战争与美国的细菌战》，《东国社会研究》1992年第1期〕。另参见조성훈，〈한국전쟁의 세균전 논쟁 비판〉，군사，2000，No.41, p.349〔赵成勋：《对韩战期间细菌战争论的批评》，《军事史》2000年第41期〕。
53 吴天威：《美军在韩战实施细菌战的新证据》，《海峡评论》第65卷，1996年5月，第32-33页。
54 Edward M. Eitzen and Ernest T. Takafuji, "Historical Overview of Biological Warfare", in Sidell et al（eds.）*Medical Aspects of Chemical and Biological Warfare*, pp.415-423.

没有专门谈到细菌战问题，但也倾向于认为指控只是一种宣传。[55] 甚至有人指出，在全球回响的细菌战谣言证明，对细菌战的指控"是历史上最成功的宣传骗局之一"。[56] 不过，研究者的观察更加深入，分析也更加多样化。例如，考德雷认为中国的指控是为了动员民众参与大规模的公共防疫卫生运动，而这正是美国否认指控时提出的论点。[57] 惠兰联想到当时正在进行的停战谈判，认为细菌战指控是中国在遣返战俘的争执中向美国施加压力。[58] 穆恩坚信美国从未在战争中使用过细菌武器，但也认为"指控一旦提出，就不可能完全推翻"，"怀疑永远不会完全消除"。[59]

由于俄国档案的披露，1998年以后西方学界的研究状况又出现了重大变化。是年1月8日，日本右翼报纸《产经新闻》头版刊登了一则惊人的消息：驻莫斯科记者内藤泰朗通过特殊渠道搞到了12件俄罗斯总统档案馆有关细菌战的绝密档案，这些文件证实，朝鲜战争期间对美军使用细菌武器的指控是"中朝杜撰出来的"。[60] 这批文件不是原件复印件，也没有馆藏号，而是手抄打字本（俄文），已存放在美国乔治-华盛顿大学格尔曼图书馆内的一个非政府研究机构——国家安全档案馆，供研究者查阅。美国威尔逊国际学者中心的《冷战国际史项目公报》在当年冬季号发表了这12个文件的英译本，其核心内容是：为应对国际调查团的访问，朝鲜方面在苏联顾问的帮助下伪造了疫情感染区和证据，而苏联国家安全部滞留了驻朝使馆呈送莫斯科的有关报告。《公报》同时刊登了一位历史学者韦瑟斯比和一位生物学专家莱滕贝尔格的评论文章，并欢迎对这些新发现展开讨论。[61]

一石激起千层浪，这些档案的问世在学界引起激烈争论。最先发表的两篇评论文章以及莱滕贝尔格的另一篇论文都认为这些俄国档案"提供了明确而详细的证据"，证明对美国的细菌战指控"是捏造和欺诈性的"。虽然这些手抄件缺少印章、签名和馆藏，但通过对文件的内容、形式、人物、时间的考察——这些细节是很难伪造的——可以认定，"资料来源是可信的"。因此，这些新证据"终止了长期以来对美国在朝鲜使用细菌武器的指控"。[62] 然而，同年出版的两位加拿大历史学家恩迪科特和哈格曼的专著《美国与生物战：冷战初期的秘密》却提出完全相反的观点。书中没有对俄国档案提供的新证据做任何评论，尽管作者在此书出版前半年就拿到了这些文件。[63] 不过，这并不妨碍他们对俄国档案结论的否定。该书是第一部详细而全面论证美国细菌战指控的学术著作，在国际学界颇具影响。作者广泛利用美国、澳

---

55 William W. Stueck, *The Korean War: An International History*, Princeton: Princeton University Press, 1995, p.275.
56 William B. Breuer, *Shadow Warriors: The Covert War in Korea*, New York: John Wiley & Sons, Inc., 1996, pp.203-204.
57 Albert E. Cowdrey, "Germ Warfare' and Public Health in the Korean Conflict", *Journal of the History of Medicine and Allied Sciences*, No.39, April 1984, pp.153-172.
58 Richard Whelan, *Drawing the Line: The Korean War, 1950-1953*, Boston: Little, Brown and Company, 1990, p.384.
59 John Ellis van Courtland Moon, "Biological Warfare Allegations: The Korean War Case", in Raymond A. Zilinskas (ed.), *The Microbiologist and Biological Defense Research: Ethics, Politics and International Security*, New York: The New York Academy of Sciences, 1992, pp.53-83.
60 「朝鮮戦争時『米軍が細菌兵器使用』——中朝ねつ造だった」,『産経新聞』1998年1月8日〔"朝鲜战争期间'美军使用细菌武器'——这是中朝的杜撰"，《产经新闻》1998年1月8日〕。
61 Kathryn Weathersby, "Deceiving the Deceivers: Moscow, Beijing, Pyongyang, and the Allegations of Bacteriological Weapons Use in Korea", *CWIHP Bulletin*, Issue 11, Winter 1998, pp.176-185; Leitenberg, "New Russian Evidence on the Korean War Biological Warfare Allegations", *CWIHP Bulletin*, Issue 11, Winter 1998, pp.185-200.
62 Leitenberg, "New Russian Evidence on the Korean War Biological Warfare Allegations", *CWIHP Bulletin*, Issue 11, Winter 1998, p.185; Weathersby, "Deceiving the Deceivers", *CWIHP Bulletin*, Issue 11, Winter 1998, pp.176、180; Milton Leitenberg, "Resolution of the Korean War Biological Warfare Allegations", *Critical Reviews in Microbiology*, 24 (3), 1998, p.169.
63 Milton Leitenberg, "The Korean War Biological Weapon Allegations: Additional Information and Disclosures", *Asian Perspective*, Vol.24, No.3, 2000, pp.160-161.

大利亚和加拿大的档案文献，考察了美国生物武器的研发过程和政策衍变，又大量引用中国的档案馆藏（中国特别为作者开放了辽宁省的档案和军方文件），证实了美国在朝鲜和中国使用细菌武器的过程。作者认为，这一过程漫长而复杂，"不可能像某些人所说的那样，是共产党方面为了宣传目的而炮制出来的"。多年来否定细菌战指控的论点和证据都很"简单乏味"，而大量的"间接证据有力地支持了"美国在朝鲜战争中不仅试验而且使用了细菌武器的指控，同时也表明美国政府在与细菌战的关系方面对国会和民众撒了谎。[64] 此后数年，西方学界围绕细菌战指控是否真实的问题展开了激烈辩论。

支持指控的学者认为，俄国档案提供的新证据都很零碎，并不能解决朝鲜战争中的生物战指控问题；苏联文件只说有两个感染区是伪造的，并不能证明所有被指控的生物战地点都是伪造的。[65] 这些俄国档案来路不明，不是一般学术意义上的档案文件。即使这些文件是真实的，但揭示的不过是苏联党内的权力之争，也不能证明美国没有使用细菌武器。[66] 普林格尔称赞《美国与生物战》一书是"迄今为止最令人信服的"证实对美国细菌战指控的著作，提供了最令人印象深刻的、经过专家研究的、在官方档案允许的范围内证据最充分的控方案例。[67] 查多克则通过披露美国试图掩盖使用细菌武器的大量案例，证明美国进行细菌战的证据是压倒性的。[68] 鲍威尔则干脆暗示，这些俄国档案根本就是作为"右翼政论家"和"西方信使"的内藤伪造的。[69]

否定指控的学者则坚持认为，尽管苏联文件很不充分，甚至"提出的问题多于回答的问题"，但还是为指控的虚假性提供了"无可辩驳的证据"。[70] 麦科马克认为，苏联档案馆的文件"提供了一个零散但有说服力的解释"，"对这些文件的分析几乎可以确定，朝鲜、中国和俄罗斯方面发起了一场激烈、复杂、精心策划且欺诈性的国际运动"。[71] 一些学者和科学家对恩迪科特和哈格曼的书提出了负面评论：他们认定美国进行了细菌战，却没有提供任何直接证据，而是相信道听途说甚至伪造的证词或数据[72]；他们没有考虑到由于战争造成的人口流动以及中国医学科学落后和卫

---

64 Endicott and Hagerman, *The United States and Biological Warfare*, pp. xviii-xix、188-190、195.
65 Stephen Endicott and Edward Hagerman, "Twelve Newly Released Soviet-era 'Documents' and allegations of U. S. germ warfare during the Korean War", *Asian Perspective*, Vol.25, No.1, 2001, p255; Martin Furmanski and Mark Wheelis, "Allegations of Biological Weapons Use", in Mark Wheelis et al (eds.), *Deadly Cultures*, p.254.
66 Stephen Endicott et al, "Letters: Germ Warfare Was Used", *The Bulletin of the Atomic Scientists*, July/August, 1999, p.5; Peter Pringle, "Did the US Start germ warfare?" *New Statesman*, 25 October 1999, p.11.
67 Pringle, "Did the US Start germ warfare?" *New Statesman*, 25 October 1999, p.10.
68 Dave Chaddock, *This Must Be the Place: How the U. S. Waged Germ Warfare in the Korean War and Denied It Ever Since*, Seattle: Bennett - Hastings Publishing, 2013, p.19.
69 Thomas Powell, "Biological Warfare in Korea: A Review of the Literature", *Socialism and Democracy*, 2019, https://doi.org/10.1080/08854300.2019.1644588, p.39.
70 Leitenberg, "The Korean War Biological Weapon Allegations", *Asian Perspective*, Vol.24, No.3, 2000, pp.162-163、170-171；Milton Leitenberg, "Biological Weapons in the Twentieth Century: A Review and Analysis", *Critical Reviews in Microbiology*, 2001, Vol.27, No.4, p.301; Kathryn Weathersby, "The Soviet Role in the Korean War: The State of Historical Knowledge", in William Stueck (ed.), *The Korean War in World History*, Lexington: The University Press of Kentucky, 2004, pp.83-84; Milton Leitenberg, "China's False Allegations of the Use of Biological Weapons by the United States during the Korean War", *CWIHP Working Paper*, #78, March 2016, p.10.
71 Gavan McCormack, *Target North Korea: Pushing North Korea to the Brink of Nuclear Catastrophe*, New York: Nation Books, 2004, p.34.
72 Henry Wilde and Richard Johnson, "Review of The United States and Biological Warfare: Secrets From the Early Cold War and Korea", *The Journal of American Medical Association*, Vol.282, No.19, November 17, 1999, pp.1877-1878; Endicott et al, "Letters: Germ Warfare Was Used", *The Bulletin of the Atomic Scientists*, July/August, 1999, p.71; John Ellis van Courtland Moon, "Dubious Allegations", *Bulletin of the Atomic Scientists*, Vol.55, No.3, 1999, pp.70-72.

生防疫条件不堪，疫情很有可能是自然发生的[73]；他们对朝鲜空战过程和作战情况完全不熟悉，因而难免做出误判[74]；与他们的说法相反，美国当时虽然进行了细菌武器研发，但尚不具备使用的能力，即使可能拥有细菌武器，也绝对没有使用。[75]

为了促进学者之间的交流，《美国医学会杂志》《原子科学家公报》和《亚洲观察》等刊物还组织了专门的书评和辩论，就一些细节问题展开讨论。[76] 结果还是各执一词，有学者指出，由于控辩各方的档案都没有完全开放，事实真相仍存在各种可能性。[77] 此后关于细菌战问题的争论停息了几年，但很快又因为一则中国史料的披露而再起风波。2013 年第 11 期《炎黄春秋》刊登了原中国人民志愿军卫生部长吴之理回忆细菌战问题的一篇遗作，其核心内容是：志愿军卫生部对前线部队送来的据说是美军撒布的昆虫进行化验，并未发现致病细菌；国际科学委员会调查时，中方提供了虚假证据和证言。[78] 《炎黄春秋》以刊登珍贵的回忆和口述史料著称，在中国颇有影响。2015 年 4 月威尔逊国际学者中心的冷战国际史项目网站发布了由莱滕贝尔格整理的吴之理回忆录英文本。[79] 2016 年莱滕贝尔格连续发表文章，介绍来自中国的新证据，并作为附件刊出了俄国档案、中国回忆录和其他一些史料。文章指出，吴之理称细菌战是"一场虚惊"，虽未承认指控是主动欺骗和造假，但结合已披露的苏联文件可以进一步断定，朝鲜战争中对美国发动细菌战的指控是虚假的，是"一场盛大的政治戏剧"。[80]

不过，这一论断立即遭到严厉批驳，作者是反细菌战老战士约翰·鲍威尔的儿子托马斯·鲍威尔。他在 2017-2019 年三年间连续发表了四篇文章，全面驳斥否定指控的各种证据和观点。鲍

---

73 Wilde and Johnson, "Review of The United States and Biological Warfare", *Journal of the American Medical Association*, Vol.282, No.19, November 17, 1999, p.1877; Leitenberg, "The Korean War Biological Weapon Allegations", *Asian Perspective*, Vol.24, No.3, 2000, pp.160-162; Robert J. Bunker, "Biological Warfare", in Spencer C. Tucker (ed.), *Encyclopedia of the Korean War*, Second Edition, Vol.1, Santa Barbara: ABC-CLIO, 2010, p.77; Stephen Endicott et al, "Letters: Biological Warfare in the 1940s and 1950s", *Journal of the American Medical Association*, Vol.284, No.5, August 2, 2000, p.562.
74 Conrad C. Crane, *American Airpower Strategy in Korea, 1950-1953*, Lawrence: University Press of Kansas, 2000, pp.143-54; Conrad C. Crane, "Chemical and Biological Warfare during the Korean War: Rhetoric and Reality", *Asian Perspective*, Vol.25, No.3, 2001, pp.62-63.
75 Stanley Sandler, *The Korean War: No Victors, No Vanquished*, London: University College London Press, 1999, pp.207-208; Alastair Hay, "Simulants, Stimulants and Diseases: The Evolution of the United States Biological Warfare Programme, 1945-60", Medicine, Conflict and Survival, Vol.15, No.3, July-September 1999, pp.198-214; Albert J. Mauroni, *America's Struggle with Chemical-Biological Warfare*, Westport: Praeger Publishers, 2000, pp.22-23; Conrad Crane, "'No Practical Capabilities': American Biological and Chemical Warfare Programs During the Korean War", *Perspectives in Biology and Medicine*, Vol.45, №2 (Spring 2002), pp.241-242.
76 详见 Endicott et al, "Germ Warfare Was Used", *The Bulletin of the Atomic Scientists*, July/August, 1999, pp.3-5、71-76; Wilde and Johnson, "Review of The United States and Biological Warfare", *Journal of the American Medical Association*, Vol.282, No.19, November 17, 1999, pp.1877-1878; Endicott et al, "Letters: Biological Warfare in the 1940s and 1950s", *Journal of the American Medical Association*, Vol.284, No.5, August 2, 2000, pp.561-562; Leitenberg, "The Korean War Biological Weapon Allegations", *Asian Perspective*, Vol.24, No.3, 2000, pp.159-172; Endicott and Hagerman, "Twelve Newly Released Soviet-era 'Documents'", *Asian Perspective*, Vol.25, No.1, 2001, pp 249-257。
77 Ruth Rogaski, "Nature, Annihilation, and Modernity: China's Korean War Germ-Warfare Experience Reconsidered", *The Journal of Asian Studies*, Vol.61, No.2, May 2002, pp.383-384、387; Martin Furmanski and Mark Wheelis, "Allegations of Biological Weapons Use", in Mark Wheelis et al (eds.), *Deadly Cultures*, pp.279-280; Jeffrey A. Lockwood, *Six-Legged Soldiers: Using Insects as Weapons of War*, Oxford: Oxford University Press, 2009, p.159.
78 吴之理：《1952 年的细菌战是一场虚惊》，《炎黄春秋》2013 年第 11 期，第 36-39 页。
79 http://digitalarchive.wilsoncenter.org/document/123080.
80 Leitenberg, "China's False Allegations of the Use of Biological Weapons", *CWIHP Working Paper*, #78, March 2016; Milton Leitenberg, "A Chinese Admission of False Korean War Allegations of Biological Weapon Use by the United States", *Asian Perspective*, Vol.40, №1 (Jan.-Mar.2016), pp.131-146.

威尔认定，莱滕贝尔格依据的是伪造文件、虚假声明和假冒事实。首先，吴之理的回忆录就是"伪造的"，是经过《炎黄春秋》精心润色的赝品。其次，俄国档案来历不明，存在严重缺陷，很可能也是伪造的。最后莱滕贝尔格在此基础上制造了一个等同于阴谋论的骗局，并成为否定论者的领导人，策划了对恩迪科特和哈格曼的围攻。此外，鲍威尔还在一篇评论文章中对主要的否定论者逐一进行了批驳，称他们是莱滕贝尔格的"帮凶"。[81]

苏、朝、中学界关于细菌战问题的讨论

与西方学界激烈争论的研究状况不同，作为原来的指控方，苏联（俄罗斯）、朝鲜和中国学术界关于细菌战问题的讨论比较单一，总体上与官方的立场保持一致。苏联时期的学术论著对朝鲜战争中的细菌战问题几乎完全没有涉及。苏联解体以后俄罗斯的学术氛围比较宽松，有些研究涉及了细菌战的历史，尽管只是一带而过。其中有人认为美国在战争中的确使用了细菌武器[82]，也有人认为对美国的细菌战指控存在虚假性或证据不足[83]，但有关朝鲜战争的专题论著很少有涉及细菌战问题。[84] 总体来说，对朝鲜战争期间的细菌战问题，苏联-俄罗斯学界大都采取了回避的态度。

与苏联学界相反，细菌战问题是朝鲜史学界津津乐道的话题。朝鲜战争刚刚停战，1954年初朝鲜官方就出版了两部揭露和控诉美国细菌战罪行的文献资料集，一部专门讲述美国迫害朝鲜人民军和中国人民志愿军战俘的暴行，其中包括用战俘进行细菌试验；一部是关于细菌战、化学战和野蛮轰炸的暴行，其中发表了26份美国战俘关于使用细菌武器的供词或声明，大量美军利用战俘进行细菌试验的报道和调查报告，并全文刊登了国际法律家协会、国际科学调查团等国际组织关于细菌战的调查报告。[85] 朝鲜的史学论著同官方立场完全一致，始终把细菌战作为美帝国主义

---

81 Thomas Powell, "Biological Warfare in the Korean War: Allegations and Cover-Up", *Socialism and Democracy*, Vol.31, No.1, 2017, pp.23-42; Thomas Powell, "On the Biological Warfare 'Hoax' Thesis", *Socialism and Democracy*, Vol.32, No.1, 2018, pp.1-22; Powell, Thomas, "Suppressing US War Crimes: The Cold War Denial Machine Lives On", *Truthout*, June 24, 2018, https://truthout.org//articles; Thomas Powell, "Biological Warfare in Korea: A Review of the Literature", *Socialism and Democracy*, 2019, https://doi.org/10.1080/08854300.2019.1644588.

82 Бактерии как боевое оружие. По материалам интервью с генерал-майором в отставке И. В. Селивановым// *Ванин Ю.В. (ред.)* Война в Корее: 1950-1953 гг., Взгляд через 50 лет, Материалы международной научно-теоретической конференции, Москва: РРО «Первое Марта», 2001, с.330-339; *Супотницкий М. В.* Биологическая война: Введение в эпидемиологию искусственных эпидемических процессов и биологических поражений, Москва: Кафедра, Русская панорама, 2013, с.217-238; *Супотницкий М. В.* Забытая биологическая война на Корейском полуострове – технические детали// Вестник войск РХБ защиты, 2020, Т.4, №4, с.441-461.

83 *Жирнов Е.* Зараза липового типа // Коммерсант-Власть, 2001, №45, с.58-62; *Романова В. В., Шулатов Я. А.* Эхо Хабаровского процесса: СССР и кампания по обвинению США в применении бактериологического оружия во время Корейской войны（1950-1953 гг.）// История медицины, 2018, Т.5, №4, с.328-343; *Ванин Ю.В.* Корейская война（1950-1953）и ООН, Москва: ИВИ РАН, 2006, с.252.

84 *Славинский Б.* Корейская война 1950-1953гг.: современное переосмысление// Проблемы дальнего востока, 1991, №2, с.80-90; *Ахалкаци Д.С.* Корейская война （1950-1953） и советско-американские отношения //*Нежинский Л.Н. (Отв. ред.)* Советская внешняя политика в годы "холодной войны"（1945-1985）: новое прочтение, Москва: Международные отношения, 1995, с.191-216; *Валковский Н.Л. (гла.ред)* Война в Корее, 1950-1953, Санкт-Петербург: ПОЛИГОН, 2000; *Усов В.Н.* Война в Корее 1950-1953гг.: взгляд через 50лет// Проблемы дальнего востока, 2002, №6, с.174-178; *Ледовский А.М.* Сталин, Мао Цзэдун и корейская война, 1950-1953 годов// Новая и новейшая история, 2005, №5, с.79-113; *Ванин Ю.В.* Корейская война（1950-1953）и ООН, Москва: ИВИ РАН, 2006; *Самохин А.В.* Военно-политические планы И.В. Сталина в корейской войне//Власть и управление на Востоке России, 2010, №3, с.102-107.

85 조선인민군 및 중국인민지원군 포로들에 대한 미국침략자들의 만행에 관한 자료집, 국립출판사, 1954〔《关于朝鲜人民军及中国人民志愿军战俘所遭美帝侵略者暴行的资料集》，平壤：国立出版社，1954年〕；조선에서 미제침략자들의 만행에 관한 문헌집, 조선로동당출판사, 1954〔《关于美帝侵略者在朝鲜的暴行文献集》,平壤：朝鲜劳动党出版社，1954年〕。

的战争罪行载入史册，凡是关于朝鲜当代史、党史和"祖国解放战争"史的著作，几乎都有专门章节讲述细菌战问题，只是行文比较简单，也很少有注释。[86] 朝鲜学界基本没有专门讨论细菌战问题的论著，笔者好不容易托人在韩国找到一本2015年出版的以《揭露美国的细菌战暴行》为书名的朝文著作，结果大失所望，那不过是一本仅31页的宣传小册子，刊登的都是当年报纸发表过的照片、报道和声明，毫无学术价值。[87]

在中国，"文化大革命"结束以后，一方面，人文科学可以自由讨论问题了，另一方面，有关朝鲜战争高层决策的文献不断问世——中共中央文献研究室编著的毛泽东文稿和年谱、周恩来文稿和年谱自1987年以后起陆续出版。于是，研究朝鲜战争和抗美援朝战争的论著陡然增加。细菌战问题是一般抗美援朝战争历史著作中必备的传统章节，不过其重点基本都在反细菌战和防疫运动，而对美国发动细菌战和中、朝、苏三国指控美国的过程只是一般性的简单描述。[88] 当然，也有一些关于朝鲜战争的专著完全没有涉及细菌战问题。[89] 对细菌战问题的专门研究，尤其是聚焦于对美国发动细菌战指控的论述出现在21世纪，也就是关于细菌战问题的俄国档案披露以后。据笔者不完全的统计，从1999年至2025年，中国报刊发表了60余篇专题讨论与细菌战有关问题的文章。这些文章毫无例外地一致论证或指责美国在朝鲜战争中的细菌战罪行，即使专门研究反细菌战和社会运动的文章，也是以认定对美国的指控为前提的。[90] 不过，其中真正属于学术讨论并具有学术价值或史料价值的文章只占一两成。曲爱国和齐德学大量引用中国军方的文件，反驳俄国档案的结论和吴之理回忆录的说法，详细论证了中国关于细菌战指控的过程及其合理性。[91] 陈时伟通过解读中英两国档案，讲述了中国组织国际考察团调查细菌战罪行和英国维护美国及联合国声誉发动对国际科学委员会组织者李约瑟围攻

---

86 朝鲜科学院历史研究所编：《朝鲜人民正义的祖国解放战争史》，平壤：外文出版社，1961年，第246-247页；김희일, 미제는 조선인민의 천천지원쑤, 조국통일사, 1969, 281-287〔金希日：《美帝是朝鲜人民的世世代代仇敌》，平壤：祖国统一社，1969年〕；《美帝国主义是发动朝鲜战争的罪魁祸首》，平壤：外国文出版社，1977年，第218-229页；朝鲜劳动党中央委员会党史研究所编：《朝鲜劳动党简史》，北京：人民出版社，1986年（据1979年版译出）；许宗浩、姜锡熙、朴泰镐编：《美帝国主义是发动朝鲜战争的罪魁祸首》，平壤：外文出版社，1993，第235-247页；조선사회과학학술집 (441) 혁명력사학편, 『위대한 수령 김일성동지 조국해방전쟁 도자 3』, 평양：사회과학출판사, 주체 102 (2013), 325-331〔朝鲜社会科学学术集（441）革命历史学篇，《伟大领袖金日成同志：祖国解放战争领导人（3）》，平壤：社会科学出版社，主体102（2013）〕。

87 최응준, 권지혜, 미국의 세균전만행을 고발한다, 평양출판사 2015〔崔应俊、权智慧：《揭露美国的细菌战暴行》，平壤：平壤出版社，2015年〕。

88 姚旭：《从鸭绿江到板门店——伟大的抗美援朝战争》，北京：人民出版社，1985年，第106-108页；中国人民解放军总后勤部卫生部编：《抗美援朝战争卫生工作总结：野战内科·卫生防疫》，北京：人民军医出版社，1987年，第138-213页；中国人民解放军总后勤部卫生部编：《抗美援朝战争卫生工作总结：卫生勤务》，北京：人民军医出版社，1988年，第15-16页；谭旌樵等编：《抗美援朝战争》，北京：中国社会科学出版社，1990年，第214-223页；齐德学：《朝鲜战争决策内幕》，辽宁大学出版社，1991年，第279-290页；军事科学院军事历史研究部：《抗美援朝战争史》第三卷，北京：军事科学出版社，2000年，第199-217页。

89 如徐焰：《第一次较量——抗美援朝战争的历史回顾与反思》，北京：中国广播电视出版社，1990、1998年；林利民：《遏制中国：朝鲜战争与中美关系》，北京：时事出版社，2000年；逄先知、李捷：《毛泽东与抗美援朝》，北京：中央文献出版社，2000年；沈志华：《毛泽东、斯大林与朝鲜战争》，广州：广东人民出版社，2003年。

90 仅有的例外可能是杨念群在一部关于中国医学史专著中的看法。作者虽然没有明确否定对细菌战的指控，但在描述爱国卫生运动过程的字里行间，透露出对这一指控的怀疑。杨念群：《再造"病人"：中西医冲突下的空间政治（1832-1985）》，北京：中国人民大学出版社，2019年，第324-378页。

91 曲爱国：《是美军的罪行还是中朝方面的"谎言"——关于抗美援朝战争反细菌战斗争的历史考察》，《军事历史》2008年第2期，第1-8页；齐德学：《抗美援朝战争中的反细菌战是中国方面的造假宣传吗？》，《当代中国史研究》2010年第3期，第81-89页。

的社会动员过程。[92] 朱杰从国际法的角度，考察对美国指控的证据真伪和法律依据，以证明美军实施细菌战是非法的作战行为。[93] 赵继珂充分利用美国心理战略委员会的档案，讨论了美国官方掩盖罪行、反驳指控的种种措施。[94]

以上对史学史的梳理充分表明，在历史学领域，新史料的出现是推动学术研究、引发学术争论的源头和动力。当然，首要的问题是判断史料本身的真伪，即新披露的苏联文件和志愿军卫生部长的回忆录是否真实存在。

关于新史料是否真实存在的判断

为了搞清这批苏联文件的来源问题，笔者专程去东京采访了文件披露者内藤泰朗先生。现任《产经新闻》新闻网总编的内藤，1964年出生，年轻时在苏联留学和生活，1989年入职《产经新闻》，负责苏联问题的报道，1994年出任常驻莫斯科记者。1998年他的一位朋友（不便透露姓名）在俄罗斯总统档案馆的阅览室摘要抄录了这12份档案（未抄录馆藏号），打印后交给内藤，于是便有了《产经新闻》的报道。这批抄录打字件目前仍保存在《产经新闻》总社档案室，其复印件内藤曾交给来访的美国学者。可见，这批文件并非"来路不明"。至于所抄录文件本身，在俄国已经开放的档案中，目前至少还有三件可以证实日本记者披露的这些苏联文件的真实存在。其中两件是威尔逊国际学者中心网站发表的英译文，即1953年3月13日至4月24日苏共中央主席团会议审议议题备忘录和1953年4月24日苏共中央主席团会议审议的第二批文件夹封面。尽管只是题目和封面，但已经可以表明，会议讨论的内容就是美国在朝鲜使用生物武器的问题和苏联驻朝鲜大使馆的问题。[95] 另一件是笔者托人直接在俄罗斯国家当代史档案馆复制的，即1953年4月24日苏共中央主席团会议第六号决议，决议只有一句话"列入特别卷宗"——这表明所讨论的问题高度机密，不可示人。不过，该文件中的批注显示，所讨论的内容正是"苏联内务部的问题"，这与内藤披露的文件内容也完全一致。[96] 这三件档案虽然都不是关于细菌战问题的具体文件，但已经可以证明内藤记者披露的那些档案是真实存在的。更重要的是，2010年俄罗斯出版的中苏关系档案集中，公布了7件与细菌战问题有关的档案，其中也包括日本记者披露的一个文件（1952年2月21日毛泽东给斯大林的电报），只是更加完整。[97] 另据莱滕贝尔格透露，1990年居住在莫斯科的三名苏联官员证实了这些文件的真实性，其中一人就是当年一封电报的当事人。[98] 所有这些证据都说明了有关细菌战问题的俄国档案的真实性。

为了弄清吴之理回忆录的来龙去脉，笔者联系了《炎黄春秋》前任主编吴思和办公室主任王

---

92 陈时伟：《朝鲜战争期间围绕细菌战问题的三场国际政治动员——基于中英两国档案的解读》，《历史研究》2006年第6期，第115-137页。
93 朱杰：《依据与证据：朝鲜战争中细菌战之法学分析》，《西安政治学院学报》第30卷第3期（2017年6月），第100-106页。
94 赵继珂：《美国心理战略委员会对侵朝战争细菌战指控的处置——以PSB D-25b号文件的制定为中心》，《军事历史研究》2020年第4期，第14-21页。
95 "Memorandum about Sessions of the CPSU CC Presidium from 13 March to 24 April 1953", April 24, 1953, RGANI, F.3, Op.8, D.24, L.107-108. https://digitalarchive.wilsoncenter.org/document/123245; "Cover Sheet for Issue II considered by the CPSU Presidium at its Session on 24 April 1953", April 24, 1953, RGANI, F.3, Op.8, D.24, L.2-2ob. https://digitalarchive.wilsoncenter.org/document/123246
96 Протокол №6, заседания Президиума ЦК КПСС от 24 апреля 1953 г., РГАНИ, ф.3, оп.8, д.24, л.77.
97 *Мясников В.С.* (под ред.) Китайская народная республика в 1950-е годы, Сборник документов, т.2, Друг с союзник нового Китая, Москва: Памятники исторической мысли, 2010, с.132-136、152、191.
98 Leitenberg, "China's False Allegations of the Use of Biological Weapons", *CWIHP Working Paper*, #78, March 2016, pp.8-9、16.

海印，并索要了吴之理的原稿复印件。情况是这样的：吴之理 1997 年 9 月便撰写了这段回忆，2005 年 5 月出版回忆录时，家人认为这些内容敏感，故未列入书中。王海印得知此事后，便向吴之理约稿。吴稿送来后，杂志社领导也认为过于敏感，决定先登记留存，以后再找机会发表。2005 年 10 月吴之理亲自到杂志社索回原稿，但留下了复印件。2008 年 8 月吴去世。2013 年 8 月杂志编辑委员会讨论决定，略加修辞刊发此稿。事后，解放军总政治部干预此事，新闻出版署也约谈了吴思，结果不了了之。[99] 这可以说明吴文确为本人所做，而非杂志社伪造。至于吴文所讲的内容，显然有的地方存在记忆错误（如中国停止反细菌战宣传的时间），但部分核心内容，即未化验出病菌、无法断定敌人发动细菌战、建议先不要将此事登报等，已有其他文献佐证。1952 年 2 月 25 日中央军委致彭德怀电指出："志愿军卫生部至今仍不相信敌人进行细菌战的观点是极为错误和有害的，若不迅速纠正，将来必误大事。"[100] 2 月 27 日中央军委致高岗、彭德怀等电提到："志后卫生部吴之理同志在二十二、二十四日电报中，仍表示怀疑态度（未验出细菌须继续化验，而且很大可能敌人故以无细菌的昆虫与有细菌的昆虫混杂一起，麻痹我们），甚至提议将疫苗与消毒药控制在志后卫生部，不往下发，又提议在报上暂勿公布"。[101] 4 月 15 日周恩来在给毛泽东的报告中也谈到："当时在志愿军卫生部领导方面以及后来在赴朝专家中间还有人对敌人施用细菌战表示怀疑"。[102] 这些证据表明了吴之理回忆录的真实性。

还有一个微妙的证据。苏联驻朝鲜大使 V.N. 拉祖瓦耶夫的证言和志愿军卫生部长吴之理的回忆不约而同地提到了一件事。按照俄国档案的说法，在国际科学调查团到朝鲜之前，卫生保健相被派往北京收取鼠疫杆菌，以作为证据。但在北京什么也没有给他，只是后来在沈阳才给了他。[103] 按照中国回忆录的说法，大约 5 月间，朝鲜保健副相来北京索取鼠疫杆菌菌种，实际上北京的实验室并没有发现菌种，于是派人从沈阳取了菌种交给朝鲜人。吴之理事后说，如果这个菌种还无法证明美军发动细菌战，就往自己身上注射鼠疫杆菌，做成铁证。[104] 这两个说法虽有一些细节差异，但在不同的时间、不同的国度以不同的方式提到了同一件事，足以说明这两则史料都不是伪造的。如此看来，这两方面的新史料并非"来历不明"，更不是"伪造的赝品"。但是，对史料本身存在的证实并不等于更不能替代对史料所反映的史实的证实，也就是说，真实存在的史料所披露的历史情景未必都是真实的，这一点对于历史研究尤为重要。[105] 历史研究者必须对所有收集到的史料进行考证比对，才能决定它们是否可以作为以及如何作为历史叙事的依据。

史料，尤其是第一手史料，对于历史学研究来说，是最重要、最基础的，正是在这个意义、也只有在这个意义上，我们可以说史料学即历史学。但是，实际上史料学并不能替代历史学。历史研究者不仅需要发掘史料、考证史料，还需要通过逻辑链条把经过证实的史料运用于历史叙事，才能构建出比较真实、客观的历史画面。

---

99 笔者对吴思的电话采访，2025 年 1 月 31 日。王海印给笔者的信，2025 年 2 月 10 日。
100 军事科学院史料丛书课题组：《抗美援朝战争·文献》（终审稿），2014 年 9 月，未刊，第 963-964 页。
101 本书编辑委员会：《抗美援朝战争后勤经验总结：资料选编·卫生类》，北京：金盾出版社，1986 年，第 333 页。
102 中共中央文献研究室、中央档案馆编：《建国以来周恩来文稿》第六册，北京：中央文献出版社，2018 年，页 272-281。
103 拉祖瓦耶夫致贝利亚函，1953 年 4 月 18 日，俄罗斯总统档案馆手抄打印件，个人收藏。英译文见：CWIHP Bulletin, Issue 11, Winter 1998, p.181-182。
104 吴之理：《1952 年的细菌战是一场虚惊》，《炎黄春秋》2013 年第 11 期，第 38 页。根据周恩来的安排，中国防御细菌战的研究中心在沈阳，"一切最重要的和机密的研究工作，都在沈阳进行"。《建国以来周恩来文稿》第六册，第 224-226 页。
105 笔者对这一问题的详细论述，见沈志华：《动机判断与史料考证——对毛泽东与斯大林三封往来电报的解析》，《近代史研究》2019 年第 5 期，第 106-122 页。

迟到的评估：中共的战犯与特赦政策的残酷真相*

文贯中

（美国三一学院荣休教授）

摘要： 本文用中共自己的数字揭示，在用仁慈和宽容等美辞精心包装起来的战犯和特赦政策的背后，隐藏着残酷的真相。所谓不审不判的战犯政策，实质是不顾现代法理，随心所欲地将战俘升格为战犯。所谓皇恩浩荡的特赦政策，实际上将高达近40%的战俘拘押26年有余，其中长达16年的漫长岁月又生生剥夺他们与家人通讯的起码权利。高达总数20%的战犯更是无缘特赦，在狱中被活活关死。中共通过长期拘押和洗脑，以自由作交换，榨取被俘的前朝高官和高级将领对中共政权言不由衷的赞美和臣服，以达到统战目的，并为专制政权的合法性镀金。这种战犯和特赦政策所导致的人间悲剧一旦大白于天下，像中共推行的土改，反右，公社化和文革等暴政一样，将成为后世永远的警戒。

前 言

1949 年后中共的错误接连不断。面对民众的历史追问，中共深怕危及执政的合法性。为此，习近平于 2013 年 1 月 5 日推出两个不能否定的政策，即"不能用改革开放后的历史时期否定改革开放前的历史时期，也不能用改革开放前的历史时期否定改革开放后的历史时期"[1]。好在对于土改、集体化、反右、大跃进、人民公社、大饥荒以及文革等野蛮而血腥的历史事件，已有大量批判，震撼着民众的心灵。令人遗憾的是，对于战犯和大赦两大政策发生在中共的前三十年，不但无人认真评估，而且中共反倒情有独钟，至今仍在反复炒作，在海内外颇有迷惑性。

例如，文革结束不久，公安部就于 1982 年推出《将军决战岂止在战场》（下称《决战》）[2]一书。战犯和特赦话题因涉及新旧政权的更迭，本就令人好奇，又因此书语言温文尔雅，人物富有情趣，令人耳目一新，一时洛阳纸贵。十年后，《决战》一书的主要情节又被拍成电影《决战之后》，在海内外风靡一时。《决战》一书出版整整 32 年后，又被大大增扩，形成上下两部，在 2013 年隆重出版，通过亚马逊网页向全世界发行。六年之后的 2019 年，根据这部增扩版，战犯的改造事迹再次被拍成电视连续剧，冠名为《大赦 1959》，虽然只反映战犯头十年的狱中生活，却已长达 30 集，不厌其详地通过少数几个战犯之口，赞美中共及其战犯政策和特赦政策。要指出的是，最近四十年来，大陆的报章杂志和书籍凡涉及这一主题时，一律冠以"革命人道主义"，"思想改造政策"和

---

* 感谢胡平，徐友渔、李学勤、廖天琪、高光俊、虞平，陆丁和赖小刚对初稿的指正，对 Joan Chow 提供的资料和修改建议致以特别的谢忱。文中残留的错误概由笔者自负。
1 郭俊奎，"习近平'两个不能否定'是实现"中国梦"的科学论断"。中国共产党新闻网，2013 年 05 月 10 日。见 http://cpc.people.com.cn/n/2013/0510/c241220-21441140.html
2 丁晓原："黄济人纪实文学《将军决战岂止在战场》故事中的历史与人性"。该文提到，上世纪 80 年代，黄济人曾出版报告文学《将军决战岂止在战场——原国民党将领大陆新生始末》。见 https://www.chinawriter.com.cn/2013/2013-07-04/166281.html

"毛泽东思想伟大感召力"的光辉典范。[3]

既然如此，对这两项政策的来龙去脉和为何至今中共仍在炒作，就值得花费笔墨，以正视听。本文首先结合有关国际公约，通过对战争罪定义的探讨，以及美国和民国时期处置战俘的案例，揭示中共自称的不审不判的战犯政策暴露了中共高居法理之上的蛮横。接着，本文以中共自己置身其中的三大事件为例，分析中共推行不审不判政策究竟是出于无知，还是另有政治目的。然后，本文运用中共自己公布的数字，揭示特赦政策的荒唐、残酷和欺骗性。文章并讨论了中共在改革、开放之后仍在反复炒作特赦和战犯两大政策的目的。本文最后对未来的执政者提出以中共为戒的殷切期望。

名不副实的战犯名单

1945年8月15日，日本无条件投降。同年10月，国共两党达成双十协定，激起民众的热切期盼。若双十协定付诸实行，在民主宪政的框架内，假以时日，中国必能稳步迈向富裕、发达的国家行列。不料，双十协定墨迹未干，山海关[4]内外已是硝烟弥漫。在苏联红军的支持下，仗着日本关东军的装备和山海关的天险，作为地方武装的共军阻止中央军出关，收复东北失土，令人错愕。一度被和平之光普照的神州再次被黑云笼罩。不久，一场争夺中国统治权的全面内战在国共之间爆发。

时间推进到1948年12月25日，正当世界沉浸在圣诞节的喜庆之中时，新华社以"陕北某权威人士"的名义发布了一份44人战犯名单[5]。名单不但囊括了民国政府几乎所有上层人物，还意外地包括一些其他党派及无党派人士。当时，内战三大战役中，共军已在辽沈战役中取胜，对淮海战役也胜券在握，只剩围而不打的平津战役，结局亦无悬念。名单发布的这天，正是中共党魁毛泽东生日的前一天，更引人浮想联翩。显然，陕北权威人士对夺得天下已踌躇满志，此刻公布战犯名单，除了羞辱敌手，也有隆重庆生的意味。

一个月后，亦即1949年1月26日，人民日报又刊出一份37人的扩充名单[6]。令人啼笑皆非的是，著名学者胡适也位列其上。两份名单共计81人[7]，下称圣诞增扩版，简称圣版。按中共说法，圣版上的所有人不管是否属于民国政府，也不管是否直接参加了战斗，都是内战的发动者和决策者。极具讽刺的是，这份名单的性质不久发生微妙变化。首先，除了被俘的杜聿明，黄维和王陵基3人外，其余列于名单上的大部分人纷纷撤离大陆。其次，名单上的程潜和傅作义分别起义，成为中共高官。第三，名单上的第二号战犯李宗仁于1965从美国回到北京定居。中共以他为榜样，向名单上的所有其他人喊话，希望他们尽快回归，保证以礼相待，委以重任，安享晚年。于是，这份本已作废的名单又成了中共竭力想争取回归的上宾名单。

不过，中共很快从战俘中找出军阶或官阶较高的旧政权官吏共856名，构成一份新的名单。[8]只是，这次中共不再高调，将名单秘而不宣，以免法律约束，随时可因新的逮捕，刑满释放，临时枪

3　例如，1）任海生编著，《共和国特赦战犯始末》。北京西城区府右街135号：华文出版社，1995。2）周吉平，《特别公民：北京接收特赦战犯实录》。北京：中国社会出版社。2011。3）潜龙编著，《特赦令-中国无在押战犯》。北京：中国社会出版社，1995等。
4　见汪朝光所著《和与战的抉择：战后国民党的东北决策》第一章第五节"国民党进军东北与山海关之战"。中国人民大学出版社：中华史学丛书，2016年9月。
5　"陕北某权威人士谈战犯名单问题"。人民日报，1948年12月27日。
6　见"国民党统治区人民欢迎毛主席声明　纷纷讨论战犯名单　认为尚有许多重要战犯被遗漏"一文，刊于人民日报1949年1月27日。
7　任海生编著，《共和国特赦战犯始末》（下称任书）。北京西城区府右街135号：华文出版社，1995。第12页。
8　同上。第13页。

决等原因而增减战犯总数。中共又决定，对关押的战俘不审不判，强制改造；未完成改造之前，一律不予释放。毛泽东假借民意，发出指示，第一个五年计划完成之前，不实行特赦[9]。1959年，为庆祝中共建国十周年，北京首次施行特赦。之后，1960、61、63、64和66年，中共又有五次少量特赦。1966年5月16日文革爆发，特赦中止。

不审不判的战犯政策

战犯者，顾名思义，是犯了战争罪（War Crimes）的人。战争罪的概念始自19世纪中叶。例如，1864年的日内瓦公约及其后的几次修订。又如，1899年和1907年的海牙公约，特别是1949年的四项日内瓦公约和1977年的两项附加议定书。根据《罗马规约》[10]第8条，战争罪指严重违反1949年日内瓦公约的行为以及国际法规定的其他严重违反行为，包括故意杀人、酷刑、对平民的袭击、强奸、性奴役、征募儿童等。[11]可见，无论是内战还是外战（国与国之间的战争），都可能出现战犯。确定战犯的关键，不在军阶或官阶的高低，也不在是否直接参加了战斗，而是在停战之后，对放下武器的对方军人以及平民犯有上述的战争罪。显然，不经起诉，自辩和审判，是无法确定战犯身份的。

可是，中共实行的战犯政策是不审不判，并强调，对战犯不在惩罚，而在教育和改造。[12]从法理上说，只要剥夺人身自由，就是惩罚，如果还要加上强制性的教育、改造，必然构成对自由的严重剥夺，是十分严厉的惩罚。可见，中共的战犯政策以不重惩罚为幌子，混淆了自由和惩罚之间的区别。其次，中共的圣版名单从法理上看名不副实，因为混淆了内战和外战的区别。内战不涉及对主权和领土的侵犯，不能以侵略战争的发动者和策划者起诉内战的对方。面对地方武装集团起兵叛乱，中央政府无法坐视社会秩序遭到破坏而不派兵平定。可是，作为叛乱方的中共反而以内战的发动者和决策者起诉民国高层，是成王败寇的现代翻版。内战只有颠覆或叛乱罪。如果这场内战以民国政府获胜，中共高层会以叛乱罪或颠覆罪遭到起诉、定罪，而非战犯的罪名。第三，内战仍有可能产生战犯，但是，不审不判的战犯政策恰恰剥夺了被起诉方为自己辩护的权利，混淆了起诉和定罪之间的区别，必然蜕变为以军阶或官阶定罪。第四，交战双方奉命参战，人命和财产损失的责任必须分摊，不然违反司法公正的原则。中共长期关押战俘，要他们单方面承认自己的战争罪行，等于将战俘当作人质或政治犯。[13]可见，中共取消审判，必然混淆了1）强制教育、改造和人身自由之间的区别；2）内战和外战的区别，即中央政府维持社会秩序的责任与地方武装在外国势力的唆使下起兵叛乱之间的区别；3）起诉与定罪之间的区别；以及4）战俘和战犯之间的区别。

可供中共借鉴的良例

上述四大混淆究竟来源于中共对法律的无知，还是故意为之？回答是，中共有大量先例可

---

9 据中新网"新中国历史上的七次特赦：对日本战犯，一个不杀（下文称"一个不杀"）一文，毛泽东认为"或者第一个五年计划期内不举行大赦，以避免可能产生的不利影响(反革命气焰高涨，人民不高兴)，过几年再谈这件事，这种意见，民主人士中也有不少人提出。究以何者为宜，请你们征询电告。"《建国以来毛泽东文稿》第5册，第133、134页。参见 https://www.chinanews.com.cn/cul/news/2009/09-23/1880562.shtml

10 《国际刑事法院罗马规约》，亦称《国际刑事法院规约》或《罗马规约》。见 https://legal.un.org/icc/statute/chinese/rome_statute(c).pdf

11 参见联合国关于战争罪行（War Crimes）的相关规定。https://www.un.org/zh/documents/treaty/ICRC-1949

12 任书，第12页。

13 见联合国《关于战俘待遇的日内瓦公约》第九十九条：战俘之行为，在其犯此行为时，非为当时有效之拘留国法律或国际法所禁止者，不得因此而受审判或处刑。对战俘不得加以精神或身体上之胁迫，使之对其所被控之行为自认有罪。战俘在未有提出辩护之机会及合格之辩护人或律师之协助前，不得定罪。https://www.un.org/zh/documents/treaty/ICRC-1949

供参考。例如，美国对内战的善后对各国都有启迪意义。因对奴隶制的存废有深刻分歧，1861年到1865年间南北双方兵戎相见，造成大量的死伤和财产毁坏。内战最后以北军攻入叛乱各州，叛军首领李将军宣布投降而告终。可是，许多南方白人对黑人怀有的歧视决非一道行政命令便能消除。因此，在重建南方的过程中，联邦政府面临严重挑战。[14] 联邦政府专门成立难民、自由民及弃置土地局，由陆军部管辖，帮助建立公立学校，兴建公共房屋，处置被荒废的农地等事物，以便在南方黑人中普及教育，改善居住，获得土地，并鼓励他们参政，以减轻南方社会在战后的混乱和破败。

在内战结束前，约翰逊发布过几次大赦令，赦免投降的叛军官兵，不过，对南方的主要军、政首脑和积极资助叛乱的大庄园主的赦免仍有保留。据此，联邦政府在1866年囚禁了南方邦联政府的总统杰佛逊·戴维斯，以叛国罪对他起诉。南、北方的舆论和一些民众团体对他颇为同情，连密西西比州获得解放的黑人自由民团体也对政府施压，要求允许他保释，理由是他在自己的种植园里以善待黑奴，允许他们自治而闻名远近。[15] 法庭于1867年批准了对他的假释。1968年圣诞节，约翰逊总统再次颁布大赦令，指出过去的大赦令中列出的保留已不合时宜，凡寻求宽恕的，他会一律批准。这道大赦令使戴维斯不经开庭审判便获得了完全的自由。[16] 南军最高军事统帅罗伯特·李将军在投降后一直享有人身自由，但和戴维斯一样，面临叛国罪的起诉。在约翰逊总统的大赦令后，他寻求宽恕，虽然没有得到总统的直接回复，但起诉却不了了之，免除了他出庭申辩之苦。[17] 可见，美国邦联政府从一开始就赦免不再抵抗的南军将士，最后更赦免了南方的叛乱领袖和将军们，让所有参加叛乱的南方将士尽快重回和平而自由的生活中去。联邦政府知道，实施强迫关押，野蛮迫害，株连九族，只会加深南北方和黑白民众之间的世代仇恨。

在对北伐期间抓捕的北洋系战俘和日本战犯的处置上，民国政府同样为中共树立了良好的先例。以北洋系将军刘玉春[18]为例。1926年7月，北伐革命军攻到武昌，他临危受命，固守武昌城长达40多天，直至被俘。1927年2月10日，在首次审判刘玉春时，著名法学家徐谦担任武汉国民政府人民裁判委员会委员及主席，在庭上追究他在交战中对人命和财产损失的责任，刘答曰："两军作战，枪炮互发，责任不能归在一方。" 徐问："你何不早降？"刘答："玉春是国家大将，守土有责。若是革命军中大将听到枪响即投降，诸公以为如何？"徐又说："你是反革命！"刘答："你的话又错了！我从未入革命党，何言反革命？中国人民四万万，属革命军的不过二十余万，其余的都是反革命吗？"[19] 法庭最后只能匆匆结束审判，不了了之。

如果民国政府对刘玉春采用长期关押、消磨其意志，或株连九族，攻其软肋，对其父母、娇妻、幼子、近亲等施加迫害和虐待，不知刘玉春的强硬态度会不会软化？对刘玉春来说，幸运的是民国政府即使在其最激进的时刻，仍保持了现代

---

14 Andrew F. Lang, "In the Wake of War". 北军领袖格兰特将军在给约翰逊总统的信中表示，攻入南方各州的北军有必要在当地暂时驻守，以确保奴隶制的废除，预防黑、白两族冲突，重建当地的文职政府，修复当地被严重毁坏的铁路，道路，工厂和农场等工作的顺利进行。Baton Rouge: Louisiana State University Press. 2017. 第182页。

15 Eric Foner, "Reconstruction: America's Unfinished Revolution, 1863-1877". New York: Harper & Row, Publishers, 1989. 第58-59页。

16 Richard W. Murphy, "The Nation Reunited". The Time-Life Books, Virginia: USA, Alexandria, 1987。第24页。

17 同上。此书提到，他不久应邀担任华盛顿学院的校长，直到去世。仅仅两周后，校董便基于他对该校的杰出贡献，将该校改名为华盛顿与李大学。尽管有人反对，这个校名至今仍在使用之中。第32-33页。

18 刘玉春，直系军阀吴佩孚麾下高级将领。参见刘玉春：《百战归田录》，收录于中国社会科学院近代史研究所近代史资料编辑部编，《近代史资料》(总82号)。北京：中国社会科学出版社，1992，第234-257页。

19 同上。

法律的底线。徐谦虽深受苏俄影响，但他毕竟深谙欧美法律，坚守人道主义底线，未被革命激情裹挟，以至罔顾事实，草菅人命。他在事实上认可了刘玉春的辩词。刘玉春最终被无罪释放。

另以民国政府对日本战犯的处置为例。1945年8月，日本政府投降后，民国政府共逮捕日本战犯2357名。经远东国际军事法庭起诉、审讯，149名罪大恶极的战犯被依法判处死刑，696名日本战犯被起诉判刑，400多名日本战犯被判处无期徒刑。民国政府对日本战犯的审判和定刑遵循严肃、公开、透明的程序，体现了法治精神。以恶名在外的冈村宁次为例[20]，他从1944年11月直到二战结束，身为支那派遣军总司令官，历任华北方面军司令官，第11军军长等，官至陆军大将，因而被列为侵华日军战犯。但是，1949年1月26日，中华民国政府军事法庭决定宣布其"无罪"释放，理由是，南京大屠杀，长沙、徐州大会战中日军所犯暴行，均系发生在被告任期之前，与被告无涉。负有责任者已另外判刑，并受到惩罚。日本政府正式宣告投降后，"被告立即息戈就范，率百万大军听命纳降"，"无大规模的屠杀、强奸、抢劫、或计划阴谋发动或支持侵略战争等罪行"[21]。民国政府如此判决，虽招致中共的抨击和一些民间人士的不解，但民国法庭秉持实事求是的精神，是经得起时间考验的。

中共身历其境的三大事件

中共不但有可供借鉴的历史先例，还直接参与了当时举世瞩目，与处置战俘、战犯直接有关的三件大事。其一，作为二战的战胜国，民国政府积极参与对日俘和战犯的处置。中共接受民国政府的改编，直接参加了抗战，自然对日俘和日本战犯的处置切切在心。其二，民国政府作为联合国的创始会员，积极参与二战后日内瓦四个公约的起草和讨论。中共作为联合政府的一部分，同样切切在心。其三，中共更是直接参与了朝鲜战争中战俘的处置。以中朝为一方，韩美为另一方，双方在遣返战俘的原则上发生高度分歧，使战争一再拖延。[22] 中朝提出，双方战俘应"全部遣返"，而主导联合国军的美国坚持"自愿遣返"原则。1953年9月，在美国军事压力以及斯大林死后苏联新领导的外交压力下，中朝接受基于自愿遣返原则的停战协议。[23] 结果，不但没有战犯一说，而且中方被俘人员绝大部分选择去台湾或印度定居，中方无法阻挡。

无疑，这三件大事件使中共警觉到，按照国际和民国惯例，举行公审，并允许战俘自辩，要将内战战俘定罪，难度极大，不但会惊动世界舆论，也会面临一旦无法定罪，不得不允许他们来去自由的尴尬。中共一心想利用这批战犯，演出一场自己如何宽大、仁慈，而这批旧朝重臣又如何因皇恩浩荡而表示臣服的大戏，以欺骗世人，笼络人心，自然对无罪释放的可能结局心有不甘。这是中共决定不顾法理，强行推行不审不判的战犯政策的原因。

大赦政策下的啾啾冤魂

大赦政策同样被中共描写为仁慈的典范，思

---

20 冈村宁次（1884年5月15日—1966年9月2日），支那派遣军总司令官（1944年11月，二战结束），陆军大将。参见《冈村宁次回忆录》，稻叶正夫编，中华民国史资料丛稿，北京：中华书局，1981年。142-159页。
21 同上。
22 沈志华，"朝鲜战争爆发的历史真相"。2000年2月學中国文化研究《二十一世纪》2000年2月号。
23 赵学功，"美国、中国与朝鲜停战谈判中的战俘遣返问题"。四川大学学报(哲学社会科学版) 2015年第1期 No.1 2015，总第196期 Sum No.196。此文站在中共立场上，但指出，停战的最大障碍在于交战双方对战俘遣返原则的尖锐分歧。极具讽刺的是，返回中国的战俘后来受到各种歧视，而选择去台湾的战俘在1980年代末老兵被允许回老家探亲时，在大陆乡亲们眼中成了人人羡慕的成功人士。参见张崇岫所著《战俘启示录》，见 https://groups.google.com/g/unlimitedsearch/c/lX9rLPtmamk?pli=1

想改造的伟大成功。但是，据任海生编著的《共和国特赦战犯始末》透露，[24]战犯总数为856名。在关押整整十年后，从1959年起有第一批特赦，到1966年3月文革前的最后一批特赦，七年间累计释放296人。[25] 1975年最后一批特赦人数为293名。[26] 两者相加为589名，比战犯总数少了267名。少的原因有二：其一，高达167名战犯此前已死在监狱之中；[27] 其二，有100名被俘战犯通过非特赦途径获释，[28] 其中65名为刑满释放，10名为另案处理，25名改为起义人士处置。至此，世人才知，中共虽说实行不审不判，其实也有又审又判的。不管审判是否公平，至少有了明确刑期，可避免随心所欲的延宕和文革的影响。如果所有战犯都能走审判程序，牢狱之灾不会长达26年半之久，更不会活活关死那么多人。不清楚的是，在关死的战犯中是否包括在关押期间被枪决的国军将领。例如，仅在1951年，功德林战犯管理所中就有5位国军将领被处决[29]。后来移民到美国的段克文将军在他的《战犯自述》中也曾提到，与他同为难友的中统嫌疑犯马尚[30]，被判刑7年，却在刑满前被突然枪决。

如果将100名经非特赦途径获释的战犯从被俘战犯总数中扣除，则因不审不判政策，唯有通过特赦途径才获释的被俘战犯，包括未能等到特赦已被关死的，共为756人。如果以756为分母，从1959年到1975年3月18日，15年累计特赦的战犯仅为39%（296/756）[31]。最后一批被特赦的战犯占38.8%（293/756），被活活关死的战犯则占22%（167/756）。换言之，在1975年3月19日之前，高达61%（38.8%+22%）的战犯不是已被活活关死，就是已被关了整整四分之一世纪而有余，才获自由。匪夷所思的是，中共还两次将战俘与外界完全隔绝，每次长达8年，共16年之久。[32]

表一 被关押的战犯总数，被关死的人数，被特赦的人数和经非特赦途径获释人数

被俘战犯总数 I	1966年3月前累计特赦人数 II	1975年最后一批特赦人数 III	经非特赦途径及刑满获释人数 IV	死于监禁的战犯人数 V
856	296	293	100	167

通过剥夺战犯的自由，以榨取他们的臣服，毕竟残忍而庸俗。为了掩饰这种丑陋的功利动机，毛泽东打出民意牌，似乎是人民在抵制特赦。[33] 不过，毛泽东下面这段话又表达了相反的"民意"，因为这段话表明，实施特赦反而能争取群众。1959年9月15日，他邀集各民主党派、各人民团体负

---

24 任书，第103页。
25 同上。这是第111、112、114、116、118和119各页所载之历年特赦人数的加总数。
26 同上。第123页。
27 同上。第127页。
28 同上。第126和131页。
29 花开无田。"1951年，功德林战犯管理所中有5位国军将领被处决，他们都是谁？" 2024-02-09 10:42 山东。据作者记述，这五名国军将领为陆荫楫、杨海清、邓子超、张卓和张国勋。他们在1951年被处决。见 https://mp.weixin.qq.com/s/TiCT7DG9STQVq1mmZ_Y93A
30 段克文，《战犯自述》第一部55页。美国，纽约，世界日报出版社，1980年。
31 四舍五入，得到此数。--笔者注
32 以笔者父亲文强为例，他被捕后时隔8年才被允许与家人通信。笔者的母亲为了营救他，于1949年初便从台湾赶回大陆，虽在鲁、皖、苏北一带到处寻找，却因不知关押地点，无缘见面。母亲回到上海后又向政府有关部门打听下落，均石沉大海。由于战俘丧失通信权利，母亲无从知道父亲的生死、罪名和刑期，因绝望无助，于1955年自杀。1966年，父亲再度被剥夺与外界的通信权利，直至8年后的1974年这一权利才被恢复。--笔者注
33 1956年5月26日，党中央发出了《关于征求党内外对继续镇压反革命和举行大赦问题的意见的通知》。毛泽东在修改通知稿时加了这样一段话："或者第一个五年计划期内不举行大赦，以避免可能产生的不利影响(反革命气焰高涨，人民不高兴)，过几年再谈这件事，这种意见，民主人士中也有不少人提出。究以何者为宜，请你们征询电告。"《建国以来毛泽东文稿》第5册，第133、134页。

责人、著名无党派人士和著名文化教育界人士举行座谈会。会上他说，"大赦是危险的，老是赦，一定有问题，一定是统治不巩固，要靠赦来争取群众。我们是对真正改好了的才赦，没有改好的也才有希望。"[34]

对照毛泽东快速释放日本战俘一事，更能看出他用民意作盾牌之虚妄不实。特赦日本战犯前，他曾假惺惺地征求各界意见。不料，对于这些侵略者，反对早释的意见很明确。据"一个不杀"一文透露，"总体上看，对日本战犯，中央认为应从宽，地方和人民群众认为应从严"。[35]面对清晰的民意，毛泽东却在1956年释放了绝大部分日本战犯。日本战犯中的最后三名也在1964年3月6日获释回国。这就是毛泽东口中的尊重民意。

炒作战犯和特赦政策的两大动机

战犯处置事实上既缺乏法理基础，侵害人权，又不符合民意。照理说，推行改革、开放后，中共应羞于提及自己的战犯政策和特赦政策。不料中共又是出书，又是拍电影，又是拍电视连续剧，一再炒作这个话题，又是出于何种动机呢？

首先，这是出于统战动机，与文革后中共内外交困形成鲜明对比，欧、美、日经济繁荣，人民富裕，令人羡慕。如果这批民国时代遗留下来的，有广泛海内外关系的战犯们，愿意帮助中共联系散在欧美日发达国家中的亲朋好友，为邓小平的新政美言，说服发达国家帮助中国发展经济，岂不事半功倍？以笔者父亲为例，他曾于1985年走访美国的东西南北各州，会见美籍华人，台湾同袍，和美国友人，向他们宣扬邓小平的新路线，鼓励他们到中国访问、交流和投资。[36]其实，1949年后像笔者父亲这样的旧朝贵人便成了战犯，家人更受尽蹂躏、迫害。到文革结束时，他们已是人不人，鬼不鬼的社会贱民。如果不恢复他们原先的体面，赋予他们应有的尊严，他们是无法扮演中共急需的统战角色的。这是为何中共反复炒作战犯和特赦政策，将他们重新包装，以完成中共自己无法完成的任务。

其次，这种炒作也是出于寻找执政合法性的需要。凭籍赤裸裸的暴力上台的中共，始终抵制世界民主潮流，拒不还政于民。如果那些曾经被人仰望的前朝旧臣中有人出来，向中共表示臣服，进而歌功颂德，对专制面目已经日益暴露的中共来说，岂不产生使万民归心的示范效应？《决战》一书引用杜聿明的一句感叹，可谓十分点题："败在敌人手里可以挽回，败在老百姓手里，就再也挽不回来了！"[37]杜聿明作为上了中共圣版名单而又被俘的战犯，既是抗日名将，又是诺奖得主杨振宁的岳父。以他的显赫身份而能说出这句话，难怪被急着寻找执政合法性的中共反复炒作，因为这正是中共梦寐以求的东西。中共千方百计地要百姓对其他历史错误失忆，而对战犯和特赦政策情有独钟，就是要用战犯的现身说法，来堵住民众对中共执政缺乏合法性的批评。难怪当年公安部会对名不见传的黄济人如此热情，帮他改写初稿并迅速出版[38]。

小 结

以杜聿明将军为代表的国军战犯，其早年生涯值得敬重。他们追随孙中山，蒋介石，试图在千年帝制之外另辟蹊径，为中国寻求一条政治-经济现代化的新路。这批忧国忧民之士后来又成了抗日英雄。他们因追随民国政府，认同将宪政作为长远目标，又认同私有制和拥抱市场经济路线，

---

34 同上。
35 同上。
36 文强、文贯中合著。《劫后追忆：国共恩怨三代情》。将于2025年由纽约博登书屋出版。
37 黄济人，《将军决战岂止在战场》中国青年出版社电子版上部第1版，2013，4月。第279页。
38 中国共产党新闻网。见 http://dangshi.people.com.cn/n/2013/1219/c85037-23891016.html

才成为所谓的"战犯"。他们在狱中被迫虚掷时光，受尽凌辱，令人同情。

不审不判的战犯政策完全背离现代法理。中共放着民国的法律和判例，以及国际公约的惯例不用，不经审判，仅凭军阶和官阶的高低，将战俘随意升级为战犯。中共知道，他们中的大部分人并未犯有战争罪，判不了他们的刑，便采用不审不判的政策，通过长期关押，强制改造，强制洗脑，以最珍贵的自由为代价，换得他们的臣服和对毛泽东极左路线的赞美，以便为自己的独裁政权披上合法性的外衣。中共还要战犯们对这样的政策表示感谢，真是滑天下之大稽。

毛泽东尸骨未寒，中共就承认，毛泽东犯了一系列极左错误，基本否定了他的路线和政策。只是战犯们可怜，不但失去自由，还被开了一个天大的洗脑玩笑。等发现是场骗局时，珍贵的生命已被虚耗。这就是所谓的前无古人的战犯改造政策的实效。难怪笔者父亲文强将自己的封笔之作起名为《劫后追忆》，并将自己的一生写到1949年为止，拒绝涉及他那不堪回首的狱中岁月，其深意也就不言自明了。

不少人认为，战犯虽被长期关押，但是，和社会上几千万地富反坏右的凄惨命运相比，和被残酷镇压的几百万冤魂相比，甚至与几百名被直接处死的国军高级将领[39]相比，也许还算是幸运的。不过，这也提出一个严肃的问题：在中共的恐怖统治下，幸存下来的战犯所表示的臣服和赞美究竟有多少是发自内心，多少是出于恐惧，或出于为了早日获得自由，与家人团聚，而被迫迎合当局？通过长期关押，从战犯身上榨取到一些臣服和赞美，对执政合法性究竟有多少持久的价值呢？

愿中华大地从此不再有同胞相互杀戮的内争。万一不幸再度发生，也祈愿交战双方永远不要再模仿中共的战犯政策和特赦政策，杜绝将战俘作为政治犯，作为奇货可居的人质，长期关押，强迫改造思想。如果自信自己是正义的，就应将对方战俘置于完全自由的，真实的，可持久的社会环境之中，让对方在潜移默化中完成认识和行为的改变，甚至应该允许对方保持自己的政治观点和立场。后来的执政者若能如此行事，则百姓幸矣，社稷幸矣，政党幸矣，军人幸矣。

---

39 建国后被处死的国军将领就达二百四十二位。见 http://www.hxzq.net/aspshow/showarticle.asp?id=9958

【中国经济】

中国经济面临重大改革

郭岩华

自改革开放以来，中国城镇已形成了典型的现代市场经济，房地产业高度繁荣、各个城镇的高楼大厦，乃50年改革开放的辉煌成果。我们通过精密计算结果显示：中国房地产的确存在巨大泡沫，但并非太多、也未过剩：中国城市人均用房率只有30%，仍比欧美（43%）低45%左右。

现在，中国城市房地产业正加速崩盘，连累内部消费和就业雪上加霜，如果政府在袖手旁观，任其"腰斩、膝斩"，甚至恐慌性抛售……那样，改革开放几十年的辉煌成果，一夜蒸发，城市几亿中产阶级，一夜返贫。

其实，中国房地产及消费下滑，只是暂时的"流动性危机"liquidity crisis。欧美日韩等都经历过很多次房地产泡沫，特别是金融股市、高科技等主导产业泡沫和破裂更频繁……这只是市场经济经常发生的"市场失灵 market failure"。

我们应按照现代市场经济规律，及时大规模救援：

第一、以央行释放足够的流动性（即EQ放水，详见另文），以时间换空间：坚决维护现有的房价"动态稳定"。十年之内（所有物价都将上涨一倍以上），中国房地产仍维持原价，就已是世上最便宜的。

第二、推动中国"结构性改革"，开放农地买卖抵押，在20年内释放200万亿的"农地资金"，实现农业现代化和粮食自给，像俄罗斯越南那样大量出口，让7.3亿农民富裕起来；彻底废除"户籍制度"，让3-5亿"非农"农民城镇化，中国房地产还有50%以上的成长空间。

因此，中国GDP每年可额外多增2%以上，也就是说中国经济每年以7-8%高速增长，以经济扩张实现就业最大化，形成充分就业、刺激生产、扩大消费的良性循环。我们绝不能被鼠目寸光的错误理论误导，袖手旁观任由中国房地产崩溃，重踏日本房地产覆辙、连累相关产业和消费萎缩，导致及其后的"失去30年"。

最近，任泽平的最新文章也是错的。他所谓：中国 20%城市房价会涨，80%城市会跌，更不靠谱。中国仍没形成管理市场经济及房地产的专业常识和基本经验！

黄奇帆错在哪里了？

黄奇帆市长等很多经济学家在指导制定经济政策时，似乎不了解一个现代经济学基本常识：企业的经营模式、品种和方式、产能、库存、利润及杠杆等等，这些都属于"微观经济"microeconomics 范围，纯属市场竞争和企业经营的自主选择，政府的工商管理应聚焦在打造公平竞争的透明法制，在税收、补贴、优惠政策等方面对战略产业和关键企业"宏观诱导"macro induced，而不是也不应直接插手微观经济，干涉企业合法经营，这是市场经济"效率最大化"Maximize efficiency 的基本原则。

在微观经济领域，无论看起来多么正确的"政府计划或行政规定"，对企业经营和市场竞争，都会造成微观经济的"效率损失"Efficiency loss。你见过拥有几百年经济学历史的欧美政府或专家，对企业日常经营制定计划或行政规定吗？如果有，那就一定是错的！因为只有成功企业才知道，只有市场才是最正确，只有市场经济才效率最高。只有让企业自由竞争、自我制约，才能形成最健康强劲的市场经济。这就是为什么中央一再强调让"市场在资源配置中起决定性作用"。

黄市长等著名学者在上海开会，例举的中国经济"几大短板"，也是错的，例如所谓"中国物流效益低下"，其实中国快递行业顺丰、京东、菜鸟及极兔等物流民企，是世界公认效率最高的，也是世界规模最大的（18万亿）。所谓"科技转化为生产力落后西方"云云，也已过时。现在中国民营科技企业，当今华为、比亚迪、宁德时代、腾讯、阿里、小米、deep seek、大疆、宇树等等一众民营企业，包括AI、量子、人脑联机等科技都引领世界前沿，科技创新所向披靡。属于世上最好最快的，这已是世界共识。

但是，这些高新科技企业，有哪个是央企国企？哪个是政府计划出来的？哪个成功企业是政府主导的？没有，也不会有。所以，绝不能再搞"去产能、去库存、去杠杆"等瞎折腾。政府更不能直接投资"高新科技企业"，因为低效贪腐只会血本无归。

政府和官员该管什么？

我在哥大攻读经济学的八年期间，我们SIPA有一个专门硕士课程"行政管理学"MPA，这个学位就是教政府如何管理行政和经济政策的。西方几百年经济学经验告诉我们：政府插手经济的着力点，只应是"宏观经济"Macroeconomics，也就是美联储那一套：银行利率，准备金（RRR），资产负债表（balance sheet），缩表扩表（Expanding, shrinking），量化宽松（EQ），向老百姓发放现金（cash flow）……

这些都是美联储及欧洲央行专业采集的CPI，PPI，失业率，通膨率等各种数据，由各种专业Data Model（数据模型），精确计算出来的。绝非政府或官员拍脑袋的外行决策。所以，所有人及经济学者都可批评经济政策，但欧美总统和政府却无权插手美联储或欧盟央行的金融决策，因为那是专业数据计算的结果，不应受到一时一事的政治影响。

按照市场经济规律和公开透明的法律，建立一种长期稳定、公平竞争和可持续性发展（Sustainable development）的宏观经济环境。恰恰才是中国最缺乏、最需要补齐的真正短板。（中国论坛）和产品，只有核心城市、核心地段的好产品，才能帮你穿越周期。

如果你是刚需，建议选择核心城市、核心地段的好房子。如果你持有的房产在核心城市核心区域，可以先观望，不必急着卖，长期看仍是中国的核心资产，硬通货，因为这些地方人口流入、有产业、有需求，房价有望逐步企稳，甚至未来还会上涨。但如果你的房子位于人口流出、老龄化加剧、库存高、没有产业支撑的地区，建议你尽早处理，别抱幻想，因为这些地区未来将面临有价无市和长期的阴跌。

经济前景：从比较优势到绝对优势

1998年江泽民亲自批准我在人民网开设《强国论坛》，我利用在哥伦比亚大学攻读的现代经济学，在人民网上开创"网络议政"。推动中国利用庞大低廉的人力资源，发展出口制造业，形成"比较优势"（Comparative advantage），加入WTO，参与全球化竞争（参见我当年著书《中国发展战略》https://chinasforum.com/home/news/china_research/。1999年，美国贸易代表白茜夫来京谈判，我直接上书江朱、力排众议推动与美达成"入关协议"。中国入关后出口制造业每年以30%以上的高速发展，拉动整体经济以10%的高速增长，十几年间接连超越各大西方经济体，成为第二经济大国。

林毅夫"新结构"已过时

2010年,林毅夫担任世界银行副行长期间首次提出"新结构主义"(New Structural Economics):发展中国家应在"资本、资源、人才"——这市场经济的三大要素中,利用自己的"比较优势"(低廉人力和自然资源),形成自己的独特经济结构(出口制造业)。也就是说,林毅夫的"新结构主义",只是建立在"比较优势"之上的市场经济学。再加上"有为"政府,在宏观政策、税收、补贴等方面,扶持民间企业。

2020年代后,中国经济结构和全球环境已发生根本性变化:欧美市场被中国的出口制造业逼穷;中国原有的"比较优势"随着人力成本的提高,已经无法与人工更低的印度及南亚、越南及东南亚等相竞争。中国同时面临着:制造业外移、欧美贸易战及关税围堵。

中国经济转型:绝对优势

十多年前,我就首先提出:中国必须进行经济转型:由"比较优势"转型为"绝对优势"(Absolute advantage)(参见我经济学新书《中国三农危机》。这也正是欧美现在的、以资本和技术密集型企业,形成的绝对或独立的经济形态。这种"绝对优势"模式,不再依赖低人力成本的出口制造业,而是以金融投资推动科技创新,形成竞争优势;以内部消费(占比70%以上)为主,以全球扩张的金融投资、科技创新和服务业为辅。并以高新科技制造业,继续引领经济增长。

林毅夫教授后来也曾提出"新结构主义"也应适应新环境,及时完成"转型"。但他始终没有提出怎么转型?转向哪种模式?新结构利用哪种"优势"?

特别是现在中国房地产及消费滑坡,更需要经济学界理论创新,突破现有困境之际,林教授跟很多体制内经济学家一样,只是"点到为指":说要实现经济转型、寻求"货币主义"理论突破云云。却谁都不愿说明"不符上意"的专业化及可操作的具体政策。在此,我愿再次提出中国破局之策:

当务之急、救市措施

我认为,必须坚决制止房地产崩溃、促进消费、增加就业的五大救市措施:

第一、中国央行(人民银行)公开宣布"无限量"向市场释放流动性,直到实现三大目标:恢复经济高速增长;实现就业最大化(失业率低于4%);通货膨胀率2%以上。这就需要采取4项有效措施:

1. 大规模降准降息,甚至实行零准备金、零利率;

2. 大规模现金收购被债市股市房地产及相关金融机构"被套牢的垃圾债券",初期规模可达几万亿元以上;

3. 大规模现金购买政府国债、地方债及支柱产业的债券和股票,规模可达几十万亿以上;

4. 增强市场信心:向社会公开承诺,将无限量向市场释放足够的流动性,上不封顶。

第二、向14亿公民每人每月发放几千元,至少发放几万亿元现金。这绝对不是"浪费",更不是"福利",也不会产生债务或亏损,乃最好救市良药。向14亿老百姓发钱,可由财政部、民政部等机构执行,由央行增加"资产负债表"买单。当14亿人有了足够现金,就会大胆消费,强力拉动生产和就业,精准刺激中国房地产和消费市场迅速复苏,各行各业良性循环。

第三、发挥央企国企"全民所有"的独特优势,全面收购和盘活各地"烂尾楼",让房地产企业破产或崩溃遗留下烂摊子,起死回生。各地那些"交了钱、欠着债、却拿不到房"的烂尾楼乃城市浓疮,是买房消费者最痛恨的。未来,等中国房地产市场恢复正常,央企国企将会大赚一笔!

第四、政府还应完善全民社会福利,保底照顾老弱病残,尽量覆盖全民医保;让民众放心消费、无忧借贷，大胆投资、创新和创业。

第五，推行结构性改革。一劳永逸彻底解决房地产及主导产业的"结构问题"，必须坚定推动"三农深改"：允许农地买卖抵押，将在未来10年内释放200万亿的"农地资金"，仅此一项中国经济每年再多增加2%。三农将形成大规模、机械化、高科技的专业农场，中国粮食不仅可自给，还可大规模出口；7.3亿农民将富裕起来，3-5亿农民城镇化，将消化各个城市的库存，并继续房地产业刚需……中国的房地产业还有50%以上的发展空间。

最后，必须彻底废除"户籍制度"，实行全民平等及自由城镇化，这将从根本上实现城乡一体及中国的全面现代化。

中国传统经济的四大特点及其对后世的深刻影响

杜声锋

人类自进入文明以来，在社会生活、宗教信仰和仪式、政治制度和体制机制、习俗传统和文化艺术等方面，各个民族都自愿地（由少数精英带领或由族群等群体集体选择）或被迫地（由其他人群和文明的外部力量和地理环境、气候等自然条件驱使）选择自己的发展道路。经济作为人类社会生活的物质载体是人类赖以生存和发展的必要条件，也深刻地受到前述各种因素的影响，并与之共生性地或相对独立地发生和发展出自己的模式或特点特色。了解和理解中国古代经济的固有特点或特色，对于解释和认识中国经济目前面临的优势和短板，以守正纠偏，明确其进一步发展的方向，改进和加强其发展动能，都有着巨大的启发意义和现实意义。

笔者经过较广泛的阅读与较深入的思考，不求全面，综合并总结出中国传统经济的四大特色，并斗胆呈现给读者，以求分享与批评。（本文把中国传统经济的时间限定在上古时代开始到十九世纪末）

一、早熟高效的农业经济和较早陷入"马尔萨斯陷阱"并无法通过内生性创新自我突破

与世界上其他大部分文明地区一样，中国农业的真正发展也是从进入新石器时代开始的，距今大约一万年左右时间。在南方，中国先民们最早种植的是水稻；而在北方，人们最先种植的是黍（诗经中称为"黍稷"；有些地方也称之为"小米"），后来逐渐引进和加大了小麦的种植。

从主要的农用工具上说，直到西周末期和东周时期（即春秋时代，公元前 770 年到公元前 476 年），它们主要由石器和木器制成；此后逐渐过渡到由木器和铁器制成。从战国时代（公元前 475 年到公元前 221 年）开始，铁器被应用到耕犁上面，因而发生了一次农具革命，大大地提高了生产效率和农业的收成（法国直到公元 6 世纪才开始引进和使用铁犁，比中国晚了一千年[1]）。铁木犁的使用，也改变了耕作的方式：开始是用人（一般为三人）拉犁加一人操作犁柄，后来逐渐变为由牲畜（牛、马、驴等）拉犁。到了西汉武帝时期（公元前 140 年—前 87 年），当时最先进的耕作方式是两头牛、三个人的两班轮流作业制。到了东汉时期（公元 25 年—220 年），由于牛和铁这二种商品价格的大幅下降而得到了普及，"一牛一人一犁"的耕作方式得到了大力发展和推广，尤其是在农业较为发达的北方地区。有些史学家把它称为中国的第一次农业革命（第二次发生在唐代，公元 618-907 年，由双层的曲辕犁的革新引起[2]）。

这种"一牛一人一犁"农业耕作方式一但确立，此后除了一些制造技术和使用技巧方面的细节性改进和调整，几乎再也没有更大的变更和革新，以至于到了明代，开国皇帝朱元璋（1328-1398）把这种耕作方式看成是小农经济的理想状态。事实上，直到上个世纪八十年的改革开放初期，农村实行分田到户、家庭联产责任承包制时，

1　参见 Charles Serfaty, *Histoire économique de la France, De la Gaule à nos jours*, Paris, Passés composés/Humensis, 2024, p.69.
2　参见赵德馨著，《中国近现代经济史，1842-1949》，厦门大学出版社，2017, p.37

中国农村的大部分地区仍然实行这种耕作方式；甚至目前在中国的有些偏远地区，农民们仍然采取这种耕种方式。

记下这一个历史现象非常重要，这不仅是因为这种生产模式是中国传统经济、税收和农村社会治理的基础，更是因为它启发、孪生和加固了儒家传统的伦理道德与价值观；比如，对于朱元璋来说，理想的中国农村家庭结构就是由5-6个家庭成员组成、男耕女织、敬老爱幼的家庭，其中男人就是利用"一牛一人一犁"耕种5-20亩地（南北方有所不同，南方人多地稀、北方略微富余一些）、女人在家进行织丝或纺织；全家基本上过着自足自给的小农生活。经济学家熊彼特说过，"一切逻辑思维都源自经济活动及其决策的范式；经济范式就是逻辑的基础模板"；"归根结底，资本主义——不仅仅是普通的经济活动——构成推动人类行为进入理性化（rationalisation）的力量"[3]。在古代，农耕方式即农业经济活动的主要内容对一个民族的性格、逻辑思维、理性行为以及价值观和世界观的形成的影响是根本性的，尤其对中国这样的重农抑商，商业和贸易不发达的古老国家。

汉代以后，中国进入了长达几个世纪的动荡期，直到隋（581-618）重新统一了中国。技术的进步、对外的开放、1794公里的南北大运河的开凿加强了南北经济的联络和互通，大大地发展了中国的经济。以至于从中唐（7世纪末、8世纪初）开始，中国的农业经济和商业经历了一个长足的发展，直到南宋时期（12世纪初）。期间国家进行了大规模的土地私有化（公元1082年，国有土地只占总额的1.4%），大多数农民或者直接获得了一定面积的土地，或者变为佃农（大部分情况下与地主5-5分成土地收成）而不再是农奴。唐以前，北方的农民由西域从印度等地引进了小麦种植，逐渐取代了黍的种植；在宋代，南方的农民从东南亚引进了新的稻米品种。小麦和新的稻米与之前的种植品种相比都有更好的收成或收益。再者，安史之乱（公元755）以后，中国的政治、文化和经济中心逐渐从北方转向南方；加上对外的开放，南宋时（公元11-12世纪），真正的区域性和国际性大市场逐步形成；与之相伴随的是地方性市场的繁荣、创业和经商的相对自由、纸质货币的发行和运用、特许经营权的发放、科技的发明与创造，等等。所有这些被西方史学家誉为"宋代革命"[4]或中国"近代化的黎明"[5]。

北宋时期的公元980-1110年，中国人的家庭数量从此前的700万户增加到2100百万户；人口数量第一次达到了一亿人。（中国古代人口的历史演变大致如下：公元2年5900万人；公元57年下降到2100万人；公元105年5300万人；公元700年6000万人；公元1100年一亿人；公元1368年下降到6500万人；公元1600年1.5亿人；公元1630年1.92亿人；公元1680年1.5亿人；公元1776年3.11亿人；公元1820年3.83亿人；公元1850年4.36亿人；等等[6]）

人口虽然大量增加了，但是男耕女织的农业生产方式一直没有明显的改进和变化，更谈不上变革或革命。到明代中后期（公元1600年前后），由于人口的快速增加，土地面积尤其是肥沃多产的土地面积的不足，能源供应的限制（主要是木材和碳），以及农业和手工业技术的落后，中国的人口增长和农业的发展双双遇到了一个从未有过的巨大瓶颈；传统的农业生产模式达到了其潜力所能允许的最大的极限值。自此以后，粮食产出的增加与人口增长的倒挂不可逆转地陷入长期的极度紧张趋势和境况。就这一点而言，中国近代经济和社会的长期萧条与衰退跟19世纪西方列

3　Joseph Schumpeter, Capitalisme, socialisme et démocratie, Paris, Édition Payot, 1990, p. 169, 172.
4　参见 Richard Von Glahn,《剑桥中国经济史：古代到19世纪》，北京，中国人民大学出版社，2018, p.184, 189, 190, 192, 212, 237.
5　参见 Jacques Gernet, *La vie quotidienne en Chine à la veille de l'invasion Mongole 1250-1276*, Paris, Hachette, 1978, p.88.
6　参见 Richard Von Glahn,《剑桥中国经济史：古代到19世纪》，p.125, 183, 194, 256, 275, etc.

强的入侵没有任何历史的和事实上的关系或关联。

马克思老先生曾经立下判言说：在中国，由于农业和手工业的有机整合而产生的经济效率和时间的节省而对西方工业化的大规模生产的产品形成了强大的抵制作用。基本的历史事实表明，这一论断是没有历史和经济依据的[7]。历史的事实刚好相反。中国经济史学家刘狄对1600-1840年这二百多年间的中国的人口、农村土地、农业生产及第二、第三产业的产出等方面进行了大量和细致的研究，并得出如下结论：在这240年间，中国经济的年平均增长率仅为0.18%，远远低于欧洲同期的增长率。在1600年时，中国的国内生产总值（PIB）占世界的25%；到1820年时，这一比重下降到了20%（而不是像有些中国的和西方的经济学家所说的28.67%或33%[8]）；1840年以后，这一比重继续下降到20%以下。至于人均国内生产总值，横向上看，在1600年时，中国的人均国内生产总值相当于英国的40%，1820年时下降到20%以下，1840年时仅为英国的16%[9]。中国人均国内生产总值的急速下降部分地可以用人口的增长来解释。英国经济学家Stephen Broadberry对中国人均国内生产总值本身的演变进行了纵向的比较研究后得出如下结论：中国的人均国内生产总值在北宋年间（960-1127）达到顶峰；之后便呈显出不断的稳步下降的趋势，到了明代中叶（1500-1550），中国的人均国内生产总值相当于北宋的80%；到了清代中期的1750年，这一数值为50%。这六百年间中国人的生活水平是不断地下降的。这两组数据充分地反映出，中国农业的增长没有配合和跟上人口的增长，从而把中国拖入了"马尔萨斯陷阱"，即食物和财富的增长在人口的增长面前遇到了一个巨大的鸿沟或瓶颈，跟不上后者的增长速度。这种现象也被经济史学家称为"内卷或过密化的情景"（situation d'involution）[10]。赵冈和黄宗智等学者强调小农经济的固有的局限性对中国经济发展带来了长期的抑制效应。他们认为，那种以家庭生计为目的的农民生产模式要想保持和延续，就必须抑制劳动力节约型的技术创新以及资本密集型农业的形成[11]。这也是澳大利亚历史学家Mark Elvin所指出的中国古代经济较其它经济体较早达到的被绑在烧烤架上的"高水平的平衡陷阱"，以及黄宗智等人所说的过内卷或密化的本质，它们正好是真正的经济发展的相反情况[12]。如此等等。

在几乎同一时期，西方也曾遇到过同样的难题，且一直持续到18世纪末19世纪初。比如，1800年以前，法国也遇到了"马尔萨斯陷阱"：1800以前法国经济几乎没有增长；土地的贫瘠和技术的落后使得法国人只能维持在最基本的物质生存线上[13]。但是与中国不同的是，1750年前后，一场大的不可逆转的运动正在悄然发生，欧洲人逐渐地从之前的维持基本生活的农业转向了资本主义市场的农业[14]，或者说从对农产品的直接消费转变成对它的间接消费（农业间接消费是指越来越多的非农人员—甚至包括一小部分农业服务人员本身—通过从市场上购买农产品的方式来满足他们对食物的需求；这同时也意味着农业产生了富余的农产品可以在市场上交换）。通过近一个世纪的发展，到1850年前后，在西欧，对于超过50%

---

7 参见陈争平著，《中国经济史探索》，杭州，浙江大学出版社，2012, p.282-283.
8 参见赵德馨著，《中国近现代经济史，1842-1949》, p.21.
9 参见陈争平著，《中国经济史探索》, p.267.
10 参见Richard Von Glahn,《剑桥中国经济史：古代到19世纪》, p.308, 310-311.
11 同上, p.3-4.
12 参见Kenneth Pomeranz, *Une grande divergence, La Chine, l'Europe et la construction de l'économie mondiale*, Paris, Albin Michel, 2021, p.9-10.
13 参见Charles Serfaty, *Histoire économique de la France, De la Gaule à nos jours*, p.14, 15.
14 参见Jean-Pierre Rioux, *La révolution industrielle, 1780-1880*, Paris, Seuil, 1989, p.44.

的男性劳动者而言，农业生产方面的收入已经不再是他们家庭收入的主要来源了[15]。

欧洲人是怎么做到这一点的呢？完全是的得益于其强大的技术创新和工业革命。那工业革命又是怎么发生的或者说怎么成为历史的可能呢？历史的嬗变和转换是：西欧近代农业的整体发展和科技的快速进步给工业革命创造了不可或缺的条件。与法国的重农学派一样，亚当-斯密在其1776年出版的《国富论》中已经指出，由土地产权所创造的富余收入和资本必须注入到新的经济领域并促使后者发展壮大，不然这些盈余的积累最终会是无效的或被活活地给浪费掉了。总的来说，"农业应该尽可能多的产出，为不断扩大的市场服务，不断地增加其资本积累以出借给新的经济领域"[16]。如此，在近代的西欧，尤其是首先在英法二国，由于技术革新带来的农业生产效率的大幅提升，冲抵了人口增加带来的食物需求上的压力；同时，由于新兴工业领域的快速急剧的发展即工业革命，带来新的就业机会和财富来源。近代西欧不仅成功地迈过了"马尔萨斯陷阱"，也实现了科技和财富自古以来从未有过的快速增长。紧接着，工业革命在德国、美国和日本等地也相继出现。然而，近代中国却一直陷在"马尔萨斯陷阱"而不能自拔。

不少专家们的研究表明，中国近代落后的原因与其说是经济和技术的原因，不如说是政治与制度的原因。一般认为，近代欧洲的异军崛起得益于三个因素的叠加，即市场、国家、技术革新，它们互相作用与促进，缺一不可。法国历史学家布罗代尔指出，没有欧洲国家的善意或者至少是保持中性，现代资本主义不可能首先在欧洲发生。在中国，固有的东方专制主义、帝国治理的僵化以及强大且顽固的官僚体系建立和固化了内卷化（式）的治理模式以及无生无气的经济行为惯性。

因此，进入近代以后，与西方相比，中华帝国的掉队落后是不可避免的。例如，在明朝的万历年间（1573-1620），由于分工和专业化进一步发展，江南地区的手工业（制瓷、浆染、造纸、榨油、制铁等）得到了长足的发展。仅在嘉兴的石门镇就有二十家大的榨油坊；每家雇佣几十名工人，二十家合计雇佣了八百多个工人。油工晚上作业，工钱二铢，很明显这是属于雇佣劳动者的性质，"这种油坊已是具有资本主义萌芽状态的手工工场了"。但是，明代的国家并不支持私有工业和商业的发展，而是想方设法地对之加以限制甚至打压，对其课以重税和不断地榨取。商税名目多如牛毛，除了征收市镇店肆的门摊税、市栈门摊税外，在各交通要道普设关卡收税，检查来往车船，计算所载货物多少、路途远近，令其缴纳钞币，即所谓的钞关制度。万历年间，关卡多如漫天飞舞的絮花，发达地区每十里地就有一个关卡。例如一船灯草、扫帚，只值一两多银子，而货物税和船税却要交三四两银子，许多小的商人不堪重负，只能选择弃船而逃，或者焚货而去[17]。到了清代，虽然手工业有了进一步的发展，但是由于同样的问题，资本主义近现代工业无法内生性地在中国发展；在一片对私有财产尤其工商业产权和企业创新火烧烈烤的土地上，是无论如何生长不出来市场经济和资本主义之树的，更不要妄想其枝繁叶茂、万古长青了。十九世纪下半叶的洋务运动、二十世纪三四十年代国民党威权统治下的工业化尝试、五十年对资本主义和资本家的决然团灭，以及最近十多年来大势宣传的"国进民退"的顶层发展策略，都只不过是中华帝国以一贯之的经济治理政策和官僚们打击市场的行为惯性的翻新和回光而已。太阳底下本无新事，培育市场、以法治理国家和经济、保护知识产权、鼓励和倡导真正的创新更谈何容易。

---

15 参见 B.H. Slicher Van Bath, *The agrarian history of western Europe, A.D. 500-1850*, London, Edwrd Arnold (Publishers) LTD, 1963, p.23-24.
16 参见 Jean-Pierre Rioux, *La révolution industrielle,1780-1880*, op.cit, p.41.
17 参见余鑫炎著《简明中国商业史》，北京，中国人民大学出版社，2021版，p.185, p.189-190.

二、国家对基础性战略资源和生活必需品的垄断经营以及对市场的过度管控

在远古的中国，直到西周（公元前1046-771年）末期，真正意义上的市场并不存在；那时只有广义上的皇家才有商品尤其是奢侈品购买的需求；贵族们的需求大多是通过他们之间的内部交换解决的；至于普通老百姓（庶人），能吃饱肚子就千恩万谢了，有交换的话也基本限于小范围的物物交换。也就是说那时的商业仅限于政府垄断经营的为其自身（皇家和贵族）服务的那一小块。

从东周亦即春秋时代开始，周王朝的统治力和权威大幅下降，国王变为一个微不足道的象征。此时中国的商业活动才真正开始发展和繁荣起来（中国历史上似乎有个"国衰民盛"的规律性现象，即国家权力和管控式微时社会、商业和经济就会得到发展甚至繁荣；反之，社会就会被压制压抑，商业和经济不是衰退就是凋零。春秋战国时代如此，汉初唐初、宋代、清末民初、文革刚过后等等亦近似）。这时，商人作为一个新的社会阶层也随之出现并获得了相当程度的自主性发展。从公元前六世纪开始，尤其是从战国时代（公元前453-221）开始，曾经的周王朝不复存在、被瓜分为若干个城邦-小国（état-ville）。为了生存或称霸，这些小国之间进行着激烈而残酷的竞争；为了增强自己的实力，国王们纷纷把自己控制的土地分发给管辖区的农民或臣民耕种，以换取后者的税收、徭役和兵役。因此，一个新型的政权及管理模式出现了，即集权专制的国家形态（État autocratique centralisé），它取代了之前的封建王朝政体（dynastie féodale）[18]；此前的贵族们的特权和世袭制也逐渐地被取消，被一个新的更有效率的行政和军事官僚阶层所取代。新型的王国-国家（royaume - état）的社会结构由两个大的层级组成，上层是新兴的官僚（员）们，也被称为新的官僚贵族，他们比以前的世袭旧贵族们更加有效率、更加服从和忠于国王；下层由新获得土地的相对独立的庶人（roturier）构成，他们通过官僚阶层直接面对国王，因为以前的作为他们主人的中间贵族阶层消失了。在庶人的二侧，是工匠和商人阶层。

从公元前六世纪到前三世纪，由于城邦的出现（大小四百来个）、王权虽小但非常的集中、货币的出现和流通，尤其是新的行政和军事官僚集团的出现和壮大（他们有巨大的购买力），打仗和增强经济实力的需要等等，地方和区域性的市场也逐步兴起，并扩大和壮大。在这样的历史条件下，一个新兴的商人阶层在中国的历史上第一次自然地涌现出来并登上了历史的舞台。他们中最著名的代表人物是越国的范蠡、魏国的白圭、卫国的吕不韦等[19]。自此以后，中国的商人阶层一路走来，跌跌撞撞、步履蹒跚，偶尔被鼓励（如当时的赵、魏、韩，以及后来数个王朝战乱之后的短暂恢复期等），大多数时间总是被限制、压制和规训，时直今日依然也。

而在西方（比如腓尼基-迦太基和希腊等），古代的市场一旦出现和形成，它们主要依靠自然的、习俗传统的和合约规范等的社会力量和国际交换力量的推动与发展，王室和贵族们只是商业活动和商品市场这个巨大的网络中的一环或一个结点。与之大为不同的是，在中国，市场从它诞生之日起，从它看到人的踪影的时刻，国王们或国家就知道并且尽一切能力和强力控制和垄断人们生活和生产必需的初级物品或产品，垄断制造这些必需品所需的战略性资源和材料。早在春秋战国时期，市场萌萌呀呀诞生之时，齐国的宰相管仲（公元前730?–645）就建议并实施了国家对食盐与铁的产品的专卖，并课以重税，以充盈国库；但

---

18 参见 Jacques Gernet, *Le monde chinois*, 4ᵉ édition, Paris, Armand Colin, 2003, p.29.
19 参见吴慧著《商业史话》，北京，社会科学文献出版社，2014, p.30, 37 etc.; 及金开诚主编《古代商人与商业》，长春，吉林文史出版社，2022, p.82-90.

彼时垄断专卖还仅限于商业流通领域[20]。随后的秦国，打着国王或皇帝的名义，不仅在流通领域对盐铁实施专卖，而且把有形之手延伸到原材料即上游资源的领域。从此以后，盐铁成为历代王朝和政府实施垄断和专卖菜谱中的必备的佳肴。秦亡以后，西汉试图以"强我大汉国威震野匈奴"的托词实施盐铁的全产业链的垄断和专买专卖。公元前八十一年，汉昭帝元凤六年，朝廷举行了声势浩大的盐铁会议，史称"盐铁论"。御史大夫桑弘羊（前155?-80）虽濒临老死风险但强显出老当益壮、披甲上阵，代表官府一方，另一方阵由来自全国的几十名贤良儒生组成，代表社会和地方的立场。当然，在"盐铁官营、均输平准"的美丽辞藻包装下，和国家利益至上的宣泄中，官方立场强势胜出。盐铁专卖专营冠名堂皇地在中国历史上得以正式确立[21]。此后的历代王朝，根据国库的盈虚、皇帝的德性、大臣们的压力和喜好，只是在汉朝盐铁专营和管控的基础上进行一定范围、强度和税率等方面的微调，再也没有想过取消它或对它做出重大调整。比如，在汉武帝和王安石的时代，国家在专营专卖的菜单上添加了酒业；宋初开始的、经过王安石的强化，宋王朝将烟、丝绸和茶叶等也列入其专营专卖的菜单；南宋进一步将瓷器也列入其中；满清于1757年将对外贸易列入其专营垄断的行列。如此等等[22]。时至今日，看看中石化中石油中海油，中国XX银行，国家电网，中国移动中国联通，中国铁路，中国五矿中国稀土等等，就明白它们出自何处，因何而生而强。

市场管理方面，也由最初的管而不死发展到后来的严加管控。从秦国开始，在法家的思想指导下，中央集权专制制度逐步建立；与之相匹配的是国家对社会各个领域及对家庭和个人的严格管控（什伍制、连坐制等）。经济也由以前相对自然自发和以习俗为主的发展模式变为国家高度领导和操控型的经济（économie commandée）。国家除了对农民和土地严加控制，对战略资源和物资严格垄断外，对市场也进行严格的规范、监督和行政干预。考古发现的楚国和秦国的官方陶瓷印章上刻有"市"字，表明春秋战国时代开始政府就已经对市场和贸易进行了管理和控制，并征收各种税赋。政府用它的有形之手通过对市场准入、独家批发权、行业组织和工种的认证等方方面面进行干预和控制[23]。只是到了唐代中期，政府对农民和工商业者的管控才有所放松，让市场要素在资源配置方面发挥一定的作用；政府对税务和徭役也进行了一定程度的简化和轻化，这样才使得唐宋时期的中国出现了史学家们所谓的中国古代经济的第一次大嬗变[24]（部分历史学家认为第二次出现在明中叶的1550年代，但是历史证据不足以支撑此说）。但即便如此，政府并没有大幅放松对市场的行政管控。在唐代，政府指定特定的区域作为市场并对开市闭市时间做出严格的规定；政府并主导成立了二百二十个行会，设有"行头"或"行首"，通过他们对商户和市场进行监督和管理，利用行会组织征收商税和其他税收。宋代虽然允许夜市和中间商的存在，但是也仍然对他们进行密切的监管，王安石就决定成立了专门的机构管理市场并征税，叫做"市易务"[25]。中国的这些行会或商业组织由政府倡议设立、并由政府任免其头领，头领们对政府负责，与中世纪欧洲各地商界自发地组织起来的及自治的行会或帮会没有任何相同之处，比如十二世纪的意大利北部的某些城市的商人协会，他们即是商业组织也是市

---

20 参见吴慧著，《商业史话》，p.23.
21 参见徐大龄主编，《中华文明史》，第三卷-秦汉，河北教育出版社，1992, p.63-64.
22 国家对盐的专卖直到2014才勉强地予以取缔。见 https://www.chinanews.com.cn/cj/2014/11-21/6803698.shtml
23 参见周廷儒主编，《中华文明史》，第二卷-先秦，河北教育出版社，1992, p.91.
24 参见 Richard Von Glahn，《剑桥中国经济史：古代到19世纪》，p.183.
25 参见吴慧著，《商业史话》，p.114-115.

政管理机构[26]，以及十四世纪初的巴黎大商人行会（Etienne Marcel 是其头领，相当于当时的巴黎市市长）等等。如上所述，宋代朝廷首先扩大垄断和专卖范围；然后他们通过拍卖茶盐酒等生活必需品和战略物资品的特许经营权来获利，并且收编一部分有能力有经验有客户的私有中间商为政府服务，以竞争和压制民间的同类业务；因而到处可以看到政府有形的巨手在市场上翻云腾雨，对经济活动进行深度的监控和干预。明朝基本上随了宋制。他们这样做的主要目的是把市场、流通网络和经济活动置于其严格控制之下并重征税赋，为了皇家和官僚们的消费和薪俸，当然也有一小部分用于国防和基础设施的建设。在近代以前的中国，市场有三个层次，即地方村庄一级的、城镇的和跨区域的；它们尽在各级政府的管控之下，只是控制程度有所不同罢了。它们从来就没有享受过自主和自治；商人们也不敢造次、提出任何独立和自治权利方面的合理要求。

简而言之，我们可以做出如下概括：（1）在春秋战国以前，中国的经济主要是自然自发形成的和以习俗为依托而运行的；市场则仅限于满足皇家和贵族们的消费和交换的需求；它是建立在具有血缘关系的父系制政体基础之上的；（2）从春秋战国时代开始，尤其是经过秦汉二代的加强，在此后的上千年的大多数时间里，中国传统经济演变成为政府高度管控型和垄断型的经济，主要体现在对战略资源和生活必需品的垄断经营以及对市场流通的高度管控与干预；它是建立在高度中央集权专制体系之上的。虽然期间有所变换（如唐代），但大部分时间一以贯之；（3）自唐中期的公元八世纪始，直到十九世纪中叶，中央集权专制没有改变，甚至有所加强如元、明、清时代，但是对商业领域的管控某些方面有所放松，唐、宋、元对跨区域市场甚至国际市场的重视和开拓，唐、宋、明对税负和徭役的货币化，宋对纸币的发行和流通，宋、明等对中间商的认可和准许，等等；但是这只是在一定范围内的松绑而已，市场这只鸟儿一直被深深地关在政府和官僚们制定的铁笼子里面；而且政府说变就变，如元代对汉人的奴役、明代的禁止海上贸易和清代的禁止国际贸易等。

在这一切皆变的话术（《易经》）和阴险奸诈的计谋（《兵法》）之下，两千年以来，中国政府，无论是王国王朝还是冠以共和之名，有一点是恒古不变上的，即对重要战略资源和民众生活必需物资的垄断经营和对市场的严格管控，这既是为了税收，也同样是为了毫不放松对社会和商业经济活动的监督和控制。这一点与西方古代、近代甚至中世纪是大异其趣的。这也属于某些学者所说的西方社会是由商业和技术路径进入文明的，而中国恰恰相反，是靠暴力和赢者通吃而拖入文明的[27]。在中国，自古以来，商业和商人（即近现代的资本家和企业家）是不受政府待见的，需要时利用之，用完后弃之如敝屣；他们从来都不是"自己人"。自古至今，盖莫例外也。从这个侧面也可以解释为什么近代中国没有且无法自发地进入和巩固资本主义的法治的市场经济和民主宪政体系，即无法进入全面意义上的"现代化"。

三、榨取型的经济和税务制度、及强烈的反"资本"反市场精神传统

在像秦国这样非常专制的王国或国家里，商业和商人被看作是大恶之一、之首，他们被认为是极端自私的，对国家来说是破坏性力量，对社会来说属于有害的因素，他们引起农民的嫉妒而不安心务农，所以对商人必须严加限制和监控。法家的代表人物如商鞅（公元前390-338）和韩非

---

26 参见 Robert Putnam, *Making democracy work - civic tradition in modern Italy*, Princeton, Princeton University Press, 1992, p.88-98.
27 参见陈宣良著《中国文明的本质》，卷一，上海人民出版社，2015年版，p.5-10, 21-24, 53-63, etc.

子（公元前280-233）等不厌其烦地强调国富国强和建立与加强国家权威的重要性。那个时代的儒家名流们倒是对商业和商人表现出一定程度的理解和宽容，比如孔老夫子的得意门徒之一子贡（公元前520-456）还是春秋时期的成功大商人之一，被后世誉为儒商之父[28]；孟子（公元前372-289）也为商人辩护、强调各阶层平等。其他的学派或名家则处于中间位置，对商业和商人不褒不贬，采取实用主义态度，如管仲。齐国宰相管仲认为，为了富国，国家需要持续不断地鼓励商人们发展商业活动；但是对他们的活动也要进行一定的监督和控制。但是无论哪家哪派，只要他们当权执政，他们对待商业的方法、手段和基本目的都是为了尽可能多的吸取税收，而不是与商共享、造福于民；商业发展本身和人民的利益总是被政府放在次要和更次要的位置上。因此，有些学者把古代中国称为"税负之国"（État-fiscaliste）[29]。

西汉时期，朝廷禁止商人及其后代当官和购买土地；但是这并不影响国家对他们课以重税。富人和大商人们的房产被征收6%的房产税（比法国1989年开征的巨富税ISF要早二千多年！）；中小手工业者们的房产征收3%的税。车马也要征税。公元前203年，西汉朝廷在中国历史上第一次开始征收人头税，对每个成年人每年征收120钱，对7至12岁的儿童征收20钱。汉武帝时，把对儿童征税人头税的年龄降低到3岁[30]；这可真是古今中外奇闻。还是在西汉时期，国家仅对老百姓不得不食的盐的征税就占了中央政府税收的一半，相当于全国税收总额的20%。与同时代的罗马帝国相比，西汉政权把30%的流通货币用于支付政府的开支，而前者的政府开支仅占用10%的流通货币。在西边，罗马帝国的流通货币60%为金币，30-35%为银币，只有5%左右为铜币；而在东厢，西汉发行使用的货币几乎100%为质量不佳的铜币。在罗马，货币的主要功能是为了方便民间贸易和私人储蓄，而且只要足金足量，许多行省和地方贵族-王国都可以发行货币；西汉政权则把货币发行权牢牢地掌握在官府手里，违者斩首；并把它作为宏观调控和攫取利润的手段，比如朝廷增加或减少货币流通的唯一目的是维护它自己的利益，对通胀和由此引起的新兴中产阶级及普罗民众手中的货币贬值及贫困化几乎从不忧虑。这也印证了从历史演变的角度来说，税收其实是源于抢劫到逼贡、徭役到金钱替代的过程[31]。

除了上述这些直接和间接税负，汉代朝廷还强迫成年男女承受徭役，其中男子们每五个月就要服一个月的徭役；刚有生育的女性则可以豁免三年的徭役；对于年龄介于15至30岁之间的未婚女子，国家对她们征收5倍的人头税。汉以后的王朝基本上汉规我随，只是对税率、税基和支付方式（实物或现金）等进行了微调，但是从来没有考虑过根本性的改变或撤销。比如，北宋时王安石进行了所谓的变法（公元1069到1085），其中对农民颁布和实施了《青苗法》。青苗法的初衷不可谓之不好、是为了从资金上帮助农民：春季耕种季节官府把钱借给农民用于购买种子和农具等，等到秋收了农民把粮食售卖后再把借的钱还给官府。但是，在实际实施和操作过程中，情况就完全变了样。由于运作的不透明，发放过程中官员们的私心及截流，以及中间机构和个人的盘剥，最终到农民手中的借贷成本高达到年利率27%；许多举债的农民反而因此而进一步贫穷化或干脆破产。官府从中榨取的利润一部分用于补充前线的军费开支，更多的流入了负责这一项目的官员及其白手套的腰包[32]。在南宋时期，虽然政府对市场和经济的干预有所减弱，但税收方面毫不手软；

---

28 参见吴慧著《商业史话》, p.37-38.
29 参见Richard Von Glahn,《剑桥中国经济史：古代到19世纪》, p. 62, 66, 72, 73.
30 参见王孝通著,《中国商业史》, 北京, 团结出版社, 2007年版, p.55, 56, infra.
31 Gabriel Ardant, *Histoire de l'impôt*, Livre I, Paris, Fayard, 1971, p.29-33.
32 参见吴慧著《商业史话》, p.116.

政府对所有的不动产交易收取 4-12%的基于合同价值的印花税。蒙元时期，蒙古族当政者对汉人实施歧视性的奴役政策，竭尽全力从中华大地榨取利益，把中国 80%的白银运送到其帝国的总部哈剌和林城；仅盐税一项的收入就占蒙元政府全部收入的 2/3；政府还对商业征收 17%的直接税（而非流转税）。满清夺权后，承诺永不增税，但实际上由于朝廷开支的不断扩张、各级官员的卡要勒索，农民的负担并未减弱。要等到 21 世纪初，在胡锦涛的治下，中国才于 2005 年全面取消了农业税（但国家和企业对农民工的盘剥令人震惊）。

与中华帝国历代强征暴敛相关的是，与西方国家相比较，直到晚清时政府为了偿还庚子赔款而举借外债，中国政府之前从来没有举债过；主要原因是它们从农民那里、从商业之中、从全体平民那里榨取的太多，而反馈给大众和投入基础设施及公共服务又严重不足，从而又导致人民的贫穷化及大大限制交通运输及物流人流现金流的效率的提升。

过度榨取性的经济和税务制度与实践，对原始"资本"的积累和市场发展造成天生性和根本性的抑制和伤害，更不用谈其对后者的促进和保护了。这一压榨和抑制资本、市场和社会的精神和价值传统是根深蒂固地镶嵌在国人尤其是官僚阶层和传统士大夫的灵魂之中、表现在他们的言行之上的。比如，日本明治维新的思想旗手福泽谕吉（Fukuzawa Yukichi,1835-1901）大力倡导国家应当鼓励思想自由、社会多元发展、企业家精神和创新精神；对于工业和商业的发展，他说，"政府不应该以富国强国的借口而恣意妄为，不应该去做普通民众能做的同样的事情，更不应该进入到工业和商业领域直接与民竞争"[33]；这显然是说政府不能既当裁判员又当运动员。随后，明治政府把其自己花钱创立的上十个大型企业免费地赠送给有能力有创新精神的社会人士和企业家去经营，今日的三菱、三井、川崎、东芝、日立等都是这样当初由官府创立和随后由公转私传承下来的[34]。与之截然不同的是，几乎同时，中国也处于大张旗鼓的洋务运动之中，除了在洋务企业和商业的具体运作中国家资本和官僚代表如盛宣怀（1844-1916）等强烈压制私营资本和私有企业的代表如郑观应（1842-1921）和唐廷枢（1832-1892）等之外，那时的中国传统文人们如辜鸿铭（1857-1928），虽然此君留学英德法，讲好几种外语，但仍然歇斯底里地批判企业家和企业家精神；他说："今日世界真正的、最大的敌人是体现在我们身上的商业主义精神，这种由自私和怯懦结合而生的商业主义精神，造成了群氓崇拜的泛滥。这种精神的泛滥促成了战争的爆发，要制止战争，我们就得首先消除商业主义精神"[35]。这是哪跟哪呀，说商业精神促成战争，真是痴人说梦；但由此可见一斑。洋务运动创办的企业，30 年之后，随着 1895 年甲午战争中大清的失败，也陷于破产或被重组，今日留下的少数几个也只是个名号而已，如招商局集团、开滦煤矿集团等。直至今天，官僚们的骨子里灵魂中对市场和私有资本的看法和压制跟一百多年前的辜鸿铭没有本质差别，比如：要给资本安上红绿灯，课外教培行业是一种传染病，民营企业可以且应该退出历史舞台，等等。

2024 年度的诺贝尔经济学奖获得者 Daron Acemoglu, Simon Johnson 和 James Robinson 指出，榨取型的经济制度、对私有产权蔑视和对法律法治的不敬，是阻碍一个国家的社会发展尤其是经济发展的最大的障碍[36]。

---

33 Cf., Ian Buruma, Inventing Japan, from Empire to Economic Miracle, 1853-1964, London, Weidenfeld § Nicolson, 2003, p.7.
34 参见 Karel Van Wolferen, L'énigme de la puissance japonaise, le peuple et la politique dans une nation sans état, trad., de l'anglais par Danièle Laruelle, Éditions Robert Laffont, Paris, 1990.
35 辜鸿铭著《中国人的精神》，陕西师范大学出版社，2007，转引自吴晓波著，《跌荡一百年，中国企业，1870—1977》，上册，北京，中信出版社，2014, p.013.
36 Cf., journal Le monde, 14 October 2024.

四、过大过强的官僚体制或官僚"资本主义"打击和抑制民营经济的发展

在中国，另外一个独特和早熟的经济现象是其国家"资本主义"及官僚经济。二者的出现与发展与官僚政治的出现是吻合的[37]。

前面我们说过，春秋战国以前，国王们主要依靠与其有血缘关系的王室成员以及军事贵族们进行统治；这种体制被历史学家称为"父权继承制"（"système patriarcal héréditaire"）或具有不同特权的"嫡亲与庶亲贵族家庭的等级制"[38]。从公元前八世纪始，由于周王室的式微，各诸侯国竞争的加剧及惨烈，国王们一方面把大部分土地分给农民耕种以换取税收和兵役，一方面把权力向上集中到自己手中；社会结构和分工也变得日益多元和复杂；为了提升管理效率和增加收入的需要，他们开始大批招募有文化的能人协助其治理国家事务；这个新兴的岗位的从业人员叫做"士"，也就是官僚（员）阶层。正如王亚楠所说，"在专制政治出现的瞬间，就必然会把政治权利把握在官僚手中，也就必然会相伴而赍来官僚政治。官僚政治是专制政治的副产物和补充物"[39]。

这样一来，新兴的官僚取代了之前的王公贵族和国王们的其他盟友。这个新兴的阶层一出生就衣冠亮丽、身价高贵，其实就是一个新的贵族阶层。战国时期（公元前五世纪），他们诱使国王同意或者干脆自己动手编制新的社会等级制度，即"士农工商"的排位和秩序[40]，杠杠地把自己摆在诸阶层之首，唯此为大，再也没有变更过（看看当今遍地中国的官本位思想和现象，"士"俗情况依然枝繁叶茂）。由于他们接近国王或后来的皇帝，这个官僚阶层像古代苏美尔和亚叙王朝的神职人员和古代埃及宫廷的大书记官一样基本掌握了王国或帝国的话语权和处理国家大小事务的权力；就像卡夫卡在《La muraille de Chine》（《长城建造时》）中描述的那样，这个官僚阶层把自己当着国家的"领导层"（"direction", ou "un organe bureaucratique"）[41]，一人之下、万人之上，长期以来，懒惰守成、庸碌无为。但是一旦形成，它便像癌症细胞一样自我膨胀壮大和扩散，而且具有可遗传的性质：官僚之间一代一代传承做官的秘籍、意识形态的精髓和言行方面的方式与规范；官僚们也竭尽全力把肥缺的位置传给自己的子孙。他们形成了一个巨大的、坚不可摧的话术和利益集团，塑造或型塑中国的政治、历史、文化、精神、价值观、经济、社会等方方面面二千年，郁郁葱葱，至今经久不衰。

在宏观经济与商业制度的制定和具体管理中，他们表面上不断地竭尽全力地宣扬和维护国家资本主义（商鞅的富国弱民邪说、桑弘羊的盐铁专营怪论，近来的国进民退说和"民营资本退出历史舞台"的谬论等等），实际上私下里则是维护他们自己的话语权和小集团甚至个人和家族利益，严嵩、赵普、李鸿章、盛宣怀、宋子文、孔祥熙、周永康、赖小民、刘志军们莫不如此。所以他们开诚布公地反对权力下放、经济自由和社会多元化发展。正如法国著名汉学谢和耐一针见血地指出的那样，"为什么这些官僚们如此卖劲地维护帝国的利益，那是因为这样做恰好与他们自己的利益和特权是相吻合的"[42]。

从公元前81年到公元581年，由于西北少数民族的入侵和汉帝国内部的分裂，中国进入了长

---

37 王亚南著《中国官僚政治研究》，北京，商务印书馆，2018年版，p.2.
38 Jacques Gernet, *Le monde chinois*, op. cit, p.29.
39 王亚南著《中国官僚政治研究》，p.10.
40 管仲是历史上第一个提出"士农工商"顺序的人；但是在他那里，这一秩序主要是对工种和分工的强调，还没有达到后世将它们固化为社会等级的程度；参见吴慧著《商业史话》，p.25.
41 参见 Sebastian Veg, *Fictions du pouvoir chinois, littérature, modernisme et démocratie au début du XXᵉ siècle*, Paris, Éditions EHESS, 2009, p.102-103.
42 Jacques Gernet, *La vie quotidienne en Chine à la veille de l'invasion Mongole 1250-1276*, p.65.

达六个世纪的动乱期。东汉开始，由于国家逐步赋予官僚们的诸多特权包括土地领地，加上官员们靠贪污和放高利贷（年化利率一般在 20%，西汉时由于通胀甚至达到 100%及以上[43]）的所得购买了大量的土地，这些竟然成了新的大庄园豪强经济的基础；而在这种新的经济秩序下，豪强地主们官、地勾结，不断地将财富和权力集中到自己手中。东汉的最后几十年里，权力的私有化进一步深入，到了魏晋南北朝分裂时期，豪族成为真正掌握权力的地方领导者。同时人口和经济活动的主要方面也从城市转向到农村。公元四世纪初，出自官僚的豪强们对经济的掌控达到了顶峰[44]。隋朝（公元 581-618）重新统一中国以后，以及后来的唐朝（618-907），皇帝和官僚们又一心希望恢复汉代昔日的辉煌，即中央集权的专制和官僚体系，以及儒家伦理道德、法家的社会秩序学说，和传统的礼仪仪式等。作为实施此目标的主要工具之一，隋朝在中国历史上第一次确立了系统的和强制化规范化的科举制度；这一制度被宋朝推向了高潮。北宋王安石时期，从 1067 到 1080 年，十几年间吃朝廷俸禄的官员的数量增加了 50%，由二万四千人增加到三万四千人；与此同时，国家的行政预算增加了十倍。王安石推出的理由是对官员们要高薪养廉。另外，由于宋朝的北部边界一直受到辽国和金国的骚扰和威胁，宋政府一直把经济模式和税收制度至于紧急战争状态之下；这样也造就一个杂种的经济体系，即官僚经济，或者官僚型的企业家精神，他们在一切为了国家利益的幌子下大发横财。这种怪胎一旦形成，就自我泛化和强化，经久不衰，直到清末、民国和当下（官员自认为无所不能，亦政亦学亦商，十八般武艺样样皆会、行行精通）。宋代的经济官僚们鼓吹国家垄断经营的经济模式，他们无中生有地到处设置专卖权和特许经营权的竞标和发放，从中收取巨额的桌下行贿款项；遇到优良的标的，他们组织虚假的招标流程，或欺上瞒下或串通一气把肥块收入自己或官商朋友的囊中，之后或自己及家族经营、或抬价而沽。宋代的大部分宰相、大臣和大将军们，都是当时中国最富有的人。例如宰相赵普（公元 922-992）及其家属，在全国各大城市都拥有商铺和商号，富可敌国；有人当着皇帝赵匡胤的面试图告发他，结果皇帝说"自己人嘛"，笑笑而已。另一个宰相蔡京（1047-1126），被后世的历史学家称为中国历史上最专横和最腐败的宰相之一[45]。到了明代，开国皇帝朱元璋发誓要根除贪腐、斩尽贪官；结果却是越反越贪、越杀越多。在嘉靖（1507-1567）和万历（1573-1620）时代，皇帝的数任首辅包括赫赫有名的张居正都是中国当时最大的富豪。明朝还有一绝，由于皇帝疏理朝政，宦官们大权在握，他们无恶不作；仅就税收而言，经过他们手征收的税务款，80-90%都进了他们自己的腰包，他们也是当时不折不扣的富豪。清王朝更胜一筹，乾隆（1711-1799）晚年的宠臣，殿阁大学士和军机大臣和珅（1750-1799）属于中国历史上大贪官名单上排名靠前的少数几位；他独自贪污了乾隆最后五年的税收的一半。到清末，洋务运动的官方参与者和主导者之一的盛宣怀（1844-1916）死后清点他遗物时发现其财产居有 1.349 亿两白银之多（当时的庚子赔款的总额为 4.5 亿两白银），是当时中国的首富[46]；国民党时期的宋子文（1894-1971）和孔祥熙（1880-1967）也不例外；宋子文被当时的华尔街日报评价为 20 世纪 40 年代全球最富有的人、截止那时的人类历史上曾经的最富有的 50 人之一[47]，仅他在一家投资公司（"中国建设银公司"）的股份就值 1400 亿元，他及其家族

---

43 参见余鑫炎著《简明中国商业史》，p.65.
44 参见 Richard Von Glahn，《剑桥中国经济史：古代到 19 世纪》，p.129, 142.
45 参见吴慧著《商业史话》，p.118-124.
46 参见金开诚主编《古代商人与商业》，长春，吉林文史出版社，2022, p.112.
47 参见吴晓波著，《跌荡一百年，中国企业，1870 — 1977》，下，中信出版社，北京，p.101.

还控制着其他十几个大型公司；而当时中国正处于抗日战争的中期，通胀肆虐（八年抗战期间，平均零售物价指数上涨了 2600 倍[48]），民不聊生，哀鸿遍野。经济学家杨小凯在他的《百年中国经济史笔记》中写道，抗日战争爆发后的十二年是中国"经济的崩溃时期"[49]；本来就发育不良的中国民族资本在战争中饱受摧残，但是形成鲜明对照的是，国民党的国家资本主义和官僚资本主义的地位却得到了空前的发展；加上战争的影响，中国从二十世纪初出现的资本主义的"黄金时代"开始的自下而上的市场经济和自由竞争的资本主义轰然夭折，强力进入国家资本主义和官僚资本主义的时代[50]，又一次错过了进入真正的、多维度的现代化的良机。从这一点来说，国民党的垮台有其经济和历史的必然性；今后的政党是否应该天天牢记这一教训、如履薄冰呢？

中国传统的官僚经济或官僚资本主义，隐藏在国家垄断或国家资本主义的外衣下，野蛮生长、疯狂发展并壮大，二千年来长盛不衰。著名汉学家李约瑟指出，自秦汉以来，中国形成了一套严密的"专制官僚制度"，它造成的负面效应是显而易见的：新观念很难被官僚和社会接受，新技术开发领域几乎没有高水平的充分竞争从而导致模仿盛行、创新不足；商人阶层从来没有获得过欧洲商人们所获得的那种自由、创新与财富积累的权力和地位；重农抑商政策导致了对商业活动和市场经济的压抑和滞后；这就是著名的"李约瑟难题"[51]。然而，历史经验证明，"经济发展的根本动力是企业家们的执着与创新和技术的进步"及其"颠覆性的创造或革命"[52]。

官僚资本主义也培育了官商勾结和腐败的土壤和温床；它反对并成功地阻止了中国资本主义的早期萌芽和自生的发展的道路；它削平了社会其他各路精英、压制独立思想和自由创新；它反对现代法治国家的酝酿和萌芽，更妄称民主与宪政。它是君权专制的最大帮凶，是市场经济和自由创新的企业家精神的天敌；它有百害而无一利。它迫使真正的企业家向他们寻租、购买他们的庇护[53]，从而人为地扰乱市场价格和经济规律，给国家造成极大损失，最终让全体老百姓集体为他们的贪污和由于他们的决策和渎职失职造成的所有损失埋单。中国特有的裙带资本主义现象、系统性的贪污腐败、庇护型的资本主义怪胎等，无不与之密切相关。时至今日依然，或许更甚更严重，因为目前的经济体量和复杂程度前所未有，加之前所未有的数字高科技的控制技术和手段，党国集权也超过以往任何时期。

以上是笔者通过个人的大量阅读与独立思考归纳和总结出的中国传统经济的四大特点或特色；这并不是说它仅有四大特色，而是作者认为这四大特色最为突出和最具代表性。最重要的是时至今日它们仍然以显而易见或暗流涌动的方式对中国的经济、政治和社会的诸多方面发生着巨大的影响和碾压。而且，如果国家、社会和学界对此不予以最高的重视和采取行之有效、刮骨疗伤式的措施予以矫正和根除，它们将继续给国家的前途和人民的福祉带来极大的风险，并使中央倡导的法治国家建设缺乏基础和明确的目的和目标，使二百年以来数代仁人志士们向往和追求的中国现代化又一次功亏一篑。这也是本文的初衷和落脚点所在。笔者希望该文对于对该问题有兴趣的读者们的思考有所补益；不足之处亦请不吝予以批评指正为盼。

2025 年 10 月 30 日，于巴黎。

---

48 同上，p.032.
49 杨小凯著，《百年中国经济史笔记》，John Ziley & Sons, 2000.
50 Marie-Claire Bergère, *L'Age d'or de la bourgeoisie chinoise, 1911-1927*, Paris, Flammarion, 1986.
51 参见李约瑟著，《李约瑟文录》，杭州，浙江文艺出版社，2004。
52 Joseph Schumpeter, Capitalisme, socialisme et démocratie, préface de Jean-Claude Casanova《Le paradoxe comme antidote》, p.I.
53 参见 Richard Von Glahn,《剑桥中国经济史：古代到 19 世纪》，p.338.

从"东升西降"到"东西俱降"

——新结构经济学视野下的中国经济未来

赵明兰

过去几年来,"中国经济要崩盘"的说法一波接一波:房地产泡沫破裂、地方债高企、青年失业、消费疲弱……几乎所有负面指标都被拉出来讲故事。在这种气氛里,林毅夫的新结构经济学又一次被推到台前。他既是改革以来"中国奇迹"的重要讲述者,也是这一轮唱衰声中的"头号乐观派"。2024 年,他仍在演讲中强调中国在 1978—2023 年间年均增长接近 9%,并判断按照人均 GDP 水平和增长势头,中国最迟到 2025—2026 年就能跨入高收入国家行列。与此同时,他在学术上提出的新结构经济学,也常被政策话语用来为"有为政府"和长期看多中国背书。正因为它既是理论,也是叙事工具,这套框架值得被拆开看清:它解释了什么,遮蔽了什么;它如何在国内被用来证明"制度优势",又如何在对外叙事里被改写成"美国必然衰落"的脚注。

新结构经济学的出场,本身就带着一段发展经济学的历史背景。二战后兴起的"旧结构主义"——以普雷维什为代表——强调发展中国家要通过保护和进口替代打破"中心—边缘"结构,走重工业优先道路,但不少国家最终陷入高通胀、高保护、低效率的困局。随后,"华盛顿共识"占据主导话语:市场导向、贸易自由化、私有化、政府退出,被当成一套几乎放之四海而皆准的"标准答案"。林毅夫的理论可以看作对两者的双重反省:他一方面批评旧结构主义"逆比较优势搞超前工业化"导致长期扭曲;另一方面也批评新自由主义把发展中国家当成制度与市场已成熟的"发达国家复制版",忽视结构转型过程中的外部性与协调失败。

新结构经济学最集中的阐述出现在 2010 年以后,尤其是《New Structural Economics: A Framework for Rethinking Development and Policy》(2012)。这套框架的核心命题并不复杂:经济发展本质上是产业与技术结构持续升级,而升级受制于一国的要素禀赋结构——劳动力、资本、资源、人力资本的相对丰裕程度。每个发展阶段都对应一组"比较优势一致"的产业组合。若一味追求超前的重化工业或尖端技术,就会长期依赖补贴与保护,积累"政策负担"。因此,政府不能简单退出,而应作为"促进型政府",帮助市场克服信息不对称、外部性与协调失败,比如修基础设施、提供长期融资、建设产业园区、分担早期投资风险。后发国家还拥有"后发优势",可以以较低成本引进成熟技术与产业,只要顺着比较优势升级,就能较长时间保持较高增速。

把它压缩成更直白的话,新结构经济学可以概括为三个判断:第一,发展要顺着比较优势走,不要和自身要素禀赋"硬杠"。在这条逻辑里,中国改革开放初期劳动力充裕、资本稀缺,轻工业与劳动密集型制造业正好契合比较优势,所以出口加工区、外资工厂、沿海开放城市的繁荣,不是"廉价劳工的悲剧",而是结构转型的必经阶段。第二,政府要帮助企业"上楼梯",而不是替企业选房间。政府可以通过基础设施、金融改革、产业园区、税收优惠来降低新产业进入成本,但不该长期搀扶那些不具比较优势的产业,否则会积累政策负担。第三,后发国家可以更快走完工业化,因为技术可引进、产业可承接，只要在比较优势基础上"有选择地学习"，就能比早期工业国走得更快。这也构成他对"中等收入陷阱"的回应：陷阱不是命运，而更多是政策选择的结果。

这套叙事确实能把中国过去四十多年的高速增长串成一条逻辑链：农村联产承包、乡镇企业、沿海开放、出口导向、基础设施大投资、产业链升级，都可以被放进"顺着比较优势不断升级"的框架里。问题出在下一段路。今天的中国所面对的，并不只是"产业再升级"的技术性难题，而是一组同时发生、互相牵制的结构性矛盾：房地产高杠杆的后遗症、地方债的重压、人口老龄化带来的长期需求收缩、民营经济预期波动带来的投资谨慎、外部市场安全化与政治化带来的摩擦上升。把这些矛盾仅仅解释为"结构调整阵痛"或"外需下降"，就容易把真正决定中长期走向的因素放在阴影里。从宏观数据看，中国确实没有出现那种金融体系瞬间崩盘式的危机，但压力也不是可以轻描淡写的。2024年以来，房地产投资持续下滑，头部房企违约拖累信心与金融链条；地方政府隐性债务高企，债务置换与"化债方案"成为财政与金融监管的重点；青年失业率一度走高，统计口径调整引发争议；物价长期低迷，接近通缩边缘。国际机构的判断相对克制。IMF在2024年秋季《世界经济展望》中预计中国2024年增长约4.6%，2025年约4.1%。这显然远离10%时代，但对一个体量巨大、接近高收入线的经济体来说，谈"立刻崩溃"也并不符合数据。

林毅夫的态度比很多危机叙事更乐观。2024年3月，他在北大活动的演讲把压力概括为外需疲弱、地产调整、民企预期偏弱，但仍认为只要政策得当，中国未来十多年有望维持5%左右年均增长，并在2025—2026年跨入高收入国家行列。2024年底，他在《China Economic Journal》发表论文《"中国崩溃论"的谬误》，系统批评西方对中国过度悲观，强调潜在增长率仍然可观。问题在于，这种乐观在今天很容易被"政策化"地简化，最后变成一句顺口溜：只要坚持有为政府和产业升级，中国就会继续赢。恰恰是这种简化，让新结构经济学的短板暴露得更清楚。

第一个短板，是它对"制度预期"冲击的低估。比较优势模型把要素禀赋视为相对缓变，但现实里，企业家与中产家庭的预期变化可以非常快，甚至会反过来改变资本流向、投资意愿、消费倾向。只要产权安全感与监管可预期性受到波动，再好的"后发优势"也很难变成企业的长期投入冲动。第二个短板，是它对资产负债表修复的重视不够。房地产在居民资产中占比很高，地产调整不是一个季度的事，而是多年修复过程；人口老龄化带来抚养比上升，拖累储蓄率与财政空间，这些也不是靠"新质生产力"几个项目就能抵消。第三个短板，是它对政府自身激励扭曲讨论不足。理论里的政府是理性促进者，但现实中的地方政府往往处在政绩压力、财政压力和产业竞赛压力的三重夹击下。上一轮周期里，很多地方正是在"发展冲动"与考核压力下，把土地和债务推到极致。理论为"有为政府"提供了正当性，却没有同等力度讨论"有为过度"时如何纠偏。

这也解释了新结构经济学在国内影响的两面性。一方面，它为"发展型国家"提供了新的理论语言，在新自由主义曾占据压倒性话语优势的年代，它提醒人们政府在基础设施、产业升级、科技赶超中的主动作为，并非天然等同于扭曲市场；它也帮助解释了中国长期减贫与工业化的成就。另一方面，在实践中它经常被选择性吸收，用来正当化地方政府的强势介入：大项目、产业园、基建群的推进，都能找到理论背书。结果是基础设施的跨越式发展确实发生了，但地方债务膨胀、房地产过度开发与产业同质化竞争也被放大。理论中的"促进型政府"在现实里很容易滑向"举债冲动型政府"。当这种滑向缺乏权力约束与信息反馈机制时，所谓"有为"就会变成一种用杠杆换增长的惯性动作，短期看起来有效，长期却把资产负债表拖成一团乱麻。

也正是在这里,"东升西降"的争论才真正进入现实。很多人把新结构经济学直接理解为"美国必然衰落"的预言,认为中国的崛起会稀释美国的相对优势。林毅夫确实多次强调,随着后发国家崛起,美国在全球 GDP 中的份额会下降,技术优势与金融霸权会受到挑战,他谈的是"相对优势被稀释"。但把它改写成"美国必然坠落、中国必然接管",就从分析变成了口号。与此同时,IMF 等机构对美国的判断并不支持"马上衰败"的想象:2024—2025 年美国增长在 2%左右,在发达经济体中仍属较强;失业率在低位,通胀在加息后回落;科技创新方面,美国在高端芯片、人工智能、大模型、生命科学等领域仍居前沿。美国当然有结构性问题:去工业化与供应链外迁造成部分地区的产业空心化,基建老化、社会撕裂、教育不平等拖累长期生产率,过度金融化与国际收支失衡也带来"美元特权"的副作用。但这些问题更像"长期磨损",很难支持一种简单的、线性的"西降"叙事。

对中国来说,同样如此。把外部竞争当成主线,很容易忽略内部再平衡才是决定未来的主变量。2025 年前 11 个月货物贸易顺差被测算首次突破 1 万亿美元,很多人第一反应是"贸易战失败"。这话不是没根据:限制和关税折腾多年,中国出口机器没有停下,甚至在非美国市场更用力,顺差仍在扩大。但顺差上升常常意味着"出口强"叠着"进口弱",而进口偏弱更常指向内需偏冷。外部看到的是竞争压力,内部看到的是数据尚可,可这恰恰容易让结构调整被拖延。

这时,更贴近现实的判断不是"东升西降",而是"东西俱降"。它不是一句悲观口号,而是一种结构描述:世界主要经济体都在用各自的方式与各自的失衡相处。美国更像"饥饿型失衡",财政赤字与利息负担长期高企,政治撕裂让政策更易走向情绪化;中国更像"虚胖型失衡",外部现金流看上去强,但内需偏冷、资产负债表修复缓慢、预期不稳,使得经济越来越依赖外需与产能。

欧洲则在低增长压力与产业焦虑中走向更防御的政策取向。全球系统也在从效率驱动转向安全驱动,从互信扩张转向互疑收缩。在这样的环境里,最危险的读法,是把顺差扩张当成国运上升的铁证,把新结构经济学当成"永远正确"的护身符。更稳的读法,是把它们看作压力表:外部市场仍在托住增长,同时也在把中国推向更高的摩擦区;内部改革如果仍旧慢,外部反弹就会替内部付出代价,而且通常更贵、更被动。

未来五年,公开讨论中第十五个五年规划大概率仍会强调现代化产业体系、科技创新、扩大内需、绿色转型、更高水平开放。产业和安全最容易被做成项目,内需最难被做成制度。项目可以验收,制度要长期付账。要真正摆脱当下的结构困局,难处不在"能不能讲新故事",而在"敢不敢结旧账":敢不敢把财政资源从促投资的惯性里挪出来,敢不敢把社会保障与公共服务做厚,敢不敢让民营部门获得更稳定的预期,敢不敢把地方政府从举债冲动拉回到可持续的税收与公共服务逻辑上。只要这些硬问题回避不谈,"有为政府"就容易在现实里继续滑向"过度有为",而这正是高杠杆时代最昂贵的风险。

新结构经济学提醒世界,发展不是纯靠市场自发完成,政府在基础设施与结构升级中确实可能起关键作用,它也纠正了把发展中国家当成"发达国家复制版"的粗糙想象。问题在于,当它被反复与"东升西降"捆绑,变成一种"相信就会胜利"的符号时,理论应有的批判性与开放性就会被削弱。理论的生命力在于不断接受现实检验,而不是被供奉为口号。今天真正需要被认真讨论的,不是"政府有没有为",而是"政府在高杠杆里如何有为而不失控";不是"出口还能多强",而是"内需能不能撑起更平衡的生活";也不是"谁必然赢谁必然输",而是全球系统在互疑与安全化里如何避免一起下沉。只有把这些问题说清楚,"东升西降"与"东西俱降"才不会停留在情绪上,而能回到政治经济学本该面对的硬现实上。

【批判与反思】

告别乌托邦，回归主流的心路历程

文贯中

(美国三一学院荣休教授)

父亲文强于 1907 年 10 月 25 日[1]呱呱落地之时，积弱积贫的满清仍在垂死挣扎；待他于 2001 年 10 月 22 日驾鹤西去时，中国以公认的强国身份，正踌躇满怀地步入 21 世纪。父亲满耳听到的，是国人响彻云霄的豪迈誓言，要与世界全面接轨；满眼看到的，是各国的笑脸，热情拥抱中国，期盼这块古老大地能彻底融入世界。他出狱时目睹的贫困和落后，已被林立的高楼，四通八达的道路，和眼花缭乱的现代国产工业品所代替。父亲深受鼓舞，感慨万千，认为自己赶上了一个百年难逢的好时代。

记得他访美归来时，对中国前途有过高昂的热情，一直试图将他理解的邓小平主义写成书出版，因为他发自内心地觉得，自幼所抱的民富国强的梦想正在频频向他招手，中华民族在世界民族之林中，成为受人尊敬和爱戴的一员指日可待。可是，目睹 1989 年天安门广场的残酷镇压后，写书的热情顿时消退，转而为惊吓和忧愁代替。只是到了世纪之交，眼见中国进入 WTO 几成定局，感动于当局融入世界的坚决态度，老父再次燃起殷殷期盼。他固然深知中国离开宪政民主之路尚远，也因此胸中总有隐隐的不安，但他更多地是带着对中国未来的美好憧憬离开人世的。

父亲离世前的最后一周，我两次往返于太平洋上空。第一次，老弟文定中来急电，告知父亲病危，我飞抵北京时，正赶上父亲回光返照，他对病榻之旁的我作了谆谆嘱咐，令我终生不忘。见他病况趋稳，我匆匆返回美国，毕竟有学生等我上课。不料刚抵家门，老弟追来越洋电话，告以父亲溘然长逝，怕我太过劳累，劝我不必再次返京，一切由他和其他兄弟代劳。想到送他最后一程的机会此生唯有一次，我再次登机，总算赶上为他举办的规模颇大而又庄严肃穆的告别会。几百位各界人士集聚一堂，虽然年龄、阅历、背景、立场各异，却共同表达了对他坎坷而多彩一生的缅怀，和对他爱国爱民情怀的敬意。目睹这一切，我深感欣慰，也深受感动，体悟到何谓公道自在民心。

祖父远行，父亲在三位老太的环绕下成长

父亲祖上是几代同堂的大家族，既保有一些田产，也出过一些官吏，光宗耀祖。到祖父文振之一代，大家族内部已呈衰败之相，但祖父这一脉仍继承了文家的书香门第传统，年轻时留学东瀛，归来后，为了讨伐掀起称帝逆流的袁世凯，他又追随蔡锷，一路去了云南，长期在那里担任法官。他应算是一个反对帝制，思想开明的北洋系官僚。父亲一直以文天祥的后人自傲，淮海战役中，他以默写《正气歌》，激励自己士气。他又给乡里贤达去信，希望他们修缮文天祥的宗祠，勉励后人。在歌舞升平的晚年，他以一气背出《正气歌》为荣。

父亲出生四年后，辛亥革命爆发，本已奄奄

一息的清廷寿终正寝。他的童年和青少年在北洋政府的治下度过。帝制的结束，使这块古老土地焕发新春。虽然新旧势力激烈冲突，社会处于新旧秩序交替之中，但毕竟不再像巨大的墓地一般死寂。这为父亲的成长提供了开阔而多彩的空间。在古今中外的文化、知识和精神的滋润下，父亲无拘无束，茁壮成长，成为一个学业优秀，满脑天下兴亡，舍我其谁的热血青年。

说父亲自幼无拘无束，其实暗藏着美中不足之处。父亲七岁时，祖父独自追随蔡锷，去了云南，无法随时尽到对父亲的约束和引导之职。父子一别十多年，再度见面，已是1926年，正是父亲上大学的年龄。祖父通过书信，宣示父命，指定父亲报考广东大学，并以为父亲作为长子，应会遵命。不料，明明已被广东大学录取，受激进同学的精神夹持，父亲擅自进了同样高分考上的黄埔军校。祖父兴冲冲自昆明赶到广州道贺，才真相大白。他勃然大怒，差点断绝父子关系。情商颇高的父亲搬来程潜老伯为他说情，祖父碍于老友的情面，又见木已成舟，只得认命。作为家长，祖父自认失职，唯有暗暗叹息。

祖父非鼠目寸光之辈，因而能将心比心，体会年轻人救国救民的追求。他自己当年也曾为高远目标而热血沸腾。日俄战争之后不久，他便东渡日本，攻读的，正是当时十分热门的法律专业。宪法和法律当时已入国人的法眼，被奉为立国之本，救国之宝。当时，一向鄙视日本的中国精英，被甲午战争的惨败震醒，发动了戊戌变法。十年之后，即祖父赴日前一年的1905，国人目睹日本再次创造奇迹，一举战胜俄国这样一个横跨欧亚，不可一世的帝国，于是，对宪政的呼唤不再限于精英，而是响彻朝野。宪政的逻辑已经变得路人皆知：与日本相比，中国的洋务运动早于日本，体量也远超日本，为何没有带来强盛？同为亚洲国家，同样的儒家传统，为何弹丸之地的日本能屡战屡胜？中国官督商办的洋务运动炼出了钢铁，造出了机器、枪炮，拥有了世界最大的军舰，却一触即败，遭人鄙视，成为东亚弱国，不就是因为拒绝宪政，坚持专制吗？

反观日本，在推动市场导向的工业化获取初步成功之后，朝野没有沾沾自喜，夸夸其谈，而是乘胜追击，包括天皇在内的日本精英阶层壮士断腕，主动接受君主立宪，自愿限制自己的特权，还权于民。这是何等的睿智！如果说，甲午战争大败，只令少数精英体悟到宪政和法律的重要，因而使戊戌变法归于失败，那么，日本大败俄国后，朝野对宪政已达成共识，迫使慈禧一改顽固立场，开始推动君主立宪。于是，民间再次掀起对现代法律和宪法的兴趣。祖父紧随潮流，去日本专攻法律，希望以法救国。留日期间，祖父有心结交革命党人，高度认同他们推翻帝制，建立共和的努力。他后来追随蔡锷起兵，讨伐复辟的袁世凯，显示他对帝制的深痛恶绝，和对宪政共和的向往。

可惜的是，虽有这样一位好祖父，却远在云南，父亲得不到他的耳提面命，及时引导，乌托邦的杂乱思想便在父亲身上胡乱蔓延，没有早早地遭到质疑和阻断。祖父专研现代法律出身，推翻私产，建立共产社会，不但和近代法律真谛格格不入，与国情也大相径庭。然而，远处云南的祖父，无法与父亲朝夕相处，无从知晓父亲已悄悄误入迷津，因而无从向他宣示保护私产，严格界定公私两域的法律精华，也难以传授自己的人生感悟。否则，以父亲的聪慧，怕会走上不同的人生道路，至少会在祖父的监督之下，完成广东大学的学业。之后，更有可能步祖父的妹妹，即父亲的姑妈后尘，成为学有所成的留法学生。父亲后来在我面前，一直以这位姑妈为荣，投射出其内心的向往和悔恨。

由于祖父远离，留守家中的唯有曾祖母，祖母和外婆三位老太。父亲便在她们的围绕之中成长起来。她们以慈爱为怀，终日烧香念佛，悲天悯人，又对天资聪颖，活泼可爱，善解人意的父亲喜爱有加，百般呵护。受她们的影响，父亲变得心宅仁慈，幽默风趣，气质高贵，风度优雅。然而，家境的相对富裕使父亲难以体会人生的艰苦，人心的险恶，社会的复杂，经济运转的真正诀窍，和维持产权和社会秩序的必要。父亲天真善良，同情弱者，见义勇为，痴迷于天下大同。直至晚年，父亲仍有浓厚的有福共享，有难同当的遗风。他一生重义轻财，视金钱为身外之物。在人生道路上，每逢走投无路，弹尽粮绝之时，父亲会像变戏法一般，拿出母亲给予的金银首饰，兑换成现金与战友分享；或借助吟诗题字，书写对联的急智，为战友们赚取盘缠或食品。他视财富为过眼烟云的性格，终一生而未变。难怪他年轻时会同情激进的乌托邦思想。

蒙受牢狱之灾长达四分之一世纪之后，他两手空空地离开监狱；又两袖清风地离世而去。他在狱中度过的岁月几乎和他出狱后享有的岁月等长。离世前，他因第三次婚姻失败而离婚，若不是创业成功后的老弟向他提供住房，差点无家可归。他漫长的一生几乎未留点滴物质财富于后人，我们却曾因他而蒙受巨大的屈辱和磨难。但是，他身后留下令人遐想的人格魅力，坎坷而多彩的人生经历，沉着应对各种磨难的坚韧意志，上下求索真理的不屈精神，以及对未来的好奇之心。他的这些特点终其一生而不变。我们醒悟到，造成巨大的家庭悲剧和苦楚的，是时代的变迁，而非老人有意为之。作为后人，内心一度对他有过的埋怨，已化为与日俱增的敬佩和不尽的思念。

天赋与时代背景

大概是上苍要父亲见证历史，赋予了他不寻常的长寿，让他在饱经风霜，蒙受磨难的同时，目睹沧海桑田的巨大变迁，积累丰富的人脉和非凡的阅历。父亲一生见证了中国差不多百年历史风云。他之所以有如此曲折的经历，和他的天赋秉性，以及所处的天时，地利，人和三者密不可分。

天赋秉性

父亲留下一些青年和中年时期的照片，显得容貌英俊，鼻梁高耸，双目炯炯有神。在老一辈国人中，他算得上修长而挺拔，兼有文人的儒雅和军人的干练，举止潇洒，动作灵敏，天赋异禀，博闻强记。几十年前所做的诗词，晚年竟还能记起其中的许多。他有很强的是非观和正义感，一度对枯燥、机械的私塾教育十分抵触，起而造反。他在遗作《劫后》中对此有生动描写。有趣的是，尽管他反感旧学，旧学却在他身上留下随处可见的痕迹。他熟记典故，谙于韵律，精于对仗，善用美藻，具有文思敏捷，触景生情，以诗言志的本事，并屡次使他化险为夷，扭转逆境，赢来他人的敬服，或赚来饭钱和盘缠。

旧学的基础，加上对新学的融会贯通，使父亲获得很强的归纳，整理的能力，能游刃有余地用清晰而生动的文字表达复杂的事物。他对实务也有化繁为简，果断处置的本事。因此，无论在黄埔军校，中共四川省委，军统，或民国政府中，父亲屡屡被委以重任，去对付危险而复杂的人事。他在长沙办报，不久便因文笔犀利而耸动视听，不得不躲避迫害，逃离长沙，阴错阳差地来到戴笠手下。不久，他又脱颖而出，被越级提拔。他后来又为程潜和杜聿明重用。一路上都离不开他的文才、口才，更得益于他果断处事的机变能力。直至上世纪九十年代，他仍不改这种特点。

一次，中共国防部举办八一南昌起义的座谈会。来者多为共军的高级将领，父亲是少数几个前国军将领之一。大家兴致勃勃地回忆起义细节，渐渐只剩父亲仍在滔滔不绝。父亲是当事人，自然赋予他的发言以某种权威性，但如果没有惊人的记忆，生动而有条理的叙事能力，共军将领怕也不会将发言权轻易让给他的。这个例子说明，一些身居要职的人为何会对他器重，为何同事们愿意与他合作。每到一处，虽然他的能力使他脱颖而出，其实也靠任劳任怨，不辞险恶，胆大心细，团结同事。这些性格特点使他深谙与敌、与友周旋之道，不但深获上级信赖，而且获得大部分同事的鼎力相助，因而被认为适合处理棘手任务。

他又屡屡福星高照，逢凶化吉，有惊无险。他因成功策反百万伪军，以卓著的抗日功勋，于1946年晋升中将。此时他还不到四十岁。他的前半生可说没有虚度。

天 时

明清以来，虽然地大物博的中国在东亚带头奉行锁国政策，却挡不住全球化的步伐。通过南洋一带，九州大地开始受到来自异域的潜移默化。鸦片战争及之后的各种中外纷争，更使异域吹来的和风细雨变为席卷一切的暴风骤雨。海外传来一波又一波的奇思异想，和触犯祖宗天条的各种怪异行为、举止、乃至制度创新，在沉闷而单调的中国社会中卷起阵阵骚动。社稷精英凭着自己的理解和想象，挥舞着生涩的外来观念的大旗，模仿着外来的衣着举止，以为招徕和号召，做着各种社会实验，让中国民众遍尝祸、福、悲、喜。

戊戌变法失败了，但宪政的思想已广为传播，乃至到了 1906 年以后，清廷也出面推动君主立宪。虽然因变革来得太晚，太有局限，遭民众拒绝，但是，民众反对的不是宪政本身，而是失去民众信任的清廷。崇尚宪政共和的汹汹民意，无论是孙中山还是袁世凯，都无法阻挡，只能以此为号召。一度企图复辟帝制的袁世凯，立即引起群情激愤的反对和讨伐，并迅速失败。民间对宪政能够救国富民的高度共识，使孙中山以及蒋介石以革命手段推翻北洋政权后，也必须坚持军政，训政，宪政的三阶段设想，将宪政作为最高目标，为民主转型预留了宪法空间。可以说，三民主义为中国保留了最为重要的宪政民主的基因。

客观地讲，从戊戌变法起的二十多年中，中国民众能将关注焦点集中在宪政，确实是中国近代史上十分难得的高光时刻。中国实行了两千多年的秦制，唯独此时，出现了百年未遇的宪政机会。袁世凯的称帝闹剧特别令人扼腕痛惜。祸不单行的是，中国又遇到无法回避的两大事件。其一，是巴黎和会上出现赤裸裸的不公。列强绕过中国，将战败的德国在山东的权益转交日本。中国身为战胜国，无法忍受这种奇耻大辱。民族主义的干柴被巴黎和约的不公点燃，汇成一场席卷全国的五四运动。这正是父亲进入中学，逐步形成世界观的关键时刻。和多少青年一样，他被这场运动的气势和诉求所震撼，变得坐立不安，热血沸腾，开始向往许诺平等和公正的乌托邦思想。

其二，凡尔赛善后会议之前，俄国爆发十月革命。阴谋家列宁抓紧时机，对东方大国发起魅力攻势，发表一系列宣言，表示要善待中国，甚至愿意归还所占的中国领土。在这些欺骗性的宣言反衬下，凡尔赛合约更显得蝇营狗苟，其对中国的歧视，已到了不顾国际条约起码的庄严和公正的外表。国人视线的焦点于是发生重大转移。由对宪政一度产生的热切期望转到了对民族主义的热烈拥抱。一部分激进的，被俄国卢布收买的知识精英，更利用人们对自由资本主义的怀疑，积极推销共产主义的各种花言巧语。

当时以英法为主导的世界秩序因为允许殖民主义，露出弱肉强食的巨大道义裂缝。愤愤不平的国人对自由资本主义发生疑问，转而拥抱民族主义，是必然的，也是可以理解的。其实，民族主义和自由资本主义并不矛盾。二次大战后，美国在支持自由资本主义的同时，反对殖民主义，奠基了二战后的和平和繁荣，便是明证。可是，中国左翼知识分子的幼稚和好高骛远在于不经严肃的检讨和审视，在民族主义之外，又一厢情愿地从结交苏维埃的俄国，到全盘接受其鼓吹的共产主义，令人扼腕。苏维埃政权在地平线上突然冒出，继承了俄罗斯帝国的庞大领土，却摇身一变，自称将废除沙俄对中国的一切不平等条约，这是何等石破天惊的事。

今天的人们固然知道，这些许诺不过是一场旷世骗局，当时却迷倒无数国人。这个新政权在作出友华姿态后，其自称奉行的马列主义便变得十分诱人。这种自称的'科学真理'许诺把天堂搬到人间，表面上不但立即将苏维埃政权同其他列强区别开来，也使中国有了不同于当年日本的选择空间！对明治维新时期的日本来说，选择是相对简单的，不过在英、法、德、美几国的政体中选择一种而已。然而在父亲的青少年时代，中国面临的选择却变得复杂起来。目睹新俄国对华礼让，无数国人便飘飘然起来，觉得在俄人眼中自己还是上国，自然对俄国的好感与日俱增。如果以俄为师，能一步登天，将天堂移到人间，一举超越歧视自己的欧、美、日，岂不痛快？正处于青春期的父亲，内心的骚动和激进的理想主义一拍即合，义无反顾地追求起乌托邦梦想。父亲的这种好高骛远，一步登天的幼稚心态，正是当时许多精英的心态。

地 利

先祖世代居住于江西的吉安，当时称卢陵郡，是信国公文天祥的故乡。元末明初，为了躲避战乱，祖上又从卢陵郡之富田村西迁入湘，定居于长沙的望城县金良乡。这个乡位于今日长沙市区的西北角，当时还是一片田野。从偏于一隅的江西迁到长沙周围，对日后父亲的成长，意义一言难尽。从地图看，湘江流到湘中一带，由南向北穿行长沙老市区后，拐向西北，正好流经父亲的家乡。据他回忆，老家大门的对联为"富田世业，信国家声"，门楣上则有"枫树流丹"四个大字。老屋西边是云遮雾罩的乌峰山，高耸入云，东边则地势平坦，承接着浩浩荡荡的湘江。家乡依山傍水，美丽富饶。祖父文振之在一幅对联中深情地咏道："西来云气朝衡岳，北走江声下洞庭"，生动勾画了当年家乡山之雄，水之美的图景。

鸦片战争之前，欧风东渐的主要入口并非上海，而是澳门和广州。两者均直通南洋。然而，峻险的南岭蜿蜒于南方诸省，成南北的天然阻隔。巧的是，偏偏在湖南与广东交界处有个韶关，为南来北往提供天然便利。长沙位于这条天然的南北通衢之上。无论是来自朝廷的最新动静，还是来自欧洲的奇谈怪论，都会经由长沙而南下或北上。所以，长沙相较于邻近省份，例如江西，广西，贵州，四川，无论是政治动态，思想理念，还是商界消息，都要灵通和开放得多。在内地诸省中，多亏韶关的存在，无形中，长沙一带在近代竟成为得风气之先的去处。

人 和

长沙一带山水俊美，土地富饶，地杰人灵。离父亲故居四十里之内便出了民国开国元勋黄兴，平民教育家和革命家徐特立，激进怪杰文经纬，和著名保皇党人李石泉。祖父本人就是一个饱读经典，又留学日本的海归。祖母知书识礼，善良而有爱心。后起的毛泽东，刘少奇，彭德怀等出生于长沙四周的郊县。他们的求学和革命活动集中于长沙一带。如果再往上追溯，则以曾国藩和左宗棠为代表的湘官一度在朝廷中举足轻重，拥有巨大权势。他们作为湘军的创立者和统帅，不但帮助岌岌可危的清朝平定了太平天国的叛乱，而且积极推动洋务运动，被尊为中国近代化的开拓者，使清廷获得一段意外的中兴。曾国藩和左宗棠等朝廷命官在政、军、商三界的广泛人脉，为湖南提携了大批三湘子弟。这些子弟们长袖善舞，又为长沙地区带来财富的积累，人才的育成，与各地商业纽带的汇成，以及现代意识和知识的传布，奠基了长沙地区近代来教育昌明，人才辈出的局面。

虽说当时的长沙乡下私塾仍广泛存在，但新式学堂已相当普及。父亲奉命读了几年私塾后，无法忍受那里的死水一潭，起而抵制。当他终于获准改上新式学堂时，那里早已是新党的天下。所以，父亲从小耳濡目染的虽是旧学的熏陶，却及时获得欧风美雨的浸润。在新式学堂中，学生已有足够的自由，实行自治。师生并不回避敏感问题，反而模仿希腊古风，以公开辩论的方式，借助双方的理性讨论，寻找满意的答案。学生们又获准自由写作剧本，利用学校舞台，上演各种文明戏，冲击传统陋习和陈腐观念。

一战爆发后，学生们闻风而动，纷纷跟进，玩起协约国和同盟国的对垒游戏。可见，长沙虽然偏于内地一隅，其实与世界局势息息相通。父亲和同学甚至以反迷信为名，砸了乡里的庙宇，引起乡民的愤怒，差点闯下大祸。综上所述，父亲成绩出众，才华超群，却因缺乏严父管束，有时太过自由放任，呈现顽童的一面，对各色思潮更缺乏鉴别能力。通过新式学堂老师们的启蒙，父亲结识许多胸怀大志，以救国救民为己任的志士仁人，对他后来选择的人生道路产生巨大的潜移默化。标志之一，是他秘密加入了共产主义青年团。上述一切，父亲在《劫后》一书中有详尽的描述，读来童趣漾然，对民国时期丰富多彩的生活画面一览无余。

父亲从少年时代起，目睹国家贫弱落后，帝国主义势力君临一切，深感羞辱，萌生救国救民的愿望。进入青年时代，父亲正赶上一战结束，殖民主义的旧秩序仍在苟延残喘。巴黎和约的不公激起国人普遍愤慨。在民族主义的旗子下，汹涌澎湃的大革命应运而生。除北京和上海外，武汉和长沙也成为各色思潮的传播中心。处于青春期的父亲内心骚动不已。机遇巧合，父亲接触到长沙地区的许多革命志士和风云人物，被他们描绘的乌托邦的华丽前景吸引。入世未深的父亲开始醉心于探索社会主义，思想日益左倾。具有独特人格魅力的孙中山在广州逐渐成势。他以三民主义为号召，抨击北洋政权对列强的软弱和妥协，日益获得民众的拥戴。父亲出于爱国情怀，对孙中山也怀着深深的仰慕。

乌托邦思想点燃了父亲的青春激情

父亲受到祖父母的启迪和大好河山的陶冶，自幼怀上强烈的爱国情操，最爱的是那些讴歌祖国大好河山，充满家国情怀的诗歌，特别是先祖文天祥的大量诗词。及至青少年时代，目睹祖国的积贫积弱，他每每扼腕长叹，怒火中烧。在民族精英荟集的黄埔军校，父亲不但很快由共青团员升级为共产党员，还同时加入了国民党。当时孙中山鼓励国共双方跨党流动，两党一度分党不分家。父亲的跨党身份颇受两党欢迎，这从他的入党介绍人分别为周恩来和邵力子[1]可看出。两人均是黄埔军校赫赫有名的人物。父亲在黄埔军校结识的众多精英中，有一位来自四川的廖宗泽同学，与他结成莫逆之交。廖宗泽英俊有为，年长父亲五岁，也曾是共产党员，与父亲同属黄埔四期。与他相识之后，每当走投无路之时，父亲总能奇迹般地得到他的鼎力相助。

1926年春季，发生了震惊中外的中山舰事件。早在1923年，蒋介石对苏俄有过三个月的细密考察，目睹苏俄制度违反人性，私下得出结论，认为苏俄所尊奉的政治理论和制度不合中国国情，而对共产党的真实意图有了警惕。他以中山舰事变为由，发动了第一次清党，以杜绝跨党带来的漏洞和弊端，防止国民党本身的建党原则变得面目不清。当时父亲不满二十岁，血气方刚，毅然退出国民党，保留共产党党籍，以便与他所同情的工农大众同甘苦，共进退。1926年父亲从黄埔提前毕业，奔赴北伐战场。同年，北伐军攻下武汉，父亲随军进入。欣喜之余，他与战友们同去位于黄鹤楼旧址不远的古渡头饮茶，留下《黄鹤楼品茗》一首，抒发了当时的复杂心情：

黄鹤楼前古渡头，大江东去水悠悠。兴师北伐临江汉，立马中原鼎革秋。

豪气纵横茶当酒，隐忧旦夕抚吴钩。少年同学多新识，耿耿胸怀古国愁。

诗写于九十多年前，今日读来，豪情和忧愁仍跃然纸上。前半首意气风发，洋溢着北伐的节节胜利带来的喜悦；后半首面对国事多蹇，愁云重重，内心涌上无尽的担忧。1927春季，离古渡头茗茶不到一年，国共正式分裂，父亲的担忧成为事实。作为一个热血沸腾的理想主义者，20岁的他义无反顾地参加了南昌起义。起义失败后，又紧随朱德，转战到了海陆丰。原以为苏联会很快向汕头派遣大军舰，运来急需的武器和资金。

不料军援久等不到，弹尽粮绝，部队渐渐溃不成军，甚至准备拉竿子，入草为寇。朱德下令解散部队，自寻出路，各自为政，自己却去了井冈山。父亲没有同去，是个好事。以他的阶级出身和刚烈的性格，和毛泽东的观点常常相左，怕会落得AB团的下场，比他后来在四川的遭遇更加血腥。

父亲通过海上偷渡，从海陆丰辗转流亡到香港，靠当苦力赚钱，回到老家。此时，他对共产主义的热情仍未衰减，决定再度入川。北伐期间，他入川七个月，结识大批志同道合的热血青年，加上那里还有他初恋的梦中情人。后者可能是他入川的重要原因。潜入四川后，父亲找到廖宗泽等战友。在他们的作证下，恢复了党籍。这是父亲从廖宗泽处获得的第一次鼎力相助。父亲凭黄埔军校的辉煌学历，八一南昌起义的光荣履历，很快获得同志们的推崇和信任，脱颖而出，成为中共在川东的主要军事领导人之一。他在巴山蜀水的大小城市，乡镇，特别是在四川、湖北和陕西交界的深山老林中，到处留下他的足迹。他领导着一个有23个县的川东革命根据地，面积比毛泽东建立的12个县的江西苏区大得多。可是，那段时期，中共实行极左路线，不断冒险暴动，作各种无谓牺牲，却一事无成。但是，莫斯科居高临下，掌握着中共的活动经费。中共将来自莫斯科的命令视为圣旨。

父亲在《劫后》中，以亲切的文笔，对这段时期内他本人和第一任妻子从事的地下活动做了生动的描写。像中国共产党内的许多早期党员一样，他和妻子真以为马克思主义是一种科学理论，能使人民幸福，国家强大。他们对马克思主义做了一厢情愿的解读，觉得与他俩的爱国主义情怀一拍即合，而忽视了这种学说的虚无缥缈，更尚未有机会亲眼目睹鼓吹阶级仇恨和暴力革命的恶果。这样的学说一定会因违反人性而带来血流成河的可怕后果。父亲这样的清纯学子，自幼被众人捧为出类拔萃，智慧过人，眼光敏锐，视野广阔的精英。别人可以因智慧不够，被世界纷繁的各种学说所困惑，不知所措，他们自以为目光如炬，智力超群，是人中豪杰。

他们为迅速找到了最美好，最有效的救国之道而激动不已，想以苏联为榜样，迅速在中国建成一个比欧、美、日还要繁荣、强大和幸福的国家，由一个积弱积贫，遭人欺压和鄙视的二流国家，一跃而执今后世界的牛耳，引领各国走向一个美好的新世界。想到中国乃至世界的受苦受难的民众，会因自己的努力和牺牲，从此过上比欧、美、日的民众还要幸福的日子，哪怕必须暂时忍辱负重，抛弃享乐，又有何可惜？他们甚至感到自己何等幸运，赶上了一个伟大的时代。如此一来，他们对自己的选择越发执迷不悟。尽管这条路线不断迎来挫折，牺牲，和失败，为了生存，他们甚至被迫下沉到与城市地痞、流氓，乃至深山老林中的土匪同流合污，他们却自以为正在接受革命考验，不断告诫自己，要勇往直前，要坚持到底，要东山再起。

国共分道扬镳后，打着马克思旗号的中共竟很快走向一条边缘化、底层化、农村化和痞匪化的路线，是马克思决计想象不到的。按照他的理论，共产主义革命应该首先在资本主义高度发达的文明世界中发生。由于大生产方式的普遍，导致无产阶级高度社会化，组织化和知识化。他们拥有高度的阶级觉悟，无法继续忍受私有制下的生产关系，起而反抗。于是，无产阶级革命瓜熟蒂落，水到渠成。可是，这样的革命竟然发生在生产力相对落后的俄国，而非西欧，已经偏离了马克思的原来设想，应该敲响对马克思理论有效性的警钟。可是，这场革命至少是在圣彼得堡这样的俄罗斯最先进，最西方化，最工业化的大城市中首先获得成功，野心家和阴谋家们还是可以勉强用俄国革命的成功来附会马克思的理论推导，以便继续欺骗入世未深的年轻理想主义者，驱使他们追随自己，去颠覆中央政府，实现夺权野心。

但是，将马克思理论用到中国，那就更加荒唐了。马克思本人对中国的社会性质和演进历史有过研究,并提出了著名的亚细亚生产方式的观点[1]。在他眼中,极端的专制使中国成为一个落后、僵化,只有循环,没有进步的国家。难怪,打着他的名义兴起的共产主义运动,不但很快无法在中国的一些最大的城市中坚持下去,而且即使在农村,也只能躲进穷乡僻壤,迅速地痞子化和土匪化。中国的实践比俄国革命更加偏离了马克思自己的预言。其实,一开始,斯大林本人对毛泽东及其队伍的本质也产生过严重的怀疑。尽管他自己的城市暴动策略在中国屡屡失败,他还是觉得,脱离大城市的无产阶级支持,改走农村包围城市的道路,不惜代价地夺取政权,即使成功,也不合马克思主义的原理。据此,他认为毛泽东的队伍不过是另一次农民起义而已。在中国漫长的历史上,有过无数次这种乌合之众的起义。斯大林心里明白,中国连发展资本主义的条件都尚未具备,何来条件推翻这种生产方式?

1927年到1937年的十年黄金繁荣时期证明,凡在中国有条件发展资本主义的地方,例如苏浙沪地区,广大民众,包括广大工人们,已经在热情欢迎这种新的生产方式的扩张。无论是城市贫民,还是从四周农村涌入的大批移民,很快在城市地区找到了安家乐业的机会。蒋介石及时倡导新生活运动,推动民众学习中产阶级的生活方式,同样获得民众的热烈响应。结果,以工人阶级大救星自居的中共,很快失去工人阶级的拥戴。即使在上海这样拥有最庞大工人阶级队伍的现代化都市,中共中央也无法存活,只能悄悄移向生产力落后的江西中央苏区,回到传统的打家劫舍,入草为寇的道路,才勉强生存了几年。

不过,斯大林毕竟老谋深算,不会放过机会,阻扰中国沿着资本主义路线前进,以防中国成为现代化强国。他最不希望的,就是在漫长的俄中边界上,出现一个与自己国家的社会制度格格不入的强大敌手。所以,只要毛泽东挂出共产主义招牌,只要对自己俯首帖耳,斯大林岂能轻易放弃利用这支造反队伍?当时中共的经费捉襟见肘,来自莫斯科的点滴经费,对中国共产党的生存都有举足轻重的意义。这是中共对莫斯科卑躬屈膝,言听计从的经济原因。这种局面要在西安事变后,蒋介石被迫同意国共联手,共产党的政、军力量获得合法化,纳入国民政府,定期获得中央财政的拨款和军饷,才有所改观。

回到父亲当时所处的上世纪三十年代。当时,国共彻底分裂,各地共产党人成惊弓之鸟。莫斯科指示中共,今后应主要依靠工人阶级。这段时期中共对苏共言听计从。因此,工人出身的向忠发,和顾顺章[1]分别担任了中共的总书记和中央特别行动科(中共的特务组织)的负责人。不料他们被俘后,叛变的比谁都快,说明莫斯科关于注重阶级出身的指令是无稽之谈。左倾冒险主义路线来自莫斯科,使父亲及其战友们面临的形势越来越险恶。1931年,父亲自己也遭到逮捕。经组织营救,父亲逃出监狱,潜回秘密据点,却发现同志们对他死里逃生没有半点庆贺。昔日战友已成怒目而视的路人。川东特委书记罗世文坚持认为,父亲一定泄露了党的秘密,才能平安归来。据此,他认为父亲实际上已经变节,坚持要对他施以留党察看的处罚。作为领导,罗世文竟然不知道父亲脱险是获得党组织某些人的营救,可见当时党内指挥系统之混乱。另一种可能是,父亲和罗世文之间有个人恩怨?这只能留待党史专家去考证了。

父亲个性刚烈,又以文天祥后人自居,对个人名节一向看得比天还高。他断然拒绝罗世文的指责,更不接受处分。但是,父亲出身于官僚地主阶级,在当时的背景下,仅凭这一点,他已自动成为党内异类。何况,他又是一个来历不明,在本地举目无亲的外省人,为何被捕后,反而迅速重获自由?罗世文对父亲的指责引起本地党员的共鸣,陷父亲于百口莫辩之境。幸好,毕业于燕京大学的川东特委的妇女委员周敦琬(父亲的第一任妻子)出于同情,向他透露,党组织即将对他采取果断行动。所谓果断行动,一般指杀人灭口,以防后患。当时革命队伍普遍采用此法,例如井冈山地区对所谓 AB 团的屠杀。又如,发生在离我上海故居仅咫尺之遥的顾顺章灭门案。为了保全性命,他与这位女中豪杰匆匆离开四川,潜回长沙,后又去上海,想分别请周恩来和杨尚昆作为入党介绍人,还各自的清白。但是,在上海四处拜访共产党的秘密据点,均不得要领,只得作罢,从此双双脱离了共产党。他们出走后,更被党组织内部通报,定性为叛徒。此后,父亲一直被这段历史纠缠不休,直到进了功德林和秦城,脱党算不算叛徒的悬案仍揪住他不放。不过,在四分之一世纪的监禁期间,公安部做了反复的里查外调,既未发现他有自首或悔过声明,更无出卖同志的罪证。可谓事出有因,查无实据。

革命,还是救国?国共之间的艰难选择

祖父见父亲携妻归来,父子得以团圆,内心有说不出的高兴,但心里明白,父亲没有找到救国真谛。辛亥革命后的中国现状使祖父渐生失望。父亲一事无成地归来,更佐证了他的判断,便要父亲在家乡谋生,不要再外出闯荡。父亲对党内的自相残杀记忆犹新,也在重新思考中国究竟应走什么道路,便在家乡的学校执教,安定了一段时期。上世纪三十年代起,日本加紧蚕食中国,连续发生九一八事件,一二八事件,伪满洲国成立等。父亲对此忧心如焚,爱国热血再次沸腾。他终究不甘于在书斋中虚度年华,便化名文浮生,成立《湖南少年通讯社》,向长沙各报发稿,又兼任一些小报的主笔或编辑,慷慨激昂地宣扬抗日爱国。由于笔锋犀利,文采飞扬,一时风生水起,万众瞩目,获得各界好评,但也逐渐得罪长沙当局。

1934 年秋,父亲在长沙街头偶遇廖宗泽。廖脱离四川共产党组织早于父亲,不知父亲也与四川党组织决裂,因而廖只说自己是"南京军事杂志社"记者,将父亲引为同行。一月后,廖宗泽如约再次来到长沙,但一开始双方玩"捉迷藏"游戏,直到各自说出已经脱党,才有坦诚的交谈。

"南京军事杂志社"挂靠在以蒋介石为社长的中华民族复兴社(简称复兴社)上,以复兴中华为号召,这正是父亲此时的最大诉求。廖将父亲介绍给了湖南复兴社头头何浩若和黄埔同学蒋肇周。他们又邀父亲参加长沙的黄埔同学会和中华民族文化复兴社,并希望父亲组织一批记者加入。由于复兴社以复兴中华为宗旨,与父亲的爱国诉求并无根本冲突。所以,加入复兴社后,父亲仍将矛头屡屡指向以何健[1]为首的长沙当局,指责他们媚日,不抵抗,引起不断的风波。长沙当局指使黑社会对报社总部施以打砸抢,乃至发出生命威胁。

父亲在长沙既走投无路,又认同复兴中华的使命,这些情况自然瞒不过与父亲恢复往来的廖宗泽。他向父亲发来电报,力邀父亲去杭州警官学校任职,为正在四处藏匿的父亲提供了一条体面的退路。该校全名为浙江中央警官学校[1],戴笠从当时的首都南京遥控。这是父亲第二次得到廖宗泽[1]的鼎力相助。父亲将廖宗泽的聘任电报作为好消息告诉祖父,使祖父深感欣慰。祖父是法官出身,对公检法系统自然颇感亲切。况且,警校位于杭州这样的富庶而发达之处。他一直为父亲忧心忡忡。他知道湖南乡间的学校局面太小,安放不下父亲的鸿鹄之志。获得祖父的赞许和祝福后,1935 年年底,1936 年年初,父亲赴杭州就任,从此远离山沟沟里的草莽造反路线,接受苏浙沪地区的文化,经济,和政治氛围的潜移默化。

抵校不久,戴笠约谈。父亲在黄埔的学历比戴笠早了两届,算起来应是戴笠的学长。但是,父亲的年龄却比戴笠小了差不多十岁。所以,论阅历和对人生的领悟,父亲自然和戴笠无法相比。戴笠从廖宗泽口中早已知道父亲的人生轨迹,便要父亲恢复对校长的信仰。戴笠所举的理由是,国难当前,惟有实行"一个领袖,一个政党,一个主义",才能避免中国的分裂和亡国。这个口号来自希特勒崛起初期的德国,其本质显然是反民主的。难怪奉行自由主义路线的宪政民主国家如法国、英国和美国等,一开始就拒不接受。戴笠约谈

父亲的时间为1936年的年初,德国尚未对外发动战争,法西斯主义本质尚未充分暴露,因而这个理论一度风靡中国,并成了复兴社的宗旨。当时,自由世界正陷于经济大萧条之中,德国和苏联的经济却一枝独秀,国势日益强盛。中国处于政党林立,主义纷繁,四分五裂,争论不休之中。面对日本的不断蚕食,不少国人认为,这个理论也许是一剂击中时弊的良药。上面提到,父亲在长沙时,已在廖宗泽的引荐下加入复兴社,对这套说辞并不陌生。戴笠抬出这套理论,父亲不会直接质疑其逻辑。不过,目睹日本的蚕食,却不见政府的抵抗,此时的父亲不会心诚口服地接受蒋介石就是那唯一的领袖。

这次约谈中,戴笠委婉批评他当年误入共产主义歧途,引起父亲的火爆反应。细读父亲的反驳,他所用的逻辑是,此一时,彼一时,不能用今天之非,否定当时之是。戴笠很难驳倒这一逻辑。欢迎国共两党的党员持有双重党籍,并跨党活动,曾为孙中山提倡。因为这项政策,毛泽东还担任过国民党的中央委员。蒋介石统一中国后,及时提出不再追究黄埔学生的过往历史,只求他们尽早回归主流,也就是回到他的麾下。对蒋介石的这一政策,廖宗泽以自己为例,在长沙与父亲所作的深谈中作过详细解释。父亲领教过共产党极'左'路线和党内斗争之残酷,在川鄂陕三省的深山老林里走了一圈,除了献出宝贵的青春,一事无成。年齿渐长的父亲,对光靠理想主义是否真能救国救民,产生疑问,有所反思。对他来说,爱国才是他自幼养成的本色,共产主义不过是他实现爱国的手段。事实上,脱离共产党后,爱国主义已重新成为他的精神支点和生活依托。

一开始,父亲仅仅将警校视为暂时栖身之地。但不久,父亲回心转意,原因是他的抗日志向竟获戴笠的鼎力支持。原来,他到警校后,不改抗日初衷,很快成立日本问题研究学会,拉了许多志同道合的警校同事加入。当时,蒋介石并不允许政府机构公开讨论抗日,担心这类言论于事无补,却会促使日本武装入侵中国。他之所以坚持"攘外必先安内",是因为日本一直以蒋介石政府无力平定中共叛乱,恢复国内秩序,伤害日本在华利益为借口,以帮助中国维持秩序为幌子,入侵中国,干涉内政。为了杜绝日本的借口,蒋介石必须先实现安内。然而,共产党尽管仅有微弱的武装力量,却高调提倡抗日,争夺爱国大旗,使蒋介石在民间舆论中陷于被动。在许多国人的眼中,兄弟间的内斗如何能和外敌入侵相提并论。蒋介石的苦衷在于,既不能公开宣示抗日的真实意图,怕激起日本加速入侵,又被激进民众日益误解,以为他在卖国,却无以自辩。父亲在长沙办报,频频抨击当局抗日不力,获得民众强烈反响,便是很好的一例。

父亲在警校成立日本问题研究学会的举动,立即引起校方不安,差点将有前科的父亲视作中共的渗透。戴笠接到校方密报后,反而对父亲的抗日志向勉励有加,要他深入研究日本问题,力争成为黄埔系统中的日本问题专家。戴笠进而又将最高当局的抗日意图作为机密向父亲交底,使他猛然醒悟,以前是错怪校长了。以父亲对日本的深入研究,内心其实也同意蒋介石的判断,即日本的综合国力远在中国之上。中国的取胜之道,只能先保持低调,秘密备战,以免打草惊蛇,反使中国陷于被动。戴笠又表示,有机会时,会以黄埔学生中的日本问题专家的头衔,推荐父亲进入国防机关。果真不久,国防部委任他担任位于首都南京的参谋本部的上校参谋。后来,父亲不仅在警校的日本问题研究学会中扮演核心角色,在整个抗日战争期间,他的抗日长才也得到发挥。他在上海,山西,河南和陕西各地所担任的各项工作,不但惊险,而且皆与对日作战密不可分。可见戴笠言而有信,知人善任,没有浪费父亲对日本问题多年潜心研究的苦心和他的抗日决心。

他的妻子周敦琬一向心仪杭州。见到父亲在杭州的工作稳定后,她主动提出,愿意从长沙过来,与他团圆。周敦琬有外语长才,在清华大学时期专攻英语。她十分认同日本研究对救国救民的重要意义。与父亲团圆后,分秒必争,速学日语。不久,她已能阅读和翻译日语,为父亲收集、翻译了大量的日文资料。虽然周敦琬的思想比父亲还要左倾,但此时两人对抗日的共同认识使他们有了更多的共同语言,因而杭州的这段生活甜蜜而充实。他们都接受救国重于革命的信念,昔日的激进思想渐成往昔的记忆。两人每天忙忙碌碌,为迟早要来的中日决战日夜准备。父亲重新回到国民党主流一边,也不是全无障碍,毕竟他担任过中共四川省委的一些要职,此时仍是通缉对象。祖父好友程潜,以及张治中两位将军鼎力相助,同意为他作保,解除了父亲的通缉犯身份,恢复了国民党的党籍。随着和父亲接触的增加,戴笠越发欣赏父亲的能力,特别是他对日本的了解。

回归主流的心路历程

父亲遭受党内同志的迫害,含冤出走,被迫离开贫穷,落后,闭塞的川、鄂、陕三省边界的深山老林,对他的打击固然很大。其实,这不但捡回了年轻的生命,而且使他最终走上一条截然不同的人生道路。最关键的是,他来到了苏浙沪地区生活和工作。用父亲自己的话,他在"腊鼓催春声中"[1]来到杭州。推算下来,这应是1936年的阳历年之后。不到一年(1936年11月初),父亲被调入南京参谋本部,不久,西安事变发生,他正在南京办训练班。1937年八一三事件爆发,他奉命去了更为现代化的上海,主要任务是从事对日本的地下工作。父亲的生活形态发生巨大变化。为了以富商形象掩护自己的谍工身份,他养成了西装革履,头戴礼帽,以车代步的生活习惯。想当初,他偷偷考进黄埔军校,第一次面见祖父时,引起祖父勃然大怒的一个原因,是他的衣着打扮。祖父特地从昆明赶到广州,原以为会见到一个穿着大学校服,清纯而时尚的翩翩学子。不料父亲竟绑着腿带,一身黄布军装,以一个丘八的形象出现。祖父不禁怒从中来,差点和他断绝父子关系。祖父作为留日归来的绅士,多年担任法官,自然是个衣冠楚楚的绅士,觉得儿子这身打扮败坏家风,斯文扫地,令他脸上无光。

其实,在广州面见祖父这一刻的戎装形象,还是父亲最春风得意的高光时刻。随着国共分裂,大革命归于沉寂,他被迫游走江湖,变得行迹飘泊,似侠似匪,东躲西藏,有时甚至衣衫褴褛,不修边幅,像苦力一般,依靠出卖体力,才得勉强糊口。如果正好逃进深山老林,入草为寇,则会数月不理头发,不刮胡子,不洗澡,浑身虱子,连片疥癣,令人避之犹恐不及。为了打入土匪窝,父亲甚至甘愿被哨兵五花大绑,押入匪巢,接受土匪头子的刁钻盘问,稍有不慎,便会被当场击毙。为了乌托邦理想,父亲可谓过着九死一生的日子。父亲离现代文明的康庄大道越来越远,路越走越窄,斗争越来越血腥,生命越来越无常,前途越来越渺茫。在《劫后》中,父亲对这段革命生涯有生动描写。

来到苏浙沪地区是他一生最重要的转机。目睹这一带的繁荣,他的世界观随之发生变化。苏浙沪是蒋介石统治的核心地区,是中国当时最先进,最自由,最多元,最现代的地区。由于工业化和法治化的迅速推进,这一地区成为民国的模范区,获得各界的赞赏。面对这里的蓬勃发展,再顽溟不化的人也会意识到,消除工农的贫困和愚昧,原来并不需要共产主义的暴力革命。中国西部的破产农民深陷传统的农本社会陷阱,也许别无选择,只能铤而走险,入草为寇,结果无非使当地民风更为顽劣,陷入土匪横行,民不聊生,经济停滞不前的恶性循环中去。苏浙沪地区则是另一个天地,有另一条越走越宽广的道路,可供本地和周边省份的贫穷农民选择。他们可以自由进入当地星罗密布的大小城市,参与现代工业或现代商业的发展,分享黄金十年[1]的繁荣。

沿着这条市场经济和法治[1]道路,即使破产农民,只要遵纪守法,勤劳肯干,也可获得一份城市工作，安家立业。后代更可通过接受现代教育，升入中产阶级。这是苏浙沪地区变得越来越繁荣兴旺的根本原因。若能将这种模式向周边，乃至全国扩张的话，更多的民众会从中受益。这一点，工人和农民显然已经强烈地感受到了。这是他们转而支持蒋介石的温和路线，不再支持中共在苏浙沪地区继续鼓吹武装暴动。中共的主张越来越显得不合时宜，终于失去群众基础，沦为人人喊打的国家蠹贼，被迫转移到江西的中央苏区，在那里的贫困地区活动，走上入草为寇的道路。1931年父亲无法在上海接上与共产党的联系，显然和中共中央的转移有关。等到西安事变发生，国共决定再次联手抗日，周恩来要手下人主动联系父亲归队时，父亲对暴力革命那一套已失去兴趣，便以时过境迁，共同抗日为由，婉拒了。

父亲之所以能去苏浙沪地区工作和生活，和廖宗泽这位莫逆之交在长沙的邂逅有密切关系。一九三四年秋，两人在街上意外相遇，对父亲内心有不可轻估的触动。父亲素有对人的面容、身材，肢体动作等特征过目不忘的能力。这是他长期从事地下工作的必备本事。他一生与无数人打过交道，有些人与他不过萍水相逢，他却到晚年还能记起人家的容貌，姓名和职业。他在一张海外来照上，认出了几十年前去了台湾的老部下蒋志云女士，竟因此恢复联系，并得以去美国做了一次长达几个月的访问，说来有点不可思议。父亲这种过目不忘的能力却有反常的时候。且看他对与廖宗泽在长沙街头邂逅的描写，值得仔细品味，以窥见他当时的内心想法：长沙街头，一辆"正飞奔"着的人力车突然在父亲身边停下，跳下一位"英俊少年"，高喊他在四川从事地下工作时的"化名"。父亲"仔细辨认"，才认出"原来是三年不见的廖宗泽"。廖宗泽"急着赶开往武昌的火车"，行色匆匆，只向父亲要了一张名片，并相约，一月后再来长沙详谈一切。一月后，他如约来到长沙，还带来了"漂亮而贤惠"的新婚妻子。

引号内摘引的词句是《劫后》中的原话（黑体为笔者所加）。首先，廖宗泽在火急火燎地赶火车，让人力车夫快跑，应该不会有闲心浏览街景和行人。然而，飞快移动中的他仅凭背影，便认出父亲，立即停车相认，可见父亲当时的衣着和形象与在四川时区别不大。廖宗泽则不同。首先，他跳下车后，来到父亲面前，父亲应该有从容打量的时间，加上他的嗓音以及能喊出父亲搞地下工作时的化名等细节，也是有助于识别的信息。然而，父亲却要仔细辨认，才敢认人。可见，仅隔三年，廖宗泽的衣著打扮和气度神态已判若两人，使父亲不敢贸然相认。其次，从父亲描绘老友及其爱妻的用词看出，他对他们的衣著打扮，生活形态，和婚后的美满是抱着欣赏，乃至羡慕的心态的。在见面后的长谈中，他们一定会回顾各自的心路历程，对告别深山老林中似匪似侠的生活，会有昨非今是之感，也会交流各自对人生的新的感悟，以及对前途的新的愿景。知道父亲的内心感受，廖宗泽才会在不久后力邀父亲前往杭州，父亲也才会欣然接受。

来到苏浙沪地区工作和生活，面对井然有序和经济繁荣，那种无视已有的产权和法律，希图砸烂旧世界的共产主义激进运动显然不再引起父亲的兴趣。可是，他内心并未因此感到空虚，和失落，反而获得了新的使命感。尽管一开始，父亲并未受到戴笠的足够信任，没有马上得到警校的教职，而是被分到杭州省会警察厅第一分局担任政治指导员。校方不让父亲直接在警校工作，而去警察局工作，显然担心父亲思想太过激进，又太能'蛊惑'年轻学子。不像警察局里，大家都已有人生阅历，思想成熟，老于世故，不易被人'煽动'。不过，父亲的这种尴尬局面很快发生改变。原因有二，且与新生活运动[1]紧密相关。1928年蒋介石通过北伐统一南北后，国民党中央执行委员会常务委员会于10月3日通过《训政纲领》，标志着军政的结束，训政的开始。作为训政的重要内容，蒋介石夫妇亲自出面，大力推动新生活运动，以提升民族素质。父亲境遇的改善与他对新生活运动的热情投入有关。照理说，父亲在共运的低迷期间，为了生存，曾经混迹于地痞，流氓和土匪之间，沾染他们的习气也情有可原。然而，他自幼获得的良好教养，使他能洁身自好，高度自律，没有染上喝酒、抽烟、赌博等的匪气。所以，虽然这一运动由蒋介石，宋美龄夫妇提倡，父亲并无反感，反而怀抱热情，全心投入。

其实，新生活运动十分符合他对中产阶级文明生活的理解和自幼养成的生活规矩。他亲自动员警士，督促人民，实行旧生活作风的改善，新生活秩序的建立。他的这番努力因出于真诚，获得杭州各界的好评，令他幸慰。其次，戴笠请父亲以他的名义，写一篇《告全校师生书》，旨在提倡警校全体师生通过体育，扫尽颓风，推进新生活。父亲对自己的文笔素来颇有自信，几天之内便完成初稿，将体育能提升新生活运动的好处发挥得淋漓尽致。因为文彩飞扬，所举理由又令人信服，获得同事们的交口赞誉，戴笠本人也大为欣赏。如果没有对新生活运动的深刻感悟，并怀抱由衷的热情，难以将文章写得如此动人心弦。戴笠由此相信，父亲已不再是一个思想激进的异议分子，而是一个愿意追随领袖思想的黄埔学生。不久，父亲被调入警校，任政科政治指导员。父亲在《劫后》中不无得意地说，廖宗泽君"早就垂涎于这个职务，见后来者居上，虽有嫉妒之心，但也认为雨农先生用人政策是唯求贤能，与当时用人惟亲和裙带关系的陋习不可同日而语。"无形中，父亲道出自己的这位莫逆之交的坦荡为人，和两人之间的真诚友谊。

父亲虽在戴笠面前不肯认错，但毕竟多愁善感，感情细腻，否则写不出那么多的诗歌。夜深人静之时，浮上心头的，难免有对四川深山老林中冒险生活的回忆，那正是他二十多岁的青春时光，每天经受无望、贫困、闭塞，却一事无成，最后又蒙受自己同志的误解和冤枉，和杭州的宁静、有序和繁荣的生活相比，可谓天壤之别。这种差别自然难逃父亲内心的审视，促使他反思救国救民之路。苏浙沪地区秩序井然，百业兴旺，人民安居乐业，看在以富民强国为怀的父亲眼里，自然深感欣慰。毕竟，革命的最终目的，在于使民众能提升福祉。如果民众已找到新的途径为自己谋取福祉的改进，为何还要折腾革命呢？苏浙沪地区是自己的校长真正掌控的核心地区，正好成为中国现代化的示范区，难道仅是偶然？以父亲的悟性，对照现实之后，如何能对蒋介石的理想和抱负继续无动于衷？事实胜于雄辩，父亲目睹这一切，口上不说，内心是知昨非而今是的，觉得何不支持校长在全国范围内实现在江浙沪地区已经出现的繁荣局面？

父亲对共产党提倡的打土豪，分田地的极端做法从一开始就有不同看法。这是他与毛泽东发生分歧的起点。毛在《湖南农民运动考察报告》中提倡红色恐怖，使各地地痞，流氓沉渣浮起，趁势而动，打着农民运动的革命旗号，鱼肉乡间的善良农民。父亲在北伐期间回过老家，亲眼目睹他们的胡作非为，引起他的极度反感。《劫后》中父亲对老家的一位文姓长辈亲戚的劣行有详细而生动的描述，反映了他对农村痞子运动的反感。他后来一直与老家的乡绅们保持良好的关系，在他的《淮海战役日记》中，也有反映。

父亲彻底回到国民党主流立场的时间，应在1936年年底之前。西安事变时，父亲正在南京办训练班。《劫后》[1]很好地反映了他在这一非常时期的内心世界。他用"犹如晴天霹雳"来形容这一事件，透露出内心对蒋介石安危和国家政局的极大焦虑和不安。他外出观察南京街头的民情，见到秩序井然，民心稳定，才放下心来。在校长安全返回南京后，又表达了极大的欣慰。这种真情流露说明，此时的他已真诚地接受蒋介石为中国的最高领袖。

总之，1930年代中期以后，对新生活运动所体现的中产阶级价值观的拥抱，对苏浙沪的发展模式作为中国富民强国之道的赞赏，以及对务实、低调抗日方针的认同，这三者构成父亲爱国主义的新内容。自幼在父亲心中牢牢扎了根的爱国主义情操这时得以重新舒展开来，取乌托邦思想而代之，占据了他的心胸。阅历的增长，见识的丰富，心智的成熟，已使父亲大大充实了爱国主义的内涵和外延。对他而言，爱国主义不再等同于，而是独立于激进共产主义革命的一种立场。直至九十多岁驾鹤西去，他的这一信念不变。可以说，爱国主义从此成为支撑他坎坷一生的最主要的精神支柱。

与蒋经国亦友亦师的交往

父亲和蒋经国有一段亦友亦师的交往，表明父亲确已清晰地回归到黄埔校长和国民党主流的立场。父亲也籍这段不寻常的交往，加深了对苏联共产党本质的理解。原来，西安事变期间，蒋介石要周恩来帮忙说服斯大林，放回长期扣在苏联作为人质的儿子。1937年初，受尽磨难的蒋经国终于获准携带家眷，回到阔别十年的国内。蒋经国在苏联入过共产党，又被打成托派，目睹斯大林大清洗时期的残酷，因而对苏联政权已不抱幻想。然而，因为去国太久，他对国内的各种政治变化反而感到陌生。蒋介石对这位思想一度左倾，有托派嫌疑的儿子颇不放心，怕他交友不慎，再次被误导，便将他安置在江西，因该省主席熊式辉深受蒋介石之信任。

熊式辉明白，这是蒋介石要他调教蒋经国，但考虑到蒋经国准'太子'的身份，又颇感棘手。戴笠获知他的心思后，便向他推荐父亲，除了说他如何能干，又提到父亲长蒋经国几岁，有过在中共内部主持地下工作的经历，与蒋经国的心路历程颇为相似，一定会有共同语言，容易为蒋经国接受。熊式辉觉得此话颇有道理，在征得蒋介石首肯之后，便通知父亲去南昌见他本人，向他交代了担任蒋经国"友教"的任务。所谓友教，就是亦友亦师的意思。熊式辉交给父亲的任务很明确，就在于"...防止他胡思乱想，误入歧途，危害国家的抗日大计。"熊式辉另外又聘了国民资源委员会，精通科学的孙越崎担任科教，自己则担任蒋经国的调教，算是总负责。为了将蒋经国本人隆重介绍给科教和友教，熊式辉在百花洲西湖饭店安排了一次宴席。席间，大家问起蒋经国在苏联的生活和工作，他也侃侃而谈，言及被当作托派遭受迫害的经历，并对斯大林的独裁和野心持十分批判的态度，令大家感慨万分。父亲听了，感同身受，当场吟诗一首，送给蒋经国：

烽火连天此独幽，几多欢乐几多愁。
百花洲上玲珑月，西子窗前笑语稠。
国事蜩螗天尚暑，河山破碎日长忧。
举杯欲问归来客，十载红都何处优？

这首诗表达了父亲对外敌可能肢解中国的深深担忧，并对红都推行的各种制度究竟有何优越性提出质疑。此后，父亲每月两次到南昌授课，地点便在熊式辉宴请所在饭店的一处密室内。上课内容包括中国党派史，政治史，抗日战争史等课程，前后共十多次[1]。父亲对日本问题素有研究。日本自甲午战争后对中国就有野心和图谋，父亲脱党后，便以抗日为己任，对日本侵华史自然如数家珍。所以，讲授抗日战争史应不在话下。另两门课涉及中国党派史和政治史，要能向蒋经国这样的能人传授，是离不开平时的知识积累的。父亲出身于黄埔军校的政治科，养成对政治的兴趣。他又亲身参与过两党的许多重大活动和事件，结识两党的许多活跃人士，使他很容易跟踪他们的轨迹。

此外，他在长沙办报，必须紧跟和梳理各种政治派别的言行，把握各派的背景，立场和他们主要人物之间的互动，唯此，作报道时或抨击时弊时，才不会荒唐走板。光以中国党派史为例，辛亥革命之后，随着党禁和报禁的开放，中国政治地平线上涌现过许多政党和主义，除了提倡三民主义的国民党，和奉马列主义为圭臬的共产党外，还有无政府主义派，托派，以及一些以民主和自由为号召的党派、社团。它们的沿革及其相互关系是相当错综复杂的。即使在国民党和共产党两大党的内部，也呈现山头林立，派别纷繁的局面。亏得父亲一直留心中国政治舞台上的变化，获得对政治众生相的观察和心得，可以和蒋经国分享。

讲课有时取事先提问，父亲准备后再作答的形式，内容涉及国内外的政治历史和形势。这种形式使讲课更丰富多彩，更有针对性，却也增加了难度。亏得父亲自青少年起，一直关心国内外时事和世界地理，对各种政治事件的来龙去脉也熟稔在心，才能做到有问必答。讲课之余，两人会交流各自在共产党内的遭遇和反思，因此在许多问题上不难找到共鸣之处。向蒋经国授课无形中加深了父亲对共产主义，特别是苏联社会本质的认识，使父亲在政治上更趋成熟。父亲在这方面的知识和才干很有用。后来，程潜竞选副总统时，父亲成为他的得力助选干将，并不是完全没有铺垫和基础的。

不久，因抗战爆发，大家行色匆匆，各忙各的去了，但保持了信任和友谊。抗战胜利前夕，苏联红军首先进入东北。不久，日本无条件投降，为了阻扰国军入关接收东北，苏军对共军进入东北大开绿灯，并暗中支持共军封锁山海关通道。父亲虽然已被任命为军统局东北办事处处长，兼任东北行营督察处处长、东北肃奸委员会主任委员、东北保安司令长官部督察处处长等职，理应尽快进入东北最大城市沈阳履职，却因山海关处于共军的占领之下，而沈阳处于苏军的直接占领之下，迟迟无法成行。想到抗战已经结束多时，却无法代表中央政府，在自己的领土上行使职权，父亲自然气愤不已。国军与占领山海关的共军发生激烈战斗后，攻克了这座天下第一关，打通了山海关通道，父亲才得以进入锦州，却仍无法抵达沈阳。直到1946年春，在美国的斡旋和压力下，苏军奉命从东北各处的大城市撤退，父亲才得以进入东北这座最重要的城市。

此时，蒋经国也克服重重阻力，来到沈阳。两人再度会面，感慨万千。两人均为民国中央政府的官员，都不得不蒙受屈辱，忍受蛮横阻扰，又目睹红军掠抢东北的重型机器设备，侵犯当地民众的人权和财产，大大增加了两人对中苏两个共产党的恶感。不久，蒋经国告诉父亲，他必须立即赶往新疆，奉命与入侵的苏军交涉，防止新疆沦为外蒙的命运。两人互道珍重，依依惜别之后，再也没有机会见面，但基于民族主义的立场，对中苏两党的本质已有更清晰的认识。这是为何父亲在接到蒋介石的手令，要他到徐州报到，担任杜聿明的副参谋长的时候，尽管他已在程潜手下任职，却毅然决然地奔赴淮海战场。在这场延续了两个多月的战役中，他虽有机会到南京述职，也有同僚和亲友劝说，要他趁机远离战场，他却再度返回被层层包围的徐州，决心与国军官兵共存亡。父亲意识到，蒋介石和毛泽东之间的分歧并不纯粹是争权夺利，而是意识形态和社会制度的分歧，是三民主义和共产主义之间的分歧，是卖国和爱国的分歧。在这种情况下，他别无选择，只能选择蒋介石代表的三民主义路线。

美国宪政危机的中国投影

——从高、贺之争读懂中国精英的美国认识分歧

李志德

高全喜在"特朗普？抑或：特朗普！——2025年美国游学札记"一文中写下这样一句话："特朗普这一时期推行的内外政策所取得的对于美利坚共和国的重大成就，则是任何人都无法予以掩盖和否认的"（高全喜）。贺卫方随即用一篇短文——"与高全喜教授商榷特朗普新政"对高全喜的观点逐条拆解。两人争论的对象，是同一个特朗普；真正交锋的，却是两套截然不同的政治常识、两种中国精英对美国的想象。

这场争论发生在社交媒体，却远不只是"立场之争"。它折射出中国高级知识分子如何理解美国的制度危机，如何借特朗普来谈中国自己的问题，也暴露出一种对强力政治的宽容度。把两篇文章放在一起读，就会发现：高全喜在"挺川"，贺卫方在"批川"，但两人共同处在一个被中国语境深刻塑形的知识框架里。理解这一点，比简单判断"谁说得对"更重要。

两篇文章：两种"美国图景"

高全喜的长文，从"2025年美国游学札记"入手，写在斯坦福访学之后。文章有两条线索。一条是游记式的：斯坦福、东海岸名校、华盛顿街头的游行示威、老朋友家中的长谈。另一条是政治判断：特朗普不是民粹，而是"美国版保守自由主义"；特朗普的新政不是对宪政的破坏，而是对"被左翼自由主义掏空"的美国的一次抢救。

在他的叙述里，特朗普的"美丽大法案"、减税、去管制、对等关税、重塑产业链、收紧移民、打击"身份政治"，连在一起，构成了一套让美国"回到传统共和精神"的大图景。他甚至把特朗普的商人气质视为优点，认为"商人治国"正符合英美文明的传统。

贺卫方的回应文章则完全换了角度。他把高文中列举的"六大成就"一条条拆开，问的都是简单问题：真的减管制了吗？真的"再工业化"了吗？关税和行政命令是不是更严厉的干预？所谓"打破大学意识形态堡垒"，是不是对大学自治的粗暴侵犯？所谓"重建宪法自由价值"，在具体制度上究竟指什么？

这篇回应只是短文，但用的都是很朴素的宪政常识。对市场秩序，要看政府到底少管了什么、多管了什么；对大学，要看政府是不是越过了学术自治的边界；对总统，要看他是否利用权力谋取私利，而不是只看口号。

两篇文章因此形成鲜明反差。一边把特朗普视为挽救美国的"糙汉型保守主义者"；另一边把他看成破坏制度边界的强人政治样本。差异不只在立场，而在起点。

高全喜的"特朗普主义"：从游学见闻到意识形态投射

高文最有力量的地方，在于善于讲故事。他描写哈佛学生在 2016 年特朗普首次当选那一夜的愤怒，回忆自己在常春藤校园里看到的"左翼自由主义"气氛，写学界好友如何在餐桌上骂特朗普"疯子""法西斯"。这些片段构成了一幅"美

国精英集体讨厌特朗普"的图景。

在这幅图景上，他叠加自己的判断。大致意思有几条：美国长期被"进步主义""身份政治""全球化理想主义"绑架，国家实力被掏空；民主党政府沉迷于"为世界服务"的普世主义，放任产业外移、移民失控、道德虚伪；大学和媒体成了左翼意识形态堡垒，保守自由主义在校园几乎绝迹；特朗普代表的是被遗忘的"产业中产""福音派""传统白人"，代表美国真正的国民利益；这些人被主流精英蔑称为"民粹"，其实是"二十一世纪的美国保守主义"。

因此，在他的写法里，特朗普虽然粗鲁、多变、有商人式自利，但在"大方向"上是对的：以国家利益为先、以商人理性算账、以有限政府和减税、去管制恢复经济活力。即便有错误，也只是"试错"的代价，而不是对宪政秩序的根本威胁。

这种理解，有其内部一致性。高全喜多次强调自己受哈耶克、科斯、奥地利学派、托克维尔、亨廷顿等人影响。这一谱系强调市场秩序、反对计划经济，强调传统道德、家庭伦理，警惕"福利国家"和"身份政治"。在这样的理论框架中，美国的问题很自然会被理解为"自由主义走向左翼平权主义""全球化掏空实体经济"，解决方案自然是"保守回归"。问题在于，这套理解一旦遇到具体事实，就暴露出明显的盲点。

高全喜的局限：国家、权力与制度

用最简单的政治学常识来看，现代宪政的核心问题只有两个：权力如何被约束，个体的权利如何被保护。其他经济政策、外交策略都在这两点之下排队。站在这个起点，再看高文中的特朗普，就会发现几个结构性偏差。

第一，把制度危机简化为"政策纠偏"。高全喜承认美国有严重的政治撕裂，却几乎拒绝承认存在真正的宪政危机。他的判断标准很简单：只要总统还在宪法框架内运用权力，只要没有正式的军事政变或公开废宪，就不能说是宪政危机；媒体和学界对"危机"的高调宣称，更多只是政治话语。这种标准忽视了现代宪政的一个基本经验：制度崩坏往往不是一次性"废宪"，而是长期的边界蚕食。总统长期滥用紧急状态、通过行政命令绕开国会、不断挑战选举和司法的正当性，这些行为，即使每一次都"还在法律里找得到条款"，在积累中同样可以压垮制度。特朗普任内围绕2020年大选结果的争议、1月6日国会山事件、对司法和媒体的持续攻击，都是这种软侵蚀的典型案例。高文几乎全部轻描淡写，甚至当成"正常政治斗争"，这是第一个重大失焦。

第二，把强人当作宪政医生。在高全喜的叙述里，特朗普之所以可以被原谅，是因为他"以强硬总统权力对抗官僚沼泽""用行政手段削减政府权力"。于是，在叙述逻辑里，"增强总统权力"反而成了"限制政府权力"的手段。

这恰恰与宪政设计的基本直觉相反。现代宪政之所以主张分权、主张程序繁琐，就是因为不相信任何单一权力中心会自觉削弱自己。历史上那些"以权制权"的强人样本，从拿破仑到拉美军人政权，大多在"清理腐败""整顿官僚"的旗号下，完成了对制度的个人化控制。高文承认特朗普行事粗糙、好大喜功，却依旧相信他的"商人理性"会把国家带回"自由共和"的正轨，这种对强力政治的信任，与其说是宪政论证，不如说是性格投射。

第三，把商人治国当作"保守自由主义"的同义词。高全喜对"商人治国"的辩护，是整篇文章中最引人注目的部分。他从孟德斯鸠、亚当·斯密讲到英美商业文明，认为商人懂得利益交换与人性约束，因此比哲人王和军人僭主更适合作为现代政治的主体。在这个框架内，特朗普斤斤计较关税、赤字、投资回流，并不是"市侩"，而是回到美国传统。

但商业文明与宪政秩序之间，并没有这么直接的对应关系。亚当·斯密固然强调商业社会中的"温和情感"，但在他的想象中，市场秩序建立在法治和公共道德之上。特朗普式的"商人治国"，如果以个人家族利益为核心、把国家机器作为赚钱工具，就不是古典意义上的商业共和，而是寡头统治的一种形式。围绕特朗普本人和家族的利益冲突争议、资金运作、税务问题，以及他在2025年推动的一揽子税改预算法案中对高收入阶层的偏袒，都让"商人治国"呈现出完全不同的面貌。高文对这些争议几乎不作正面处理，而是把批评者都归入"伪善的进步主义者""媒体精英"。这就把一个本来可以讨论的制度问题，简化成阵营对立。

贺卫方的反驳：制度派自由主义的防线与盲点

与高全喜的长篇大论相比，贺卫方的回应很克制。他没有从宏大理论入手，而是把高文中概括的"六大成就"拆成几个具体问题：减少管制还是增加干预？关税、行政命令、对企业"黄金股"安排，显然是强有力的国家干预；"再工业化"是否违背市场逻辑？强迫资本回流，是否意味着另一种计划经济；移民政策是否真有"非凡成绩"？非法与合法一并打击的执法方式是否粗暴；"打破大学意识形态堡垒"是否违背大学自治原则；"重建宪法自由价值"具体体现在哪里？总统利用货币、金融工具牟利是否构成严重的利益冲突；"限制司法滥权"的说法，是否有足够证据。

贺卫方的文章重点不在于给出完整的特朗普评估，而在于指出：如果要支持某个政治人物，至少需要有一些可核查的事实依据，而不能用一串抽象名词遮盖具体政策效果。对大学问题，他尤其敏感。按保守主义传统，大学自治应该得到尊重；无论校园氛围偏左还是偏右，政府都不应用财政和监管手段直接干预学术立场。特朗普对哈佛等校的打压，在这一传统之内，很难被视为"保守主义"，反而更接近"国家主义"。

贺文的力量，在于把讨论拉回制度层面：面对总统，不应只问他"是不是反左翼"，而应问他是否尊重权力边界。面对大学，不应只问它"是不是太自由派"，而应问政府有没有资格命令它如何招生、如何设置课程。

但这个回应也有明显的限制。首先，对美国内部的经济结构变化，对产业空心化、全球化冲击的讨论，在短文中几乎没有展开。特朗普的政治基础很大一部分来自铁锈带工人、失落的中产、小城镇保守派。完全忽略这些结构性焦虑，只从"价值观正确性"出发批判特朗普，容易给支持者留下"脱离底层"的印象。其次，对身份政治与平权运动的争议，他基本站在主流自由派立场：多元、平等、包容被视为国父价值观的延伸。这一判断在原则上很难反驳，但对美国社会内部的复杂分歧，也缺乏更细致的展开。对中国读者来说，这种"原则性的肯定"很容易被简单地理解为"站在民主党一边"。从这个意义上看，贺卫方的回应守住了宪政自由主义的底线，但在解释特朗普现象的社会根源方面，还可以做得更深。

偏差从何而来：知识谱系与中国语境

高全喜对特朗普的宽容，并非简单的"崇美"或"反美"。实际上，他对美国进步主义和常春藤精英有很强的不信任感，认为他们代表的是一种虚伪的道德话语和利益固化集团。这种不信任，与中国语境高度勾连。

一方面，他的理论背景来自经典自由主义和保守主义。对计划经济有天然警惕，对"大政府"和福利国家持批判态度，对身份政治和"黑命贵"运动极为反感。这些立场在西方保守主义传统中并不罕见。但在中国，被引入之后往往被重新编码：反福利、反平权，很容易被拿来对照中国国内的再分配争论和"平权政治"的敏感性。

另一方面，中国公共空间长期缺乏稳定的制度讨论传统，知识分子谈政治时，很容易把制度问题人格化。强人可以被想象成"杰克逊""林肯式的剧烈改革者,也可以被想象成"文革式领袖"。高全喜把特朗普反复放进这样的叙事框架:一方面与林肯、杰克逊相比,一方面与凯撒、希耶罗一起被搬上现代舞台。他对特朗普的兴趣,其实也是对"强力改革者"这一角色的兴趣。

在这样的背景中,特朗普不只是一个美国政治人物,而是一个可以拿来对照中国现实的符号:反"政治正确"、反大学左翼、反全球化、反"深层政府"。这些符号,在中国内部恰好对应着对"体制内进步主义"的不信任,对所谓"公知"的反感,对"国际主义话语"的怀疑。高全喜对特朗普的高度期待,很大程度上就是这种情绪的外溢。

中国公共舆论中的"特朗普问题":谁在带货

高、贺之争的意义,不只在于如何看待美国总统,更在于它如何影响中国舆论对美国乃至对专制的态度。

高全喜这种"挺川"叙事,可以视为政治网红带货,对中国舆论有几种潜在效果。他把美国的宪政危机解释为"左翼作死",弱化了对强人政治和制度侵蚀的警惕。只要强人打击的是"政治正确""身份政治",很多原本对集权敏感的知识分子就会放下戒心。他用"保守主义"包装强力政治,使许多中国读者把反平权、反多元、反媒体监督,视为一种"更真诚的自由主义",从而在心理上增加对强势领导人的宽容度。他通过强调特朗普的"商人理性"和"国家利益优先",为"只要能让国家强大,手段可以粗糙"这一观念提供了理论借口。这种观念在中国的政治文化中本来就有深厚土壤。

贺卫方的回应,在一定程度上提供了另一种"网红带货":他提醒读者关注制度边界、大学自治、利益冲突等问题。这样的提醒有其价值。但由于篇幅短、立场鲜明,也很容易被贴上"自由派本能反川"的标签,而缺乏对整个现象的结构性解释。两种声音在中国公共空间共同存在,却都没有真正跳出"以美国为替身"的惯性。高全喜借特朗普来攻击国内"伪自由派"、攻击大学左翼;贺卫方借特朗普来重申宪政底线。两边都很少正面讨论:中国自身的制度问题,与美国的危机到底有哪些共性,又有哪些不同。期待贺卫方教授用一片宏文回应高全喜教授。笔者作为吃瓜群众,看热闹不嫌事大,愿意拱一把火,在《中国思想快递》为他们摆一个擂台,继续当他们的裁判。大家伙索性一道把这个问题争论个清楚。

以美国为镜:对中国的反身性思考

尽管存在偏差,这场争论依旧提供了一面镜子。通过这面镜子,可以看到几件事。首先,中国知识分子在谈美国时,常常把"政治情绪"置于"事实细节"之前。高全喜对特朗普的许多评判,明显超出了现有数据和研究所能支持的范围;贺卫方对拜登政府移民政策的肯定,也未必完全覆盖复杂现实。评论家一旦跳过事实层面,直接进入价值判断,容易把美国当成观念战场,而不是一个具体社会。

其次,"大情绪"压倒"制度感"的现象,在中美两边都存在。高全喜有时把对美国左翼的反感、对常春藤精英的鄙视,放在对宪政制度的关切之前;而部分自由派评论则可能把对特朗普人格的厌恶,放在理解其支持者的困境之前。这种情绪化思维,在中国的政治讨论中同样普遍:把复杂制度问题简化为"你站哪边";把对某种人群的不快,转化为对某种制度的支持或反对。

再次,对"强人治国"的宽容度,在中国知识界内部差异很大。高全喜可以接受一个性格粗糙、言辞夸张、私德有争议的总统,只要他在"国家利益"和"市场秩序"上走对方向;贺卫方则更关心制度边界,不愿用"历史大势"替个人行为开脱。这种分歧,一旦移植到对中国现实的讨论中,就会表现为对国内强力政治不同程度的理解与质疑。

无论是在美国还是在中国，宪政的出发点都应是"如何让权力不容易被滥用"。如果这个政治学的原点被"国家复兴""意识形态纠偏""打破精英垄断"所替代，那么无论挂着什么旗号，最终指向的都可能是权力集中。

从"挺川/反川"走向问题意识

高全喜和贺卫方的争论，已经把许多重要问题抛了出来，但还远远没有讨论完。特朗普现象背后的社会根源，需要更细致的阶层分析和历史分析，而不是简单贴上"民粹"或"保守主义"的标签；身份政治与平权运动的利弊，需要在承认历史不公的前提下，认真比较不同政策工具的效果，而不是一边把它视为"道德绑架"，一边把它视为"价值高地"；大学与政治的关系，需要在维护自治的同时反思内部的排他性和泡沫化，而不能只把大学看成"堡垒"或"象牙塔"；中美两国对强人政治的不同经验，需要拿出来并置讨论：美国有相对成熟的制度制衡，但同样出现强人倾向；强人政治对中国的制度和社会结构又会产生什么不同后果。这些问题，既不是单靠"挺川"可以回答，也不是单靠"反川"可以回答。它们需要更多扎实的事实研究，需要更长线的思想史比较，也需要一种愿意放下情绪、重新回到"权力—制度—个体"基本关系的耐心。

高全喜在文末写到与一位企业家朋友的惺惺相惜，把这种同道之情视为当下罕见的"空谷足音"。贺卫方在文末则用冷静的反问，把话题拉回最基本的概念：何谓自由价值？何谓美国利益？这两种声音，都来自中国知识界。在今天的语境里，更重要的不是简单选边站，而是看清各自的起点和盲点。

若从更长的时间看，无论特朗普的政治命运如何，美国的制度争议都会延续下去。对中国读者来说，真正有意义的问题不是"特朗普是不是好总统"，而是：在一个权力高度集中的世界里，到底愿意把信任交给人还是制度——交给一位意志坚定的强人，还是交给一套不断争吵、不断修补、但始终试图限制强人的制度。这才是高、贺之争在中国语境中的底层问题，也是所有关心美国和中国政治未来的人绕不过去的选择。

谁将引领 AI 科学研究时代

——美国创世纪计划与中国 AI 科学研究的未来

杨茂林

最近，白宫高调宣布启动一项可以跟二战时期的曼哈顿计划媲美的"创世纪计划"（Genesis Mission），要用大模型和自动化科研系统重塑美国科学。如果我们把 2025 年底的这项 AI 创世纪计划拉开来看，我们会发现一个有点讽刺的画面：联邦层面对科研和高教大幅削减，成千上万的项目和职位被砍掉，科学家正在考虑"用脚投票"，往欧洲和别的地区走。同一时间，中国在"集中力量办大事"的体制下，快速堆起自己的 AI 基础设施：从"深度探索"（DeepSeek）到千问（Qwen），从"AI 科研"（AI for Science）计划到中科院的"科学第一"（Science One）平台，都想把 AI 变成一种"科学生产工具"，清华和中关村发布全球首个科研级的智能体"Omni 科学家"（Omni Scientist），直接嵌入实验室和国家重大科研项目。问题是：在科研造假高发、教育官僚化、信息审查越来越重的环境里，这套 AI 科学路线，真有可能在长期和美国的创世纪计划正面对抗吗？AI 科学的生产率到底靠什么撑着，美国这个"创世纪计划"在补什么短板，中国的体制又在放大什么风险。中美两国，谁更可能把"AI 科学研究"真正落地，而不是只停在 PPT 和新闻发布会上。

AI 开启新的科学研究时代

IBM 研究部门负责人达里奥·吉尔（Darío Gil）和斯坦福副教务长凯瑟琳·莫勒（Kathryn Moler）在《科学》杂志上发表了一篇社论《用人工智能加速科学研究》（Accelerating science with AI）。这篇文章配合白宫宣布的"创世纪计划"，在舆论上定调：下一个阶段，AI 不只是"写代码""写文案"的工具，而是要变成科学家的"合作者"。

把这篇社论和白宫文件合起来看，大致有几层意思：第一，AI 要"进实验室"，而不是停在搜索框里。不是简单帮你查文献、写摘要，而是直接参与选题、提出假设、设计实验、分析数据——成为"AI 科学家助手"，最后甚至是"AI 科学共同作者"。第二，要想做到这一点，必须重建科研基础设施。这包括：统一和清洗庞大的科研数据，把分散在国家实验室、高校、机构里的数据、模型、软件打通；建设专门为科学训练的大模型和代理系统；改变今天"各自为战"的数据孤岛。第三，这是一次"生产率革命"，也是一次制度重构。

吉尔和莫勒的核心观点，可以概括成一句话：如果我们继续按 20 世纪的科研组织方式做事，只是在边上加几块 GPU，科学发现的速度不会发生数量级的变化。必须同时改革科研评价、合作方式、开放数据政策，让 AI 真正嵌入科学流程。换句话说，创世纪计划讲的是："AI 科学研究时代"不是一句口号，而是一整套数据—算力—算法—科研制度的再设计。这跟 1940 年代的曼哈顿计划类似：那时候是把物理学、工程学、工业体系、军政资源捏在一起，做一件没人做过的事；今天则是把国家实验室、大学、云计算企业、AI 公司捏在一起，试图做一套能"自动发现知识"的机器。

美国：一边是"创世纪"，一边是"断粮"

看白宫和美国能源部（DOE）的公开材料，创世纪计划的目标有几个关键点：

把美国国家实验室的海量数据"喂饱"给 AI。DOE 底下 17 个国家实验室，掌握着从高能物理、材料科学到气候模拟、核聚变的巨大数据资产。Genesis 想做的是：用统一的规范和平台，把这些数据转成可以训练 AI 科学模型的"燃料"。

打造专门面向科学的大模型和 AI 代理。不是直接复用 ChatGPT 这种通用对话模型，而是训练能理解微分方程、量纲分析、实验约束的"科学模型"；再在上面叠加连续行动的"AI 科学家代理"，让它自动生成假设、设计实验、优化方案。

把这套系统托管在"国家 AI 科学平台"上。这相当于给美国科学界提供一块"公共 GPU 基建"：研究人员不一定自己买超算，而是在平台上调用专门的 AI 科学服务。把 AI 科学嵌入国家战略领域。公开文件点名的方向包括：新能源、电池材料、气候模拟、药物发现、先进制造等——这些都是中美竞争最激烈的领域。

如果只看这些计划，你会觉得美国在"重建科研体系"上非常有雄心。问题是美国政府的另一只手在大砍科研经费。2025 年以来，第二任特朗普政府的预算方案中，对 NSF、NIH 等多个科研机构提出了大幅削减，国会虽然在部分领域顶住了，但很多项目仍被终止。媒体统计，有上千项 NSF 资助被取消，涉及上十亿美元的投入。特朗普政府对多项 DEI（多元、公平、包容）相关的研究经费进行冻结或审查，一些研究团队直接失去资助。一边是创世纪计划这类"国家级 AI 科学工程"，一边是广泛的科研经费削减和政治干预。NSF、NIH 等机构的大量项目被取消，不少高校尤其是非名校遭到重创，科研队伍面临断档。

如果用一个简单的等式来描述科学生产率：科学生产率≈人才×数据×算力×组织制度。创世纪计划在做的是：拉高"数据""算力""组织制度"这三项的上限。而美国当前的经费和政策环境，却在削弱"人才"这一关键的子项：先把精英逼走，再给剩下的人一台更大的机器。

美国"伤筋动骨"，欧洲趁势上位

在这种背景下，欧洲委员、欧洲研究委员会（ERC）等机构相继推出专门吸引美国科研人才的项目，甚至公开宣传"如果你在美国感到受限，欢迎来欧洲继续你的科研"。欧洲推出选择欧洲科研（Choose Europe for Science）等计划，明确把美国科学家当作重点挖掘对象，拿出数亿美元资金吸引他们过去。一项调查显示，美国相当比例的教授正在考虑或已经在寻找海外职位机会，欧洲和加拿大的高级职位申请量明显上升。

历史的讽刺就在这里：1930 年代，纳粹德国用种族主义和政治清洗，把大量犹太和自由派科学家赶走，造就了所谓的"脑力外流"。爱因斯坦等人被迫离开欧洲，最后参与了美国的科学体系和曼哈顿计划。今天，美国当然没有到那一步。但是，在经费长期不稳定、科研行政化、签证和政治氛围紧张的环境下，它在某种程度上在"自废武功"，给欧洲和其他地区的科研机构送上机会。所以，美国在 AI 科学上的前景，有点像是一脚油门、一脚刹车：创世纪计划把油门踩到底；预算削减和人才流失又在持续踩刹车。未来哪一只脚更重，现在还没有定数。

在这样的形势下，美国出现科学家用脚投票的趋势。虽然这跟当年纳粹德国的情况当然不能简单类比，但有一个共通点：当一个国家把科学视为"可以随时砍掉的开支"时，科学家会用脚投票。区别在于：1930 年代的德国是用种族主义和暴力把人赶走；今天的美国则是在预算和政治压力下，让很多人觉得"不值得再赌这十年"。

从 AI 科学的视角看，这会产生两个后果：创世纪计划的人才池可能被掏空一部分。AI 科学家本来就是稀缺资源，如果一部分流向欧洲和其他地区，美国的"AI科学基础设施"会有硬件而缺乏足够的软件（人）。欧洲和其他地区，有机会做出"第三种模式"。一边利用美国培养的人才和技术生态，一边在更稳定的经费和相对宽松的政治环境下，建立自己的AI科学平台。也就是说，未来在AI科学上的竞争，不再只是中美对撞，而可能变成美—欧—中三角竞争。美国如果在基础科研上继续自断经脉，创世纪计划的优势会被削弱；中国如果不解决诚信和开放问题，用 AI for Science 会悬在半空。

中国：集中力量办大事，还是放大系统性问题？

再看中国这一边。从政策文本上看，中国在"AI+科学"上的布局并不落后。中科院和多所高校提出 AI for Science、Science One 等计划，目标和创世纪计划很像：要用大模型、知识图谱、自动化实验平台来改造材料科学、药物设计、气候模拟等领域。商业层面，阿里云的千问（Qwen）、百度、华为等都在做面向科学和工业的专用大模型，强调在材料、化学、生命科学方面的"多模态能力"。

从"组织能力"的角度看，中国的确有几项优势：第一，资源集中速度快。只要政治上认定某件事"关系国家竞争"，财政和行政资源可以快速向相关项目倾斜，建超算中心、组大项目组、设重点实验室，周期往往比欧美短。第二，数据整合的行政权力更集中。在一个高度集中的体制内，公共数据（医疗、交通、工业、气象）在法律和技术上更容易被集中和统一管理。这对 AI 科学来说是实打实的"燃料优势"。第三，"集中力量办大事"的组织传统。不管是载人航天、量子通信还是高铁，中国过去二十年的一些工程实践，确实证明了：在目标足够明确、技术路径足够清晰的情况下，这种体制有强大的推进力。

但是，当我们从"科学研究"这个角度看，得把另一面摊开来讲。首先，科研造假与论文工厂：AI 成了"造假放大器"。近年来，关于中国科研造假、论文工厂的报道层出不穷。几年前肿瘤生物学期刊一次性撤稿百余篇论文后，科技部公开表示要严厉打击学术不端。到 2020–2022 年，中国在全球论文撤稿中的占比一路上升，有研究指出中国的撤稿率明显高于世界平均水平。2025 年，中国官方媒体自己的调查也披露，一些"论文工厂"已经开始用生成式 AI 来批量生产假论文，一个写手一周可以在 AI 帮助下写几十篇稿子，整条灰色产业链获利巨大。这说明在一个评价体系高度依赖"论文数量""影响因子""帽子工程"的环境里，AI 不但不会自动带来更高质量的科学，反而很容易变成造假的加速器。当然，中国也在试图"补课"：比如出台针对生成式 AI 在科研中的使用规范，强调科研诚信，禁止用 AI 代写代投。但制度的惩罚力度、科研组织对"真问题"的重视程度，短期内还很难完全扭转。

其次，教育官僚化与"应试科研"。中国的高等教育，长期在一种"考试文化+官僚管理"的混合体制下运行。高考和各种标准化考试，在一定程度上保证了"选拔效率"，但也牺牲了批判性思维和独立探索的空间。在高校内部，年轻老师和博士后往往在"发够文章、拿够项目、升职称"的压力下，被推向一种"应试科研"：题目要稳，要能出结果；方向要跟风，要贴国家基金的热点关键字；风险高、周期长的基础科学问题，很难获得足够空间。在这种生态下引入 AI 科学工具，很容易出现一种结果：表面上是"AI 提高科研效率"，实际是"AI 帮你更快写出更多看上去像科研成果的东西"。从长远看，这会削弱 AI 在真正意义上的"科学发现"中的作用，把大模型变成一种"论文自动化流水线工具"，而不是"科研范式的变革者"。

第三，信息审查与"禁区"：AI 科学的隐形边界。还有一个比较敏感但不得不提的问题：信息环境的限制。中国在 2023 年推出《生成式人工智能服务管理暂行办法》，明确要求生成式 AI 必须"坚持社会主义核心价值观"，不得生成"危害国家安全"和"扰乱社会秩序"的内容。这类规定本身针对的是内容安全，但在实际运行中，很容易把"政治红线"扯进知识空间和科学空间。前不久，DeepSeek 因为在处理敏感问题时给出不当回答，触发安全漏洞，被监管点名调整，也是一个典型例子：技术上要强，政治上要"安全"，两者之间经常出现张力。当一个 AI 科学系统背后必须满足大量政治和意识形态约束时，它在处理涉及环境风险、公共健康、社会不平等等敏感议题时，很难完全按照"科学问题优先"的逻辑去探索。这是中国在 AI 科学上最大的制度性风险之一：当政治上的"正确"压过科学上的"诚实"，再强的 AI 也只能在有限的空间里折腾。

AI 科学研究的未来前景

我们可以用一个尽量朴素的公式，把中美两国的 AI 科学前景拆开看：AI 科学能力≈（顶尖人才×自由探索度）×（高质量数据×高端算力）×（科研制度与激励）。用这个公式，分析美国和中国 AI 科学研究的未来前景。

美国：优势在"自由+创新生态"，风险在"政策摇摆和人才流失"。人才与自由探索度：美国仍然在全球吸引和培养顶尖科学家方面有巨大优势，尤其是在数学、物理、计算机等基础学科；大学体系和同行评议文化仍然鼓励质疑和长周期探索。即便有政治干预，这个生态短期内不会完全崩盘。数据与算力：有最强的商业云和国家超算资源，创世纪计划进一步把 DOE 实验室的数据资源系统化，算力和数据的整合能力，在全球处于第一梯队。制度与激励：有较成熟的科研诚信体系、开放科学运动和多元化的资助渠道；但当前的预算削减和政治化趋势，如果持续十年以上，会严重削弱这一优势。

中国：优势在"算力与行政动员"，风险在"科研文化与信息环境"。人才与自由探索度：中国有庞大的理工人才储备，很多在数学和工程上非常扎实；但是，长期的应试教育和官僚化管理削弱了批判性思维和科研独立性。"不出事""跟上指标"往往比"提出真正新的问题"更重要。数据与算力：在某些领域（医疗影像、工业物联网、城市感知）有数据集中和使用的制度优势；算力方面，即便受到美国芯片管制，也在通过国产芯片、云算力整合来填补；但整体上仍落后于美国。制度与激励："集中力量办大事"可以在短期内推动大工程，但科研评价中的"论文数量""帽子工程""行政考核"仍然严重；学术不端和论文工厂问题说明，制度在奖励"看上去像科研"的东西。再加上信息审查和意识形态约束，对涉及制度反思、环境风险、公共卫生等敏感议题的研究形成隐形边界，这对 AI 科学的长期突破是不利的。

用最简单的话说，美国的问题是：方向对了，但可能缺油（经费）和司机（人才）。中国的问题是：汽油和发动机都有，但方向盘受很多看不见的手控制。谁更有可能把"AI 科学研究"做实？如果美国能在未来几年稳住科研经费和大学体系，创世纪计划有可能真的在材料、气候、生命科学等领域带来"翻倍级"的生产率提升；如果中国愿意认真整顿科研评价、打击造假、放宽科学讨论空间，那么它在用 AI 做科学研究的追赶速度会非常快；如果两边都做不好，那 AI 科学研究的真正突破，可能出现在一个你今天不太关注的第三方——比如某个欧陆国家的跨国实验室联盟。

考验的不是 GPU，而是制度

回到一开始的问题：在"AI 科学家时代"，美国靠创世纪计划，能不能在与中国的竞争中守住领先？中国在造假和官僚化问题没解决的前提下，能不能用"集中力量办大事"的办法在 AI 科学上追平美国？如果只看 GPU 数量、模型参数、论文数量，很像一场"榜单战争"。但从科学史的眼光看，真正决定胜负的，从来不是这些表层指标。

曼哈顿计划的成功，不只是因为美国有钱搞大工程，更是因为它在关键时刻接纳了从欧洲逃离的科学家，允许他们在相对自由的氛围下做事。二战之后，美国能在半个世纪里维持科学领先，很大程度上依赖开放的大学体系、稳定的科研资助和对失败的容忍。今天，创世纪计划，如果想成为AI科学研究时代的另一个曼哈顿计划，需要的不只是白宫的一纸命令和DOE的一套平台，而是一个不把科学家当成"可随时砍掉成本"的国家科技政策。

反过来，中国如果真的想在AI科学上和美国一争高下，就必须明白：AI不会自动洗净科研体制里的"水货"；相反，在论文工厂、成果冲量的压力下，AI很容易变成造假的快车道；"集中力量办大事"可以修高铁、造芯片，但科学发现需要的是长期稳定的自由探索和被允许的怀疑精神，这跟"统一口径""统一表述"是冲突的；如果学术评价仍然压在"项目—职称—论文"这几根杠杆上，即便有最好的AI科学平台，也很难持续产出真正改变范式的工作。

所以，真正的问题也许不是"谁的AI模型更大"，而是谁更愿意用制度改革的成本，去换"AI科学家时代"的红利？在这个意义上，美国的创世纪计划和中国的AI科研计划，都还只是开头。它们像两块放在实验台上的巨大试剂：一块在民主制度下，遭遇预算斗争和政治周期；一块在威权体制下，同时被动员逻辑和控制逻辑拉扯。这场对AI科学研究的实验，结果现在没人知道。能确定的只有一点：决定AI科学研究未来的，不是AI本身，而是背后那套制度和文化。

从黎智英案看香港的过去、今天和未来

钟史晨

黎智英案的判决刚刚落下，《我是黎智英》这本旧书在很多人手里又被翻开。一本在二十年前写下的自传，与今天的"颠覆""勾结"判决放在一起，对照着看，就像是同一条生命在两面受光：一面是广州童工、布厂伙计、成衣大王、传媒大亨；一面是"国安法"被告、"勾结外国势力"的"极端恶劣者"。这两面交叠在一起，构成一个完整的香港故事。

在书里，黎智英回忆童年时，从一个香港旅客手里接过一块巧克力，尝到味道的瞬间，心里认定香港是"人间天堂"，于是十三岁偷渡，只带着一块钱闯进这个城市。书里写从深水埗小工、红磡职员，到靠自学英文、算账、跑业务，一步步做到工厂经理，再到创立"佐丹奴"。也写"六四"之后印上骂李鹏的T恤，被北京封杀，只能卖掉股份、转向传媒，创办《壹周刊》《苹果日报》。这些段落不是抽象的"民主""自由"，而是汗水、账本、广告单和印刷油墨的味道。

一部香港变迁史

《我是黎智英》最打动人的地方，不在道理，而在细节。书里有很多很朴素的句子：小时候帮人搬运行李换来巧克力，在布厂一天十几个小时站着，累得在车间角落睡着；在工厂学会看报表、学会盯成本；后来创业时，坚持"简朴"，办公室只有一张桌子、一部电话；做衣服，只做最简单的T恤，颜色款式有限，因为"选择少，错误就少"。这些细节，都有很强的时代气味：这是一代难民少年在冷战边缘城市的奋斗史。

书里当然也有清晰的信念线索。黎智英后来很坦白，自己读了哈耶克的《通往奴役之路》，被市场自由和法治观念打动，把这本书说成"改变一生"的书。市场，不只是赚钱的工具，而是能防止权力任性的一套制度；法治，不只是合同保障，而是普通人对抗权力的最后防线。自传把这些想法和自己的经历绑在一起，让抽象的政治经济学落在一间一间铺面里。

更重要的是，这本书写香港的方式。黎智英把香港写成一种"让人感觉不朽"的城市：一个刚到时只觉得拥挤、闷热、嘈杂的地方，慢慢变成"给了自己一切"的地方。他在书里说，曾经觉得香港"可怜"，后来却"满心眷恋它的未来"。对香港的感情，不是浪漫的"东方之珠"，也不是冷冰冰的"国际金融中心"，而是一个可以重生、可以重新做人、可以努力就有机会的地方。

因此，《我是黎智英》本身就是一部香港变迁史。它记录的是：冷战时期的难民潮、战后工业化、七八十年代的"东亚四小龙"、八九之后的政治觉醒、九七回归的忧虑。这些宏大叙事在书里都只有很少的篇幅，却被放进一个个人生命的轨道里，看起来更具体。

如果只把《我是黎智英》当成"成功学"读物，那就低估了它。今天回头看，这本书至少有三层意义。第一，它是一份冷眼的当代史材料。书里有很多关于中港关系的片段：他如何因为公开骂李鹏，而被北京一点点封杀店铺；如何在"六四"后转向传媒，把报纸当成抗衡权力的工具；如何在"基本法"讨论、"二十三条"争议中，选择站在反对一边。这些都是后来香港政治风暴的前史，是理解二十一世纪香港政治的必要背景。

第二，它说明一类中国企业家为何会走到政治反对位置上。黎智英不是学院式的政治活动家，也不是传统意义上的"地下党"。他是靠市场崛起、相信自由贸易、崇拜弗里德曼和哈耶克的"自由派资本家"。这样的角色，按很多教科书的写法，本该是发展型国家的天然盟友。但《我是黎智英》显示，市场派在遇到一党体制时，很容易转化为制度批评者：因为产权不稳、规则可以随时被改写，任何人在赚到第一桶金后，都必须面对一个问题——是选择沉默、麻木，还是开口说话，承担风险。

第三，这本书在中国本土的命运，本身就是一个政治事件。二〇一一年，大陆一间出版社引进删节版《我是黎智英》，很快被当局叫停，出版社牌照被注销，书成了"禁书"，地下盗版却在读者之间快速传播。这件事说明，北京对黎智英的不安，并不始于"反送中"，也不始于"国安法"，而是更早就把这位"富豪+异见者"视作危险样本：一个靠市场致富，却公开反对一党统治的人，一旦出现在大陆读者视野，会产生怎样的示范效应？这一点，《我是黎智英》的命运已经给出了答案。

从这个角度看，今天再读这本书，就不只是看一个人的创业传奇，而是在看一个制度如何筛选、容忍、驱逐某类公民。书里的时间停在二〇〇七年前后，读者却难免会在心里补上后来的章节：二〇一四年的"雨伞运动"、二〇一九年的"反送中"、二〇二〇年的《香港国安法》，以及今天的"煽动""勾结"判决。

何为"香港"？

近些年，关于香港的书很多。这些书的共同特点，是观察者的位置：要么是学者，要么是记者，要么是"半个香港人"。更侧重结构、历史脉络、国际比较。《我是黎智英》则完全不同，它是内在叙事。讲的是一个从船底爬出来的少年，如何在这座城市里"找到第二次生命"。书里没有太多制度术语，却用日常经验把香港讲得鲜活：清晨的布行、深夜的印刷厂、办公室里一杯接一杯的咖啡、编辑会议上的争吵、警车在门外徘徊的阴影。

"香港是什么？"这个问题，在不同的书里，有不同的答案。在一些学者笔下，它是英国殖民实验与中国民族主义交错的边缘地带，是"高度自治"的宪制案例，是"一国两制"的试验场。在许多政治评论中，它是后冷战时代"自由世界的前沿阵地"，是全球资本与专制政体互相利用又互相猜忌的接口。在街头口号里，它是"光复"的对象，是"时代革命"的舞台。

在《我是黎智英》里，"香港"首先是一座实实在在的城。它由工厂车间、公共屋邨、天台、街市、报摊、新闻编辑室、法庭和监狱组成。这个城市之所以可贵，不是因为有多少金融衍生品，也不是因为有多少国际评比，而是因为一个穷孩子可以在这里靠打工、学习、创业改变命运，可以在这里读到哈耶克和弗里德曼，可以在这里骂国家总理而不立刻消失。

其次，这本书展示了香港的"道德地理"。黎智英在自传里，对"做契弟"（奴才）的拒绝，对"不要为了钱出卖良心"的坚持，都是用很俗的语言写出来的，却带着一种很老派的道德感。这种道德感，在殖民地香港并不普遍，也常被盈利逻辑冲淡。但在黎智英的叙事中，它被安放在一个简单的判断里：自由给了自己一切，因此要为自由付代价。"国家可以给你市场，也可以收回；自由却是你自己要守的东西。"这种朴素的伦理，对理解后来他为何宁愿留下坐牢，也有解释力。

再者，这本书也给"香港是什么"这个问题，提供一个与大陆主流叙事完全不同的答案。官方话语里，香港是"祖国不可分割的一部分"，是"爱国者治港"的空间，是需要"去殖民化""重建国家意识"的城市。自传里的香港，却被写成一座靠开放、法治、市场、言论自由构成的城市，一个让普通人"感觉不朽"的地方。这两种叙事的冲突，正是今天香港悲剧的根源之一。

对大陆读者来说，《我是黎智英》的意义，有时反而比对香港读者更大。原因很简单：很多人生活在一个从小到大都只有单一叙事的环境里，对"香港问题"的全部认识来自官媒的"乱港分子""汉奸""外国代理人"标签。这本书一旦进入视野，就把这些标签全部拆开，换成一个有血有肉的人。

自传呈现的是这样一条路径：广州贫困童年→偷渡香港→工厂打工→靠市场致富→读自由主义经典→参与支援"六四"→成为媒体大亨→成为公开的政权批评者。这条路线上，每一个节点都很普通，很多大陆中产其实也走着类似的路：改革开放后进城、经商、买房、送孩子出国、开始思考制度问题。不同的是，绝大多数人最后停在"心照不宣"的位置，很少有人像黎智英那样，把思考变成公开立场，把立场变成行动。

书在大陆被禁，正说明当局对这种"私人经历＋自由主义阅读＋公开立场"的叙事极度敏感。它不需要号召街头革命，只要把一个选择不做"奴才"的富人写清楚，就足以动摇很多人对体制的某些基本信任。对本土读者而言，重读这本书，可以重新思考几个问题：一个人靠市场致富后，面对政治高压，有没有别的选择？"爱国"和"忠于政权"是不是同一回事？当市场和法治被政治意志凌驾时，"成功学"还剩下什么？这些问题，本身就超出香港一地，对整个中国当代史都有启发。

判决为谁加冕？为谁写墓志？

十二月十五日，香港法院以两项"勾结外国势力"罪名和一项"串谋刊印煽动刊物罪"，裁定黎智英全部罪名成立，面临最高"终身监禁"的刑罚。审理历时近两年，期间充满政府指示、法律解释争议、证人翻供等戏剧性场面，国际人权组织普遍把这场审判形容为"出于政治动机的表演"，认为判决是对新闻自由的重大打击。

从法理上看，这个判决有几个关键象征点：判决是国安法和殖民时期"煽动罪"的捆绑使用。法庭把《苹果日报》的社评、社论、专栏以及黎智英的采访、推特关注对象，统统视作"与外国势力勾结"的证据。这种把言论自由与"国家安全"直接挂钩的做法，等于在法律层面宣布：媒体与公民，只要公开与外国政界互动，就可能触犯刑法。

判决代表"不溯及既往"原则的实际被架空。很多所谓"勾结"行为发生在国安法实施之前，如多次赴美会见政要等，审理过程中，法官用冗长判词模糊时间界线，把"旧行为"纳入"新罪名"的考量范围。这与当年林郑月娥承诺"不设追溯期"的公开说法形成鲜明反差，也与现代刑法基本原则相左。

判决说明陪审团制度遭到跳过。黎智英案由特首指定"国安法法官"组成合议庭审理，不设陪审团，改变了香港长期以来在严重刑事案件中由普通市民参与裁决的传统。这一步不只是技术安排，而是向社会释放一个信号：政治敏感案件，不再相信公众判断，只信任政治上"可靠"的少数法律专家。

从象征层面看，这个判决既是对黎智英个人的重击，也是对整座城市的一种宣告。有国际组织说，这几乎是香港新闻自由的"丧钟"时刻。在很多港人眼里，这更像是一纸"自证书"：政权通过法律把一个坚持自己立场的人送进牢房，同时也宣告"一个曾经容得下《苹果日报》的香港已经终结"。

有些评论指出，中共在"依法治港"的表演中，事实上"为黎智英加冕"。法律上的"有罪"，在人心和历史记忆里，往往会变成另一种"无愧"。一个原本只被视作敢言商人、媒体老板的人，因为拒绝离港、拒绝妥协、选择坐牢，反而被很多港人和境外公众视作"这个时代的见证人"。这并非浪漫化政治迫害，而是对历史规律的一个提醒：当权力过度滥用惩罚，惩罚就会失去威慑，只剩下塑造殉道者的功能。

香港的未来

从专业角度看，香港的未来已经走上高度不确定的轨道。大致有几条可以观察的线索。在制度层面，《国安法》与本地维护国家安全条例（俗称"本地版二十三条"）叠加，已经把香港的法治结构重写一遍。Michael C. Davis 指出，这一系列法律改革的方向，是把香港从一个"基本法保障的人权法治城市"，推向"与内地高度同质的安全国家"。选举制度改造、"爱国者治港"安排、民间社团被迫解散，都使这座城市从"开放社会"滑向"恐惧之城"。在可见的时间内，这种趋势很难逆转。

经济层面，香港仍然有地理、金融制度和专业服务的优势，也仍是人民币离岸中心和中国资本走向世界的重要平台。但在全球资本眼里，它越来越像"有特殊通道的中国城市"，而不是"有独立制度的国际城市"。这种模糊身份，会让部分资金选择继续利用，也会让另一部分资金转向新加坡等替代选项。加上人口外流、人才移民、教育体制收紧，香港的中长期竞争力面临严峻考验。

社会层面，表面上的平静掩盖不了深层的裂痕。街头大规模集会几乎绝迹，公开的反对声音被法庭和警队压制，但"低度抵抗"并没有完全消失：选举中的弃投、空白票，日常生活中的冷笑话、隐喻，移民潮中的"脚投票"，都是这种抵抗的表现。黎智英案的判决，会进一步加深很多港人对"一个时代结束"的共识，也会推动更多人用离开来表达态度。

然而，香港的未来并不只写在北京中南海或者香港特区政府的办公室里，也写在书架和档案馆里。像《我是黎智英》这样的文本，像《燃烧之城》（City on Fire）、《长夜守望》（Vigil）《不灭之城》（Indelible City）这样的研究和回忆，会构成另一个层面的"香港"：一个不会轻易被删掉的叙事空间。这个空间里，香港不是"成功的去殖民化样板"，也不是"被拯救的失足城市"，而是一座在巨大的权力夹缝中努力守住自我、最终被压制却仍留下深刻印记的城市。

从更广的中国视野看，黎智英案和《我是黎智英》之间的呼应，也是一面镜子。镜子里映出的不只是一个敢言商人的命运，也有整个社会对法治、对媒体、对个人尊严的态度。一个体制如何对待像黎智英这样的人，就会如何对待别的普通人。今天发生在香港的事，迟早会以各种形式在别处显形，这一点，已经在不同的案例中不断得到印证。

历史不会立刻给出裁决，但历史的记忆已经开始积累。《我是黎智英》留住的是一个时代的起点；今天的判决，则可能被后人视作另一个时代的注脚。哪一个时代更长久，哪一种香港会在记忆里占上风，取决于未来几十年中国和世界的走向。无论如何，这本自传已经静静地躺在很多人的书架上，等待下一次被翻开。

【海峡两岸】

当国际条约被当成"历史文件"和废纸
——旧金山体系、台湾地位与中国的外交自损

马四维

2025年11月28日，外交部例行记者会上，有记者追问中方如何看待日本政界频频提到《旧金山和约》，尤其是涉及台湾地位的问题。毛宁的回答很干脆：所谓《旧金山和约》"违反1942年《联合国家宣言》中禁止与敌国单独媾和的规定，违反《联合国宪章》和国际法基本原则"，对台湾主权等"涉及中国作为非缔约国的领土和主权权利的处置都是非法无效的"，"中方从来没有接受过《旧金山和约》"。这不是内部学习材料，而是通过新华社全文播发的正式立场，用的是几乎最高调的对外话语渠道。也难怪台湾评论人胡采苹会说，"本来以为是不是有什么误会，没想到原文真的就是中国不承认不接受《旧金山和约》"，调侃自己"一觉醒来回到了后《马关条约》时代"。

从历史和国际法的角度看，这番话不是普通的"强硬表态"，而是直接动到了战后亚洲秩序的地基。《旧金山和约》是1951年日本与48个同盟国签署的对日和平条约，1952年生效，界定了日本战后的主权范围与对若干领土的放弃，其中第2条（b）写得很清楚：日本"放弃对台湾及澎湖的一切权利、权原与要求"。这一条到底有没有效，不是"历史细节"，而是一个基本问题：战后日本究竟通过什么法律动作，结束了对台湾的殖民统治？如果这一步被说成"非法无效"，那逻辑链条就断掉了。

外交部"非法无效说"把时钟拨回到哪一年？

让我们先把历史摆平：《旧金山和约》究竟干了什么？按最基本的史实，《旧金山对日和平条约》有几层关键作用：它确认日本战败后的疆域限制。第2条分别写明，日本放弃朝鲜、台湾、澎湖、库页岛、千岛群岛等一系列原有领土。它建立了所谓"旧金山体系"（San Francisco System）：以美日同盟为核心的战后亚太安全与条约网络，从对日占领安排，到后来的驻军、安保条约，基本都系在这份和约上。它刻意没有写"台湾交给谁"。条约只写"日本放弃"，没有列出"受让方"。这点后来成为各方争论的核心：北京说"早在1945年就已经光复台湾"；台北说"日本放弃，并未明文把主权交给任何一方"；美国在官方立场中反复强调，"旧金山和约并未决定台湾最终地位"。

换句话说，《旧金山和约》在台湾问题上干了两件事：一是帮日本"放下"台湾；二是故意不说"谁捡起来"。这既是冷战政治下的模糊安排，也变成后来所有关于台湾法律地位争论的起点。在这种背景下，中国外交部现在突然宣布：这份条约"非法无效"，中方"从来没有接受过"。问题马上就出来了：如果连"日本放弃台湾"的这一步都被抹掉，那么历史的时间线要退回到哪一年？

按毛宁的说法，《旧金山和约》从一开始就"违反《联合国家宣言》禁止与敌国单独媾和"的承诺，所以在国际法上"非法无效"。按这条逻辑推回去，岂不是只剩下《马关条约》"合法有效"。中华人民共和国不是《旧金山和约》的缔约国，却在1971年后取得联合国"中华席位"，并在1972年以后与日本建交。这中间包含一个很关键的问题：新政权继承旧政权的国际法律地位时，如何接续旧条约？这是国际法里"国家继承"的经典难题，也远不止台湾问题。外交部翻译出身的官员们和外交学院工农兵学员出身的教授，好好研究这个问题，再叫毛宁表态。

从最基本的国际法常识出发，有几件事不得不说清：

第一，《联合国家宣言》是战时政治承诺，不是长期禁止令。1942年1月1日，美、英、苏、中等26国在华盛顿签署《联合国家宣言》，承诺"不与敌国单独媾和"（"not to make a separate armistice or peace with the enemies"）。这句话的背景很简单：打仗的时候怕有人半路投降、单飞，所以先彼此打个招呼，保证战时团结。

1951年签《旧金山和约》时，战争早已结束六年，日本已经在1945年无条件投降。对日和平安排分批进行：苏联拒绝参加旧金山会议，选择1956年与日本单独签署《日苏共同宣言》恢复邦交；中国（当时在联合国的席位由中华民国政府占据）也没有出席旧金山会议，而是在1952年与日本签署《中日和约》（《台北和约》）。也就是说，战后各国本来就是各自与日本签和平、建邦交，没有哪一份协议是"所有战胜国一起签"的。用战时"不单独媾和"的政治宣言去推翻战后所有分批和平条约，本身就和历史事实对不上。

第二，"非缔约国不受约束"不等于"条约对世界无效"。国际法有一个基本原则：条约不为第三国创设义务，除非第三国同意（《维也纳条约法公约》第34条的精神）。但这并不等于说，"只要不是缔约国，就可以宣布别人签的条约统统无效"。《旧金山和约》主要解决的是日本与签约48国之间的状态：包括战争关系的终止、战争赔款、领土放弃，等等。对于没有参加签约的国家，这份条约当然不能直接拿来"要求你履行义务"；可它对日本的束缚，却是实实在在的：日本自己承诺"放弃对台湾及澎湖的一切权利、权原与要求"，这部分是日本的自我行为，不需要中国点头才生效。

现在外交部说，"中方从来没有接受过《旧金山和约》"，这句话只能说明：中国不承认这份条约在"处分台湾主权时对中国有约束力"。但跳到下一步，说"因此这份条约本身非法无效"，就等于否定了日本放弃殖民统治的法律动作，这才是真正把逻辑推回了《马关条约》的年代。

第三，如果旧金山体系被一笔抹掉，受伤最大的未必是别人。《旧金山和约》不仅处理台湾，也处理南千岛群岛、琉球群岛、南洋托管地等一大片战后秩序问题。中方这次把整份条约打成"违反《联合国家宣言》""违反《联合国宪章》"，理论上就等于暗示：战后这一整套秩序的合法性，都可以被翻出来重判。

这个逻辑如果真的打开，最兴奋的不会是北京，而是东京内部的极右派、以及部分台湾独立论者——前者会说"既然旧金山体系无效，那战后对日本主权的种种限制也可以重谈"；后者会顺势说，"如果日本没有在国际法上有效放弃台湾，那'台湾地位未定论'就更有空间"。这正是许多台湾、美国、日本舆论在第一时间指出的讽刺。

机会主义外交：从香港到台湾的同一套手法

毛宁这次对《旧金山和约》的定性，并不是孤立事件，而是与近十年北京处理国际条约的一贯模式高度一致。

2017年，中国外交部发言人曾公开把《中英联合声明》称为"历史文件"，声称它"早已完成使命，不具有现实意义"。但这份 1984 年签署、在联合国登记的国际条约，本来就设计了至少 50 年的承诺期，英国、G7 国家和大量国际法学者一直坚持其"仍具法律约束力"。换句话说，当《中英联合声明》有利于北京——帮助顺利收回香港主权、确保资本市场稳定——它就是中国主动推动签署的"庄严国际条约"；当 1997 年之后条约里的"高度自治""港人治港"变得不合时宜，它就被降格为"历史文件"。

同样的逻辑，现在被搬到《旧金山和约》身上。许多年里，北京在论证"台湾已经回归中国"时，一直将《开罗宣言》《波茨坦公告》与日本投降书捆在一起，强调"日本接受波茨坦公告，即接受归还台湾的条款"。但当日本政界提到《旧金山和约》、强调日本"无权单方面认定台湾地位"，北京马上把这份战后核心条约从"证据链"里抽出来，干脆宣布其"非法无效"。

同一份历史与国际文件，在北京的叙事里是"开关键"——用得着时打开，不顺眼时关掉。这种机会主义的用法，在国内宣传里也许管用，但在国际法语境里代价很大：它削弱中国在任何条约谈判中的"信用"，让别国觉得"今天签的东西，过几年说是'历史文件'就不认了"；它给对手递刀，把自己的长期立场暴露在法律反讽之下——不承认旧金山体系，就等于向"台湾仍属日本""台湾地位未定"这两种极端说法打开空间；它把"国际法"从一套稳定规则，变成一句随时可以被政治否决的口号。任何一个希望被视为"大国"的国家，都应该尽量维护条约稳定，而不是一不顺心就宣布"非法""无效"。否则，等别人也用同样的方式否定本国主张时，就很难要求对方"遵守国际秩序"。

1943 年《开罗宣言》提出，"日本所窃取于中国之领土，如东北、台湾、澎湖群岛等，归还中国"；但这是一份战时政治宣言，不是正式和平条约。日本 1945 年投降、接受《波茨坦公告》，承诺执行《开罗》条款，却没有一部单独的"对台和平条约"明确写出"台湾主权已移转给中国"。这部分本来就靠《旧金山和约》、加上后来的《中日联合声明》《中日和平友好条约》在实务上补足。外交部不能只盯着《旧金山和约》一纸，而要把《开罗宣言》《波茨坦公告》、日本投降书、《旧金山和约》、各种双边对日和约、《中日联合声明》《中日和平友好条约》放在一起，梳理一条清晰的"法律脉络"与"政治脉络"，看各方究竟在哪些节点开始选择性阅读历史。

从法律逻辑看，把《旧金山和约》打成"非法无效"，确实会产生一个极难收拾的后果：按战前的条约顺序，关于台湾主权的最后一份明确文本，是 1895 年的《马关条约》，其中清朝政府将台湾、澎湖"永远让与日本"。如此说来，是不是要把台湾问题退回 1895 年的《马关条约》？

连历史的条约背后的逻辑都没有搞清楚，如何处理复杂的国际关系？在这种幼稚的认知结构下，否认《旧金山和约》的法律效力，并不会自动把台湾"退回中国"，反而会从条文层面"退回日本"或"退回未定状态"。这也就是为什么会出现那句辛辣的评论："如果旧金山和约无效，那台湾还是日本领土"。

对北京来说，这当然不是政治目标。但在国际法和舆论战的场域里，一旦话说出口，对手就会拿着这句话做文章——台湾方面已经开始重申，"旧金山和约并未把台湾主权交给中国"，强调台湾与中华人民共和国"互不隶属"。

从国家利益的角度看，这是一种自伤行为：原本北京可以把《旧金山和约》当作既成事实，只在解释细节上与日、美、台拉扯；现在却主动把这块基石踢翻，把本来就复杂的历史法律问题再度"雾化"。

对中国自身在全球治理中的话语权的打击

旧金山体系本来就留下模糊空间，给了各方

不同解读的余地。现在北京一口否定，反而会让"台湾地位未定""台湾仍属日本"之类边缘说法进入主流视野，增加台海问题的"法律噪音"。这对任何希望避免冲突、维持稳定的人来说，都不是好消息。

这类声明，对内的伤害其实不比对外小。一方面，它让国内公众对"条约"这件事更加混乱。今天告诉大家：《开罗宣言》《波茨坦公告》是铁证，《旧金山和约》非法；明天又说：《中英联合声明》只是"历史文件"；再往前说，一系列与苏联、越南、周边国家签的边界条约，是"彻底解决历史遗留问题的重大外交成果"。普通人很难从中抽象出一条稳定原则，只能得到一个粗糙印象：凡是有利于当前政策的，就是"国际法"；不利的，就是"历史垃圾"。

从《中英联合声明》到《旧金山和约》，可以看出一种越来越明显的倾向：当国际法有利时，以"规则拥护者"自居；当国际法不利时，直接动规则的根基。这种做法在短期内也许迎合了国内舆论，但长期会伤到中国自身在全球治理中的话语权。

这对中国本土的法学教育、国际法研究，都是实质打击。愿意认真钻研条约史、判例法的年轻学者，很容易陷入两难：照实证材料讲，会与官方口径冲突；完全配合宣传，又知道自己在专业上站不住。久而久之，国际法变成"政治话术学"，而不是一门讲规范、讲体系的学问。

另一方面，它削弱中国在周边国家中的"信任资本"。战后亚洲秩序，不只是中日、台日之间的问题，还包括韩国、东南亚、俄罗斯等一系列国家。很多争议都多少涉及《旧金山和约》及其衍生安排——比如千岛群岛争议、冲绳与琉球的地位、对日赔款问题等。

一个经常把"条约非法""历史文件"挂在嘴边的中国，很难让周边国家放心：今天和你签的东西，二十年后会不会又被你口头宣布"失效"？对一个自称要"参与塑造国际秩序"的大国来说，这种信用流失，其实比一两次话语上的"强硬胜利"要危险得多。

国际法的存在，是为了让国家之间有一套即便不喜欢、也要勉强遵守的最低秩序。条约当然可以批评、可以修订、可以在新的谈判基础上达成替代安排，但随意宣布"非法""无效"，是最破坏性、也最廉价的做法。

把《旧金山和约》一棍子打死，看上去是"强硬"，实际上是在告诉世界：北京愿意为了眼前的叙事需要，去动战后体系最关键的一块基石。这种做法，也许能在国内社交媒体上收获一阵叫好，却会在国际法的法庭与历史的回顾中，留下难以抹去的记录。

真正稳健的道路，不是靠否认一纸条约，把时间硬拖回 1895 年，而是坦然承认《旧金山和约》在战后秩序中的客观地位，在此基础上，用清晰、自洽、经得起推敲的法律论证，为自己的主张辩护。否则，每一次"喊无效"，都是在悄悄削弱中国自己的未来筹码。

【博登书评】

生祭郭罗基

胡 平

（一）

2025年1月，美国溪流出版社推出《郭罗基访谈录——一生充当反对派》，上下两大卷，一百多万字。

说来，郭罗基这本书的问世，也有我一份功劳。2019年六四，我到华府参加纪念活动，见到China Change网站创办人曹雅学女士。曹雅学说她想对海外流亡人士做深度采访。我建议首先采访郭罗基。我说，郭罗基八十多岁了，再不采访就来不及了。8月上旬，曹雅学约上我太太王艾，分别从华府和纽约乘飞机前往内布拉斯加州到奥马哈（Omaha）城，对郭罗基进行了长达三天的采访，参与采访的还有郭罗基的儿子郭听雷。

郭罗基是1992年来到美国的。当时他被纽约科学院选为院士并受邀来纽约参加该院的活动，同时他还收到哥伦比亚大学黎安友（Andrew J. Nathan）教授的邀请到哥大东亚所做研究工作。1995年，郭先生受哈佛大学法学院邀请参加东亚法研究。郭先生1992年来美国时的有效签证J-1是三年，他原准备三年后回中国，可是第二年郭先生就被中国政府列入不准入境的"黑名单"。在结束了哈佛的研究后，郭先生无法回国，就留在了波士顿。2011年，郭先生当年在南京大学教书时的一位学生袁劲梅，毕业后赴美留学，现在内布拉斯加的克雷顿大学（Creighton University）哲学系任教，邀请郭先生搬到奥马哈。这样，郭先生就到奥马哈住下了。郭先生和他的妻子在2009年离婚，儿女都不在美国工作。我担心郭先生在奥马哈太过孤单，打电话问他是不是搬到纽约来，这边朋友多些。郭先生说他在奥马哈过得不错。老了，不想再搬迁了。

三天的采访，郭先生给曹雅学和王艾这两位采访者留下了十分深刻的印象。那一年，郭先生已经87岁了，就在一年前，他遭遇一场重大车祸，断了几根肋骨，差一点没抢救过来。然而，采访者看到的郭先生，衣着整洁，精神矍铄，思维敏捷，口若悬河，讲起往事脉络分明，记忆力惊人，多年前发生的事，时间地点和现场的一些细节都记得清清楚楚。采访者注意到，郭先生住的是老人公寓，没有食堂，没有护理，平时买菜做饭、洗衣打扫都是自己动手。郭先生把自己的生活安排得井井有条，从起居饮食，到锻炼和调养身体。就在这样的环境下，郭先生坚持阅读、思考和写作，并通过网络和各地的、包括国内的朋友交流。如此高龄，如此环境，竟有如此境界，如此状态。令人佩服不已。

接下来，郭先生把采访的录音认真整理。为此，他小心核对事实，引证原文，查阅笔记和日记，还特地收录了一些原始文件，并且扩充了内容，把采访时被忽略或未展开的话题做了进一步的补充，一个字一个字打进电脑。就在这段时间，郭先生又先后患上前列腺癌和肝癌。医生说，从来没见过这么大年纪的人长这么大的瘤子。郭先生从容应对，给朋友们的信中说自己"像无事人一样，该干什么还干什么"。然后，病情竟然得到控制。历时近五年，在92岁的高龄，郭先生交出了这部一百多万字的书稿。真是人间奇迹。

（二）

访谈录一出版，郭先生就嘱托出版社给我邮寄一套，并来信说："照老规矩，请胡平阅后写出评论，这不仅是评一部书，也是评我的一生。可称是祭文，而我人还没死，叫做生祭。"

此前，郭先生在海外已经出了五本书：1、《共产党违法案纪实》（香港民主大学出版社1997），2、《论"依法治国"》（纽约民主亚洲基金会，2004），3、《历史的漩涡——1957》（香港明报出版社，2007），4、《新启蒙——历史的见证与省思》（香港晨钟书局，2010），5、《"梁效"顾问冯友兰》（美国华忆出版社2020）。每一本我都写了书评。我之所以给郭先生的每一本书都写书评，是因为我自以为对郭先生最了解，是因为我和郭先生有着深厚的情谊，另外也是因为我认为长期以来郭先生都没有得到足够的重视与应有评价。如果用一句话评价郭先生，那就是，郭罗基先生堪称文革后中共党内推动思想自由、言论自由与人权理念的启蒙先驱第一人。

郭先生讲到"生祭。何谓生祭？有两个例子：一是台湾女作家曹又方身患绝症，她请朋友们举办了一场"曹又方快乐生前告别式"。另一个是李锐之女李南央，在李锐病重住院期间向朋友们约稿，希望能让父亲在生前就听到众人对他的评价。我和几个朋友一道，在5月20日——恰好是郭先生93岁诞辰的第二天——举办了《郭罗基访谈录》网上讨论会。上线发言的嘉宾有：曹雅学、黎安友（Andrew J Nathan）、梁雷、林培瑞（Perry Link）、徐友渔、陈奎德、苏晓康、王军涛、朱学渊、高伐林、张裕、高寒。这次网上讨论会长达三个小时。每一位嘉宾的发言都很精彩，在高度肯定之余，也有坦诚的不同意见和批评。郭先生说，他本来想约请他的同辈人参加讨论，可是他的同辈人，大多已作古，有几位还在，但久已卧床不起，恐怕脑子也不清楚了。我感慨道：高寿者有个大遗憾，那就是，你的同辈亲友同事，你们之间本来有着最多的共同记忆的人，都走了，你生命中很大一部分也随着他们消失了。他们本来可以讲出很多重要的故事和生动的细节，可惜我们再也听不到了。

（三）

《郭罗基访谈录》是一部自传。阅读《郭罗基访谈录》，我们不但可以认识郭罗基这个人，也可以通过他认识我们的时代。

郭罗基，1932年出生于江苏无锡，1948年加入中国共产党。1955年，考入北京大学历史系，还没毕业就被留校任教。在1957年反右运动中，郭先生被指为"右倾"。在1975-1976年的"批邓、反击右倾翻案风"运动中，北大有两人坚持不表态，不批邓。一位是北大校长、物理学家周培源，另一位是郭先生。

1976年10月，"四人帮"垮台，北大随即发生了一场反对"两个凡是"的民主运动。运动是北大的教师发起的，郭先生是三个"领头羊"之一。时任北京市委书记的吴德就郭罗基的发言稿请示华国锋，华国锋说："一定要把他压下去！"（上卷，第330页）但是，郭先生的发言赢得北大师生的广泛赞同，也得到党内已经复出和正要复出的改革派赞同。于光远说他亲耳听邓小平说："郭罗基是好样的！"（上卷，第333页）这场运动取得成功，北大党委改组，北京市委检讨。

1977年11月，声誉鹊起的郭先生被推选为北京市人大代表。郭先生在北京市第七届人代会上严肃批评北京市委，是中共建政以来人民代表问责政府之第一例，也是迄今为止唯一的一例。

1978年，郭先生参与了"实践是检验真理的唯一标准"大讨论。1979年1月，郭先生参加了理论务虚会。在这一年第3期《红旗》杂志上，郭罗基发表了著名文章《思想要解放，理论要彻底》。

1979年6月，郭先生在《光明日报》上发表《谁之罪？》。这是探讨张志新案件的最著名的文章。张志新是中共党员，在文革后期发表言论，批判对毛泽东的个人崇拜，质疑文化大革命，被定性为现行反革命分子关进监狱；在狱中张志新喊口号"打倒毛泽东"。辽宁省政法部门本来给张志新判处的是无期徒刑。时任辽宁省委常委、辽宁地区实际上的最高统治者、毛泽东的侄子毛远新发话枪毙。临刑前，怕张志新呼喊"反动口号"，割断了张志新的喉咙。1979年3月，张志新平反昭雪，其事迹公诸媒体，引发强烈反应。在大量的纪念张志新的文章中，就以郭先生这篇《谁之罪？》流传最广，影响最大。作者虽未点毛泽东之名，但明眼人谁都知道这里的谁是谁。

1979年11月14日，郭先生又在《人民日报》上发表了那篇《政治问题是可以讨论的》，反对因言治罪，力倡言论自由，直击中共专制之要害；文章采用对话体，深入浅出，逻辑严谨，极有说服力。这篇文章先是在10月15日首发于内部刊物《未定稿》，人民日报则是在一个月后正式发表。就在10月16日，北京市中级人民法院判处魏京生有期徒刑15年。11月6日，北京市高级人民法院驳回魏京生的上诉，做出终审判决。郭先生这篇发表在人民日报上的反对因言治罪的文章正赶上这样的时刻。当天下午，胡耀邦就打电话给人民日报总编辑胡绩伟，问："你们发表郭罗基的文章是不是为魏京生辩护呀？"胡绩伟说："这篇文章是9月份写的，那时魏京生还没有判刑，怎么谈得上为他辩护呀！"（上卷，第480页）胡乔木拿这篇文章向邓小平告了状。邓小平后来在报告里说："绝不允许宣传什么包括反革命分子在内的言论出版自由。"（上卷，第486页）郭先生的宏文不胫而走，而郭先生的名字则被邓小平等打入另册。

郭先生写《政治问题是可以讨论的》不是为魏京生辩护，而是针对所有的因言治罪。在1979年12月北京市第七届人代会第四次会议上，郭先生联合其他几位代表发表了一份声明，为魏京生进行辩护，同时为因散发和出售审理魏京生案的部分录音记录而被捕的刘青（民间刊物《四五论坛》负责人）进行辩护，向北京市检察院和法院提出严正的挑战。这在中国的人民代表大会的历史上是没有先例的。郭罗基对魏京生有不少批评，但这丝毫无碍于他为魏京生的言论自由权利做公开辩护。

1981年夏天，郭先生以"马温"的笔名在《人民日报》上发表了一篇反对个人崇拜的文章。这篇文章事先交给胡耀邦看过，胡耀邦亲自写了回信。郭先生给我看过这封回信。平心而论，回信写得很不错，语气谦和友好，平等待人，还提出了几处修改意见，应该说，有些修改意见还是很中肯的。但这篇文章还是遭到中共保守派的深刻忌恨。不久，上面就发出调令，把郭罗基先生逐出京城。郭先生据理力争，很是顶了一阵子。当时上面有话：不走就开除出党，开除之后还是要走。1982年8月，郭先生被迫迁去南京。我录下一首唐诗赠给郭先生："千里黄云白日曛，北风吹雁雪纷纷。莫愁前路无知己，天下谁人不识君？"

1989年4月15日，胡耀邦逝世，引发天安门学潮。郭罗基说，他并不希望发生学潮。1988年以来，中国的和平演变相当迅速。上海的《世界经济导报》和北京的《经济学周报》实际上已成为自由化思潮的阵地。1988年5月，在北京饭店举行了一场"文化座谈会"，为翌年"五四"运动70周年作准备。郭先生以及不少多年来被整肃的自由化分子，连为胡耀邦陪绑的下台中宣部长朱厚泽，都出场了。1989年"五四"之前发生了政治风波，和平演变的进程为之中断。郭先生说，如果可以选择，我宁要和平演变，不要政治风波。但政治风波不可选择地发生了，我决定参加进去。（下卷，第196页）

"六四"后，当局进行了全国范围的大清洗。南京大学党委秉承上意，以"党员重新登记"的名义，迫使党员人人过关，表态附和中央关于"六四"是"平暴"的结论。郭先生非但拒绝认错，而且"猖狂反扑"，"摔出三顶帽子：'反党、反人民、反马克思主义'：'党员重新登记'是反党；'六四'事件是反人民；'反对资产阶级自由化'是反马克思主义。"（下卷第214页）郭先生在支部大会上发表《告别书》，这一长篇讲话引起很大反响。真正的勇士未必总是在形势顺利时冲得最远的人，但必是在恶浪袭来时屹立不退的人。伟大的人格有如火石，遭到的打击越强，迸出的光芒越亮。

郭先生被拒绝党员重新登记。接下来，郭先生的一个研究生因积极参加八九民运而被捕入狱"拘留审查"，郭先生给南京市政府发去抗议书要求放人。六四后被抓的研究生很多，但提出抗议的导师唯有郭罗基一个。再接下来，郭罗基被取消教授与博导资格，然后又被剥夺上讲台授课的资格。郭先生通过法院提出起诉，状告国家教委和南京大学党委，在万马齐喑的政治气候下犹如一声惊雷，首开1949年以来"民告官"之先河。

1992年5月，人在国内的郭罗基当选为海外人权组织"中国人权"的理事，是"中国人权"在中国大陆的第一位理事。11月，赴美国哥伦比亚大学东亚研究所作研究。1995年，任哈佛大学法学院资深研究员。2001年，郭罗基还参与了中国独立作家笔会的创建。在流亡海外期间，郭罗基应邀为美国之音和自由亚洲电台做评论，同时也在海外多家刊物上发表文章，共计约500篇。其中有关人权与法治的系列文章，略加整理就会是很好的教科书。

1997年10月，郭先生的中国护照到期。郭先生向中国驻纽约总领事馆提出延期。领事馆说上面规定要他"写个东西"。郭先生写了个东西交去，然后就没了下文。因为郭先生写的"东西"不是对方要的"东西"。领事馆要的是检讨书，郭先生在国内的高压下尚且不写检讨，哪有到了美国的自由天地反而写检讨的道理？那时的外交部长唐家璇毕业于北大东语系，郭先生当年是他们的政治课老师。郭先生直接给唐家璇写了信，结果是石沉大海，毫无音信。郭先生母亲病危，郭先生想回国探望，但因为拒绝"写个东西"而未能成行。母亲去世，郭先生听说有人虽未获准护照延期，但允许回国奔丧，于是又找到领事馆，对方又说要写个东西，倒不是要检讨而是要保证，保证只参加母亲丧事，保证不和别人来往，保证不到别的地方。郭先生拒绝这种政治勒索，宁愿忍受和高堂老母生离死别的哀痛。我完全理解并同情那些为了奔丧而写下保证的朋友，但对捍卫尊严、连一分一毫都不肯退的郭先生，我只能更加钦敬。

（四）

1978年秋，我考进北京大学哲学系研究生班。由于我主修专业为西方哲学史，而郭先生讲授的是马克思主义哲学原理，彼此没有交集。1979年，郭先生在写作《政治问题是可以讨论》一文时，读到我在民主墙时期民间刊物《沃土》上以"何边"的笔名发表的《论言论自由》（《沃土》的作者都是用笔名），很是欣赏。中共理论务虚会上那些党内知识分子对民主墙和民间刊物大多是赞扬的，但不愿和我们沾边。愿意和我们接触的只有三个人：严家祺、王若水和郭罗基。郭先生在访谈录里写道："我到哪里去找何边？想出了一个办法，我把何边的一句特色语言写进了我的文章，他一看就知道，'嘤呼其鸣，求其友声。'这句话是这样的：'文化大革命中，没头脑的人到处摇头晃脑，有头脑的人竟至于失去了脑袋。'"（上卷、第479页）我读郭先生《政治问题是可以讨论的》，一下子就看到了这句话，非常高兴，立即登门拜访。正如郭先生所说："从此，我们就成了为争取言论自由而斗争的战友"。

曹雅学采访郭罗基，一开始就请郭先生用几句话概括自己的一生。郭先生当即回答道："一句话就可以概括：一生充当反对派。"（上卷、第1页）这句话成了《郭罗基访谈录》的副标题。郭先生从小就是反对派，反对日本军国主义，反对国民党统治，然后是反对共产党统治，到海外后又是他参加的组织中国人权和独立中国作家笔会的某些负责人的反对派。

对于早年反对国民党统治，参加共产党和共产革命这一段历史，郭先生讲到了他的沉痛反思。他引用《钢铁是怎样炼成的》作者奥斯特洛夫斯基临终前的一句话："我们所建成的，与我们当年为之奋斗的完全两样。""问题出在什么地方？"郭先生说，"问题就出在我们投入的革命是暴力夺取政权。因为是暴力夺取政权，夺取政权以后，必然是用暴力来维护政权、运用政权。"（上卷、第37页）另外，他对于社会主义也有自己的反思。

至于他到海外后又成了人权组织和独立笔会某些负责人的反对派这一段历史，郭先生用了整整两章的篇幅，讲述了他亲历的"中国人权的'大地震'"和"独立中文笔会的大风暴"。在参加郭先生这本书的讨论会上，有几位嘉宾就是中国人权"大地震"和独立中文笔会大风暴的当事人，包括赞成他的和不赞成他的。此外，郭先生在访谈录里还记叙了他参加的很多重大问题的争论以及对若干民运同道的严肃的、理性的批评。对于这些事，相关人士免不了有不同看法，见仁见智；而郭先生的特立独行则一以贯之。

（五）

《郭罗基访谈录》也是一部思想和心灵的自传。郭先生不但写下了自己经历的重大事件和自己的所言所行，而且写下了自己当时的所思所感以及事后的反思，写下了自己的心路历程。我认为这后一点非常重要。作为思想者，我们现在所拥有的种种观念、倘从人类思想史着眼，其中并没有多少新颖原创之处，但我们获得这些观念的那一经验过程，却堪称独特而弥足珍贵。因此，从个人经验的角度来谈论这些问题，很可能倒是一种更有意义的方式。

郭罗基在访谈录里详细地讲述了他如何从正统的共产党员变为党内的异议分子，又进而成为党外的反对派。其中，最值得我们了解的是，郭先生本是一位马克思主义哲学家，他如何又成为当代中国自由主义先驱的呢？

郭先生讲到，1957年是他的人生分水岭。在此前的历次政治运动中，郭先生都是奉命整人的，反右运动使他觉悟到整人即政治迫害的错误。这就是自由主义的萌芽，即对那种残酷的政治迫害行为的反感。而这种反感又主要是来自一种人性的精神。郭先生同班被打成右派分子的同学沈元和雷光汉都说，郭罗基和别的党员不一样，很有人性。

自从觉悟到不能再整人，郭先生自己就成了被整者，不断的被整。过去，郭罗基每受批判都要检讨。1959年，他因为对大跃进的错误提出过批评意见，被指犯了右倾机会主义错误，他又被迫检讨。1962年大跃进遭到惨败，共产党搞了一次甄别平反运动。北大党委宣布郭先生在1959年的言论非但不是右倾机会主义，而且是完全正确的。郭先生并未感到得意，反而很难过。他想的是：既然我本来就是正确的，为什么要检讨？作了不应该检讨的检讨，这才是应该检讨的。从此，郭先生给自己规定了一条守则：决不在任何压力下作检讨，即便为此而吃苦受难。

再到文革，经历了一次又一次的事件与抗争，郭罗基对思想、言论和行动之间的关系进行了严密而透彻的思考。这就达到了自由主义最重要的一点，即在个人领域和公共领域之间划分一道界限。在人类社会生活中，一定的强制是不可避免的，但必须对权力施加限制，必须禁止权力侵犯个人领域，首先是禁止侵犯思想的领域、言论的领域，也就是说必须保护不同思想、不同意见，必须要有言论自由。

在郭先生思想演进过程中，他是把马克思主义当作主要的思想资源。这不足为奇，包括苏联、东欧等共产国家的第一代自由主义者很多人也是这样的。这也不足为怪。正如美国哈佛大学教授茱迪·史珂拉（Judith N.Shklar）在"恐惧的自由主义"文中所说:"除了禁止干涉他人的自由之外,自由主义没有任何关于人们如何生活或者应该作何选择的特殊而积极的学说"。"自由主义原则上并不必依赖特殊的宗教思想体系或哲学思想体系。只要它们不拒绝宽容,就不必在它们中间进行选择"。史珂拉提醒我们,要把各种心理学上的亲缘关系和逻辑结论区分开来。马克思主义从心理学上更容易导致不宽容,导致思想专制,但是在逻辑上并不必然导致不宽容,并不必然导致思想专制。从马克思主义乃至毛的一些思想中也可以找到思想自由言论自由的相关论述。

再说,这里也有启蒙言说的特定情境与策略考虑:既然我们面对的专制,是以马克思主义和毛泽东思想为旗号的专制,我们要争辩的对手,是把马克思主义和毛泽东思想当作因言治罪的依据的中共当局,我们要说服的对象,是那些依然奉马克思主义和毛泽东思想为真理的中国民众,因此,我们不能从一开始就去批判、去否定马克思主义和毛泽东思想。我们必须尽量找出马克思和毛泽东讲过的支持言论自由的话。这一来是为了保护自己,让当局难以给我们扣上"反革命"的罪名;二来也是为了让那些依然相信马克思主义毛泽东思想的民众更容易接受,而不至于从一开始就产生反感和抵触的情绪,否则我们就达不到说服他们的目的了。至于说八九之后,苏东巨变之后,共产党的意识形态破产,在中国论证自由主义可以和马克思那一套脱钩,那毕竟是后话。

(六)

郭先生不但是自由民主的言说者,也是践行者。郭先生说:"我不能只是号召别人去斗争,应当用自己的行动来实践自己的主张。"(下卷、第227页)例如他在1991年状告国家教委和南京大学党委,那不但是郭先生自己依法维权,而且也树立了一个一般民众都可以跟进、可以效仿的榜样,对后来的依法维权运动无疑起到了启发与激励的作用。尽管依法维权未必能实现维权者的诉求,但重要的是它提供了一种具有现实可行性的抗争方式。

郭先生的思考和文章有一个很大的特点,那就是他非常重视民运的策略问题。他对将近半个世纪来中国发生的历次争取自由民主的运动,都从策略的角度进行过认真的分析和总结。郭先生强调合法斗争。他指出,"民主运动是合法的,暴力镇压才是非法的";"是政府违法、共产党违法,人民要起来护法"。(下卷、第226页)郭先生重视组织的作用,尤其重视那种在禁止民间结社的情况下,怎样开展那种未必有组织之名、但是有组织之实的组织活动,怎样以无形的组织形式规范有形的群众行动。他强调要注意体制内和体制外的结合,要善于运用有进有退的策略。他指出了导致过去多次民主运动遭到失败的最常见的原因,即,"多数非激进的派别不能制约少数激进的派别,而激进的派别招致的后果却要全体承担。"(上卷、第389页)谈到八九民运的失败,郭先生指出:"民主运动从暂时失败转化为最后胜利的第一个条件是承认失败,吸取教训。"(下卷、第200页)郭先生说,要把"正义与非正义"和"正确与不正确"区分开来。我们做的事情是正义的,但这不等于我们的做法必定是正确的。我们的失败不证明我们做的事情不正义,但是它确实证明我们的做法有问题。我们必须吸取教训。

(七)

我这篇评论,远远算不上对郭先生的一生做评价,就连对这一本书的评价都算不上,因为没有讲到的事情太多太多。我只希望,我这篇文章能够引起更多的人关注郭先生,从而阅读郭先生。如果我这篇文章能够为更多的读者——特别是年轻的一代——阅读郭先生起到某种导引的作用,那就很好了。

我相信,在未来中国的先贤祠里,一定会有郭罗基的名字。

受难中的宏大"迷思"

——《雨烟雪盐》读后感

严家祺

苏晓康受难中的宏大「迷思」——新书《雨烟雪盐》读后感

1993年，苏晓康在美国的一次车祸中，与他的妻子傅莉同时被抛出车外，苏晓康昏迷一周，傅莉昏迷一个月。据当时在普林斯顿大学的Lorraine Spiess（中文名孙璐瑜）说，傅莉曾被医生判为"植物人"。苏晓康很快恢复健康，傅莉醒来后身体残疾，30多年一直在病痛中受苦受难。

2025年，《河殇》作家苏晓康出版了他又一本新书，书名《雨烟雪盐》。书的大部分篇幅，写的是1989年北京六四大屠杀后在欧美日台流亡者形形色色的事迹；书的最后一章，写他在"难眠中"的"灵动"，最后的最后是他的"六四迷思"。

1989年六四后，苏晓康成为中国政府36年以来的通缉犯，不仅是因为他是天安门学生运动中《516声明》的主要发起人，而且因为他是1989年前在中国有广泛影响的《河殇》电视剧的撰稿人。《河殇》的最大思想史意义，是解构中国落后的民族主义观念。苏晓康说，因为它当年解构一系列中华图腾——如黄河、龙、长城等——最彻底。在中国几千年历史上，直到今天，龙是中国的图腾和象征，苏晓康要"屠龙"。

苏晓康的新书写了他的三大"迷思"。从心理学看，迷思是一种"迷茫思考中的理性推理"，与"迷信"这种没有理性的"信仰"完全不同。苏晓康在《雨烟雪盐》中说，在2021年6月1日，他在《六四32周年全球网络视频纪念大会》上发言：

赵紫阳被软禁的整个后半生，绝不检讨，光明磊落，然而，就在1989年5月16日，他对当年戈尔巴乔夫和他会面，「抛邓」导致情势失控，令邓小平大开杀戒（《雨烟雪盐》P.290）。从这时开始，第二天是5月17日，天安门广场和全中国数以亿万人发出来谴责、反对邓小平的嗡声，我在这种情况下，和包遵信等几十人发出了谴责「老人政治」的《517宣言》，这只是亿万嗡声中的一个普通声音。

六四，成了赵紫阳人生的「走麦城」，赵紫阳（左一）与严家祺（右二）。

5.16 这天，赵紫阳"抛邓"是邓小平六四大屠杀的导火线。

赵紫阳是中国的好总理，他在六四前提出"在民主与法制的轨道上解决问题"、反对北京"戒严"是正确的。1989 年 5 月 16 日，面对几百万学生和北京市民参与的抗议运动，赵紫阳不能主动放弃自己对中国人民的责任。

赵紫阳在软禁期间的回忆录《改革历程》一书中，用一章篇幅谈及"同戈尔巴乔夫的谈话"。赵紫阳说：邓小平"对我同戈尔巴乔夫的谈话恐怕不止是恼怒，而是真正伤了他的感情。六四后他在接见李政道教授时说过，赵在学生动乱时把他抛了出来，实际上是讲我把邓抛了出来，社会上也有这种看法。我在会见戈尔巴乔夫时，谈了有关邓在我国我党的地位。这番话完全是要维护邓，结果引起大误会，认为我是推卸责任，关键时把他抛出来。这是我万万没有想到的。""究竟邓为什么认为我是有意把他抛出来，推卸责任？是什么人，如何在邓面前挑拨的，我至今也不知道。我本来出于好心，在维护他，保护他的形象，而尽到自己应尽的一份责任，却不料引起极大的误会，感到我是有意伤害他，我确实对这件事感到很大的委屈。这件事我本来可以不做，何必多此一举，实在有些懊悔！"（张万舒：《六四事件全景实录》，第 67-68 页，天地图书有限公司，香港，2009 年）。"本来"两字说明并非偶然，赵紫阳不是无意识行为，而是本来可以不做，而实际上"做了"。

就在赵紫阳"抛邓"的当天，赵紫阳的秘书鲍彤下令中央广播电台几小时后多次重播赵紫阳"抛邓"的谈话，引起王震等人注意。赵紫阳去世后，赵紫阳的一位助手来美国告诉我，当天，邓小平的女儿邓琳打电话给赵紫阳，连骂赵紫阳"你这个混蛋！混蛋！混蛋！"。身为中国共产党总书记的赵紫阳忍气吞声。

天安门母亲、赵紫阳、胡启立、鲍彤、阎明复、胡绩伟、刘晓波、高瑜、方正、《八九民运史》的作者陈小雅等等、所有流亡者都是六四大屠杀的受难者。为了使六四恢复真相，苏晓康对 1989 年天安门事件的反思，有助于在中国大地上恢复六四真相。有人认为，36 年不能在中国大地上恢复六四真相，现在再怎么努力，也不可能在中国大地上公开宣告：六四是一场大屠杀。我认为，这正是无神论的儒家，不相信人有追求真善美的神性，不相信真理、真相一定会得到人们的广泛承认。

上世纪八十年代，我在中国时曾写过一篇谈《河殇》的文章，文章题目是《中国不再是龙》。三十多年过去，我也找不到这篇旧文章了。现在对中国的"龙图腾崇拜"有了进一步的认识。龙不是上帝，不是神，龙在中国就是"帝王"的象征，"龙崇拜"就是"帝王崇拜"。在中国，皇帝就是"天子"，龙在天上可以任意游动，象征着皇权不受人间的任何限制。苏晓康《河殇》屠龙，实际上就是要从根本上消除中国文化中根深蒂固的皇权思想。

《雨烟雪盐》的宏大"迷思"，是他总结他"六四受难"和"车祸受难"后、在痛苦中深思熟虑后的结论，实际上是推动中国恢复六四真相、走出王朝循环，引领中国走上民主政治的康庄大道的记录。

人类与许多动物物种有许多相同的基因，人性包含着动物性、理性和追求真善美的神性。一神论宗教中，神是不可动摇、不可阻挡、不可改变的、创造和主宰世界的力量。中国文化是无神论的儒家文化，一个人在童年时代的"印刻"和青年时代受到的"教育"，影响人的一生。动物有"印刻"，童年时代父母和环境影响就是人类的"印刻"。红卫兵在文革五十年后大权独揽，这就是童年时代红太阳的"印刻"和青年时代无知的后果。离开中国 30 多年的流亡岁月，我体会到儒家文明的力量和儒家文明的局限。儒家不认为人有"来世"，是一种现世中"人际关系"的学说，是"人生海洋"中的"游泳术"。儒家认为，人生的意义就是要使自己成为讲"仁义道德"的人，就是要

"修身齐家治国平天下"。儒家的政治理想就是"德治"和"仁政"。儒家文明忽视人有追求至真至善至美的神性，用"天"代替"神"，从孟子时代开始，这种局限表现为，在专制政治的环境下，"仁政"和"德治"成了掩饰专制政治的工具。在民主政治下，"龙"不再是中国人"图腾崇拜"的对象，人们喜欢龙，这时的儒家政治理想可以提高民主的水准。儒家提倡用最好方式处理人际关系，去掉传统的皇权至上因素，就是儒家在21世纪发扬光大的道路。

我们生活在受物理规律支配的同一个物理世界中，但每个人有每个人的精神世界，人类社会每一个世纪都有"世纪精神"，15世纪是文艺复兴的世纪，16世纪是大航海和宗教改革的世纪，17世纪是科学革命的世纪。18世纪法国大革命的失败，是"世纪精神"转变的根本原因，法国大革命失败后，19世纪兴起的新思潮是保守主义、文学中的浪漫主义和共产主义，18世纪的能源革命和工业革命的世纪，19世纪成了大英帝国世纪。20世纪是战争与革命的世纪，1989年中国的天安门运动是一个中国事件，但六四屠杀是一个影响全世界的世界大事，六四大屠杀是在中国和全世界记者的数以千计的摄影机下发生的，它的直接结果的罗马尼亚总统的下台、1989年11月9日柏林墙的倒塌，以及20世纪共产主义兴起后的最后衰亡。21世纪不再是政治革命世纪，而是信息革命的世纪，在信息革命时代，"宪政民主"将得到改进，民主政治将会以全新形式在一个一个国家出现。

写于巴黎，2025年12月1日

一部经得起时间检验的伦理教科书
——评《血色风雨家国情》

罗慰年

《血色风雨家国情》由父子两代合写而成，2025年10月由博登书屋出版。《卷一：劫后追忆》是文强在九十高龄定稿的遗世之作，《卷二：血色风雨》是文贯中追记父子互动与阿婆的全景叙述。两卷合读，框定了二十世纪中国人在政治巨浪中的具体命运：一名黄埔出身、从共产主义阵营转入三民主义阵营的将军，被长期以"战犯"名义羁押；一个破碎家庭，靠一位小脚老人把孩子们拉扯成人；一位少年在黑暗岁月中自学成才，晚年成为美国高校的经济学教授。这样一条线索，指向冷血制度如何对待人的根本问题，指向一个文盲保姆——阿婆用爱维系一个破碎家庭，指向在乌云压顶下作者用青春热血抗拒政治宿命。两卷的分工也十分清楚：卷一保存民国与战场的可证之真，卷二补回家庭与伦理的细节，把一段私人辛酸提升为公共讨论的材料。

劫后追忆：把忠诚交给善政

《血色风雨家国情（卷一）：劫后追忆》不是一部情绪化的回忆，也不是一份零散的家史。文本将个人命运置于二十世纪中国政治的大背景之中，展示信仰与制度、伦理与权力之间的长期拉扯。全书以"回避狱中叙述"的叙事策略，保住可核查的历史段落与基本的伦理底线，把"可证之真"与"必须之假"清楚分开；同时，把一位黄埔军人由"投身共产"到"回归三民"的思想轨迹完整摆出，给当下读者提供一种朴素但有力的政治伦理启蒙路径。

卷一主体为文强的《劫后追忆》，定稿于1997年。文贯中撰写"代序"，交代文强的写作与出版波折，并解释为何"删其后，不曲其前"。出版单位当年一度希望作者补写"功德林、秦城的改造生活"，否则难以出版；作者拒绝迎合，不愿将"被不审不判羁押二十七年"的岁月涂成歌功颂德的样板故事，因此选择把叙述定格在1949年被俘之前。这既是现实中的自保，也是一条清晰的叙事实践：宁可沉默，也不虚言。该选择奠定了全书的伦理框架。

卷一在结构上一个重要决定，是把《淮海战役日记》附在回忆录之后。日记用来"自查"的常识，使其天然具备私密性与实时性，这提升了可证度；而后人对地名、人名与事件的系统注释，又让材料在学术使用上更可靠。编辑与注释不仅是技术劳动，更是史学伦理：让后来的读者能分清"当时之思"与"后来之悟"，在文本层面保留"证据链"。值得一提的是，王大宙等人的协助不是"陪衬"。他对行草的解读直接影响文本可读性，这类跨学科合作，能让"私人史料"变成"公共史料"。这同样说明，这套书并不满足于抒情或宣泄，而是主动把自身置于"可检验"的轨道上。

文本的可信度，不靠惊险桥段，主要来自三方面支撑：其一，叙述边界的自觉，只写可被交叉验证的民国段落；其二，多渠道互证，含战俘管理当局的"里查外调"、政协文史系统资料、难友口述等；其三，价值判断的推进，以时间线和事件链代替口号式的"自我说明"。这使《劫后追忆》既有回忆的温度，也有史料的密度。

《劫后追忆》不是事件堆砌，而是围绕几条长线展开：第一条线，从"五四后"的青年理想，到北伐、南昌起义、地下活动的实践；第二条线，从战俘到"战犯"的名目变换，长期不审不判、通信权被剥夺；第三条线，从改革开放初期的乐观，到1989年后的制度冷思考；第四条线，从大陆"先改经济、再盼政治"的路径期待，到对台湾宪政经验的正面评估。书中点明，"战犯"群体中"每五人就有一人被活活关死"，这一事实将叙述从"宏大叙事"拉回到制度暴力的冷数据层面（文贯中语）。这些节点共同构建出"信念—制度—代价"的三角结构。

《劫后追忆》避谈狱中生活，看似缺席，实际是"负向在场"。在当时的出版语境中，任何"狱中字句"若被追纳入"改造—感恩"的话术模版，便会使文本在伦理上破产。选择沉默，不是回避事实，而是拒绝虚假。"不写"保存了"可写之真"，也为后来的史料拼接留下空间。"删其后"，不是逃避；"不曲其前"，是拒绝说谎。《劫后追忆》的写作伦理很朴素，却足够坚硬。它要求把"史料价值"放在"出版可行性"前，把"叙述自尊"放在"迎合模板"前。这样做的代价是"难以出版、难以再版"，但换来的，是文本在历史与伦理上的耐久性。对读者来说，信任感就从这里生长出来。

卷一也纳入《淮海战役日记》与若干附录文章。文强的回忆提供"可检验的经历脉络"，《淮海战役日记》提供"在场的即时感受"，附录则补足"思想的反思与延伸"。关键处只留事实细节，信任读者的判断力。《淮海战役日记》纳入《劫后追忆》，使"在场性"与"可证性"互为支撑；战地节奏、情绪流变、对将领与战局的冷静评判，补足了回忆叙述的"温度缺口"。与口述稿相比，亲笔文本更能承载细微感受与判断，也更经得起逐句推敲。三者组成"事实—经验—判断"的闭环。《劫后追忆》语言朴素节制，不以苦难为卖点，也不以委屈索取同情。章法上，作者避免铺陈琐碎的私事，而把笔墨团结在能反映"个人选择与制度结构交叉"的关键节点上，整体节奏稳健，叙述密度适中。

《劫后追忆》反复呈现一个规律：青年期的理想常因"对不平的急切反应"而走向乌托邦；中年后因"对人性与制度的更深理解"而回到约束与责任。书中一句冷峻但直白的话，点明这种代际认知差：二十岁之前不向社会主义表态，可能被视为无情；三十岁之后还迷信乌托邦，则是稚嫩与盲信（意旨）。该判断放在经历过苏东解体、经历过1989之后的中国语境中，并非轻慢，而是提醒：梦想要经得起实践和代价的检验，不能只停在许诺与口号上。

《劫后追忆》把两岸制度经验放在同一框架下讨论。改革开放初年的"经济先行"路径，曾让不少人对"经济引政治"的演化抱有希望；1989年的血腥清场与其后的政治保守，使这一希望明显降温。与此对照，台湾的宪政推进与社会开放，提供了可比较的制度参照。《劫后追忆》由此得出简洁而清晰的结论：现代化绕不过宪政与法治，任何用激情替代契约、用个人威望替代制度的做法，都只能重蹈覆辙。

《劫后追忆》的写作采取"双线并置"的结构。一条是家族与亲情线，写亲缘、婚姻、守望与牺牲；另一条是国家与制度线，写战争、改造、羁押与特赦。两条线互相照面：亲情不为政治所取代，制度也不能由亲缘来调节。家庭故事让宏大叙事有了温度；制度章法使情感表达不至于滑向煽情。这种"冷与热"的配比，形成了全书平实而坚硬的风格。

《劫后追忆》的代际视角，对青年尤为重要。热情值得珍惜，但热情需要目标与约束；怀疑不是冷漠，而是对许诺的基本检验。若要避免把"美梦"化作"噩梦"，就要让信念通过制度来落地，让制度接受事实来校正。用最简单的话说：不迷信、能复盘、可检验。《劫后追忆》反复强调的，正是这三点。《劫后追忆》的做法，为史学写作给出一条朴素准则：事实优先、互证优先、节制优先。事实优先，是不为立场牵着走；互证优先，是让他者的证词进入同一叙述；节制优先，是控制修辞，留下思考空间。这样的写法，才能既保护当事人尊严，又为后来的研究留出空位

《劫后追忆》的意义，不在于重述"成王败寇"，而在于恢复"守法守信"的常识；不在于制造"宏大叙事"，而在于保存"普通人的真相"。以沉默对抗虚假，以节制抵御煽情，以互证稳住叙述。体现出忠诚交给善政，历史回到事实，家国守住人伦这样的核心价值。真正的启蒙，往往从最具体的地方开始——从一个家开始，从一本可检验的日记开始，从一次对不义机制的沉默拒绝开始。正因为此，它值得被当作一部"对当代政治伦理的启蒙书"。一本看似平静的回忆录，就这样成为一部对当代读者有效的伦理教科书。

把大爱施与弱者

《卷二：血色风雨》不是文贯中对父亲文强生平的重复，也不是传统意义的"家史"。其写作任务很明确：借儿子的眼睛与记忆，描绘1949年以后大陆的政治、经济与社会生态；叙事重心一方面放在"阿婆"——这位用一生承担起家庭伦理的人物；另一方面放在作者自身在"文革""上山下乡"等历史断裂中的磨砺与求学，进而折入制度问题与社会常识的追问。书中自述明确指认了这一定位与范围，强调卷二关注的是战后大陆社会的真实生态与个人成长的连续性，而不是"政治口号版"的道路回忆。

这一定位有两个直接后果。其一，叙述视角避免了纯粹"宏大叙事"的空转，而通过日常细节、社区治理、教育禁锢、知青生活等"近距离的社会学镜头"，让制度逻辑被触手可及地呈现。其二，叙事伦理选择了"少口号、多事实"的路径，用可核实、可互证的生活材料对抗"模板化记忆"，形成一种温和但坚硬的证词结构。读者可清晰看到这卷书在"个人史—社会史—制度史"三条线上的自体闭合。

卷二的时代背景，首先落在城市基层治理与政治运动的交织。作者写到"独留政策"的实际执行：面对高龄、体弱、终生在南方生活的"阿婆"，街道干部以程序与标签替代人伦与照护，强行推动"北迁"与"集中安置"。作者据理力争，主张依照政策精神在地独留，既合人情，也合政策本意；但街道的"冷处理"与"硬执行"使问题越来越偏离"为老人善终"的初衷。

更尖锐的一幕，是天平路街道办的具体对话：基层权力把"是否有血缘关系"当成否定照护责任的理由，把"送养老院"作为"只要你走，我们就送"的行政预案，人情与政策被"先行的敌我逻辑"吞没。在这些细节里，书稿没有激烈控诉，只是冷静记录。正因为冷静，才显得刺痛：城市治理如何在标签化的"出身—关系"判断里，把有生命的老人化为"流程项"。

卷二记述了"独留政策"的插曲。按道理，此类政策就是为"家中仅一位老人需要照护"的情形设计。市级与区级部门的态度都很热情，但到了基层街道，亲情却被污名化，申请被冷漠地堵死。这段过程告诉读者，制度并非抽象的文本，而是由一层层具体组织与具体人执行。一个善意的政策，如果被冷硬的执行吻合了"风险规避"的官僚逻辑，便会把善意反转为伤害。书中把过程、地点、时间、话语都一一写清，留给读者判断。这类细节不是控诉体。它更像一份案卷：将事件链与组织链条排平，让"制度冷"和"人伦热"的碰撞自己说话。对今天的公共治理讨论来说，这样的材料最有价值。它把"善政—善治"的距离拉到读者眼前，提醒人们：政策设计之外，还有执行伦理。

与此同时，作者还描绘了文强在特赦后回到上海，亲眼看到邻里对"阿婆"的敬重与对街道处置的不满，从而对"新社会的优越性"产生根本疑问。这个疑问并非来自意识形态争论，而是来自常识的力量：一个含辛茹苦一生的无辜老人，为

何在风烛残年却无法保有一个在侧的照料亲属？这组对照，构成了卷二最重要的"时代背景之一"：制度与人伦的错位。

城市之外，是农村。作者以"上山下乡"的切身体验，来描绘人民公社制度下的生产、分配和日常生活。关于"公社—农奴制"的比附，并非抽象概念，而是从村落空间、队与队之间的微妙界线、院落布局、如厕所见等极其微小的生活细节推进出来，显示了"组织化—可视化—可管控"的权力结构如何在乡村具体落地。这种从空间与日常切入制度的笔法，使"政治"变得可感，使"抽象的公社"变成"看得见的生活"。

卷二的核心思想，首先体现在对"阿婆"的写法和评价。作者没有为她涂抹"革命叙事"或"苦难英雄叙事"，而是把她放回"人伦常识"的高度：孩子无罪，年幼不能离开亲人关爱；母亲自尽，遗嘱虽嘱托送孤儿院，但她以"古法之义"断然背负重担，将几个孩子带大。她对政治标签视而不见，对"阶级恨"绝不传递；她的实践，是一种"以善对抗语境"的沉默伦理。卷二的开篇就把"阿婆"定为"恩人"，并追述了她在最黑暗的年代所做的最朴素抉择。"阿婆的庇荫"在这里并非比喻，而是实质条件。她担心"出身卑贱"的孙辈将来会孤独无友，而反而因为学习伙伴经常来家里交流，她得以宽慰。作者也直白地说，若不是阿婆的庇护，这一切不可能发生。

在本书付梓前，作者曾把阿婆的一段发给笔者。笔者读后，潸然泪下。对阿婆的描写，之这本书最具人情温度的部分。一个非亲非故的保姆，把一个破碎家庭黏在一起。当卷末记到文强遗嘱"百年后与阿婆、母亲合葬"，并称"阿婆是文家最大的恩人"，这不是家族私情的夸耀，而是对一个时代伦理样本的致敬：在被"斗争哲学"长期覆盖的社会里，阿婆以"善良、仁爱、高贵的人格"，留下"超越仇恨"的不朽形象。文本给出的判断非常直白却分量极重。

因此，卷二并不只是讲述一位老人的生活史，而是用她来校准"正义"的尺度。正义不在标签，不在口号，而在能否保护弱者、尊重老人、承认亲情、维护基本人性。卷二以此为基准去评估政策与治理，才形成了它的"政治伦理启蒙"作用。

卷二的另一个内核，是"知识的自我拯救"。"文革"的教育断裂与"读书无用论"的蔓延，并没有让作者停下。相反，家中在"阿婆庇护"的三年，成了"地下书籍的交流中心"：一方面是民国出版的"禁书"，一方面是干部家庭能接触到的"内部读物"。这些"异端文本"让作者看见东欧与苏联的社会变动，也让他得以"窥见民国年代和欧美国家的真实面目"。

卷二写到的为了迎接"黑暗终结之后的新时代"，文贯中与友人组织外语学习小组，在家中只说外语，强化读原著的能力；并通过私人关系请到外语老师，系统打底语言工具。这不是"门第精英"的资源，而是"在压抑中自造微型学术共同体"的努力。"地下读书—外语小组—友人互助"，是作者走向学术道路的起点。这条路不是"学院里起步"，而是在家庭与朋友共同体中发芽：有人带来民国旧书与内部资料，有人分享外语学习方法，有人在政治高压中彼此鼓励。在清贫岁月里，作者用"语言工具＋原文本阅读"拓开了视野，形成了对世界的"第一手理解"，而不是依赖翻译与二手概括。作者强调，这三年虽然清苦，却因此"博览群书，学了外语，提升了知识储存，增强了分析能力"。自学并不是"个人英雄主义"，而是一种"在家庭庇护下的共同体行为"；这在卷二里被写得沉静而有力。

文贯中在"上山下乡"的叙述中，反复把自己与鲁迅的"闰土"放在一起对照。少年闰土的机敏与三十年后的木讷，构成一个"青年退化史"的文学象征；作者自警"不要走上闰土的命运"，却在现实中迎面撞上了"插队落户"。这种"文学对照—现实撞击"的写法，使得"制度—人"的关系不再抽象。

下乡时带书，也几乎带来"政治风险"。在"读书越多越反动"的舆论下，连"学日语"的正常学习行为都被怀疑。作者以亲历说明：在政治高压中，知识在乡村场景里被迅速转化为"风险物"，于是他才会做出"宁肯读外文原著以避险"的现实选择。

正是这种对农村与农民处境的直接体认，催生了作者后来对"土地制度"的长期学术兴趣。卷一的"代序—说明"中顺带提到：作者学术著作《吾民无地》之后，因肯定"台湾土地改革的经验"，另一部学术新书在大陆"四处被拒"。这则信息虽然不在卷二正文，但与卷二的"农村现场"叙述形成了清晰的互证关系：对"土地—农民—制度"的关切，并非抽象题目，而是来自青春期的亲历与长期观察。

也就是说，《吾民无地》不是"书斋里的问题意识"，而是"从村庄出来的问题意识"。"农民在制度压迫下的退化""知识在乡村被定性为风险""分配与激励的扭曲"这些在线下被反复体认的事实，为他后来的学术路线供给了现实压力与情感重心。把"个人体验"转化为"学术议题"，是卷二最值得年轻读者借鉴的一条路径。

卷二里多次写到文强在特赦后短暂停留上海的所见所感。邻里对"阿婆"的敬意、对街道粗暴处置的不满，以及"老人临终却被剥夺基本照料"的荒谬现实，让他开始"细细观察与重新思考"。对于一个在"铁窗里被说服二十余年"的人来说，改变并不来自口号，而来自"真实生活"的反证。这个细节重要，因为它说明"思想的改变"需要事实的支撑，而不是"阵营的转换"。

也正因此，文强对"战犯—特赦—改造"叙事的质疑，并非出于"怨怼情绪"，而是出于"法律—程序—常识"的连环追问：既称"战犯"，为何"不审不判"长达二十余年？既称"教育改造"，为何要在出版上强迫当事人写"歌功颂德"的模板？这些质问，在卷一的说明性文字中有明确表述，但其精神内核在卷二里通过生活案例被具体化了。卷二因此也在悄悄教读者一件事：政治伦理的第一步，是"让事实说话"。先把事实说清楚，再去谈"立场"与"感情"。父亲与儿子在这一点上达成了深层一致。

卷二在写法上保持了三重克制。第一是叙事范围的克制。它不去追逐"宏大叙事"的激昂，而反复落在具体场所：天平路街道、外滩、弄堂、村落、土街、厕所、生产队。这种"场所化叙事"，让制度从抽象的"规章"变成了带温度的"日常经验"。第二是情绪表达的克制。在最易情绪化的地方，作者多用"呈现事实"的方法留白。例如"独留政策"的执行，基本以对话与动作构成叙述骨架，而不是滔滔抒情。第三是材料来源的互证。除了个人记忆，卷二反复交代"地下书籍—内部资料—学习小组"的阅读链条，这既为作者后来判断提供知识基础，也为叙事的可信度提供佐证框架。

在这一整体方法论之上，卷二与卷一在叙述策略上还有一个呼应：当新闻出版系统要求"写功德林、秦城改革经历"时，文强拒绝屈从"模板话语"，因此选择"略过狱中岁月"。这种"此时无声胜有声"的节制姿态，既是"对事实的最低尊重"，也是"对后人研究的最高负责"。这条逻辑在卷一的说明段落中被清楚地写出，也为卷二的写作伦理提供了参照。

判断一项政策与一套治理方式是否值得忠诚，不是看它的宣传如何，而是看它能否保护弱者、容纳异见、纠偏错误、维护常识。阿婆与街道的冲突、独留政策的变形、养老院的预案、对"无血缘不照护"的冷冰冰判语，都给了极好的反面教材。

当"阿婆—父亲—儿子"三代人以各自方式守住底线时，叙事里没有英雄化的修辞，却有一条清晰准绳：人伦先于标签，常识先于口号。把卷二读完，读者会产生一种清晰的感受：这是一本"经得起时间"的书。它没有铺陈宏大赞歌，也不把痛苦写成"消费性的苦难"；它用朴素的事实把"制度的善恶"还原为常识问题。文强在上海与邻里的相处，让他从"宣传里的优越性"退回到"现实里的难以理解"，于是，观察与反思自然发生。它把"阿婆"举至道德高地，但不是为了塑造"圣徒神话"，而是为了恢复人伦秩序应有的位置。更重要的是，它把一个学者的成长路径讲得诚恳而清楚：在浩劫中坚持自学，在共同体里积累工具，走出灾难后把个人遭遇升级为公共研究。

于是，《吾民无地》之类的工作，就不再是"专业圈内话"，而是"从村庄与街道里长出来的学问"。卷二对"外语小组—原著阅读—地下资料互借"的描写，为今天的读者提供了最具体的启发。当体制性教育失灵时，家庭—朋友—学习小组可以成为替代性共同体，仍可在夹缝里继续"知识生产"，为个体保留向上的梯子。

僭主·马铃薯·政治戏剧学

——重读马克思《路易波拿巴的雾月十八日》

刘 康

（美国杜克大学 亚洲与中东研究系）

摘要：马克思的《路易·波拿巴的雾月十八日》是政治戏剧学的典范，对法国政治生态特别是广大农民的做了精彩分析，其意义超越了时空，具有惊人的预见性。当年法国的社会基础就是最广大的农民，他们始终拥戴皇帝，任凭世事变幻，宁可站在皇帝一边。拿破仑叔侄操控民众的情绪、情感、立场、态度，把民众如马铃薯搬装入靠传统和迷信编织的袋子，成为篡权的僭主。马克思的启示今天尤其深刻。我们可以把后真相时代的民众视为一个个马铃薯，被社交媒体的信息茧房和回音壁所隔离、分裂，不断自我囚禁在情绪和认知的牢笼中，从而无法代表自己，而呼唤新时代美国特朗普式的僭主。

关键词：马克思 政治戏剧学 僭主与马铃薯 后真相时代

《路易·波拿巴的雾月十八日》（下简称《雾月十八日》）是马克思1851年三十三岁时写的一篇时评。雾月十八日指的是1799年11月9日，拿破仑·波拿巴发动政变。路易·波拿巴作为拿破仑的侄子，于1851年12月2日发动政变，建立了法兰西第二帝国。马克思将该文题名为《路易·波拿巴的雾月十八日》，表明这次政变不过是侄子路易·波拿巴假借叔叔的名字上演了一出闹剧，充满了反讽的意味。马克思认为在当时的法国，一个平庸而可笑的人物扮演了英雄的角色。在写《雾月十八日》的时候，马克思其实在写一份剧评或时评，他把法国的政局看成为一场戏剧，甚至是一场闹剧。马克思就是一个剧评家，但他评论的戏剧是政治戏剧。这篇将近两百年前写的时评，今天读起来就像在讲此刻正在世界上发生的事情。

马克思著作的阅读和解释方式

阅读《路易·波拿巴的雾月十八日》（*Der achtzehnte Brumaire des Louis Bonaparte*，1852，简称《雾月十八日》），我的读法是把马克思的文本跟历史背景和各种相关文本对照、交叉、叠加起来，一些关键的段落，会逐字逐句地分析。解释学理论家保罗·利科（Paul Ricoeur）首先提出，与"信仰解释学"（Hermeneutics of Faith）相对照，马克思、尼采和弗洛伊德是"怀疑解释学"（Hermeneutics of suspicion）的三位代表人物，福柯对此也有相关论述。这一"三剑客"在后学理论中经常被提起，当然，三者之间也有很大不同。马克思著作的传播和解读往往有着强烈的现实政治性——马克思主义是20世纪国际共产主义政治运动和思潮的纲领，至今仍是包括中国在内的一

作者简介：刘康，教授，欧洲科学院外籍院士，美国杜克大学中国研究中心主任，主要从事中国研究、全球化与文化研究。本文由刘康2024年上海大学《当代西方理论重读》讲演录第二讲改写。

些国家的指导思想。所以对马克思著作进行阅读时，解读方法往往是非常政治化的，可称为"阅读的政治学"（politics of reading）。这种阅读方式其实是一个悖论。马克思一生始终在反思、批判、挑战他那个时代的政治权威和意识形态主流，但在后世却被政治权威当成先知和神祇来顶礼膜拜，这与马克思本人的意图是背道而驰的。毛泽东在延安时期即反对王明等斯大林代理人的"马克思主义阅读政治学"，称其为教条主义和本本主义。更进一步说，马克思不是神祇，马克思主义也不是神学，这些都是马克思一生坚决反对和抵制的。毛泽东在延安写了《实践论》，明确指出"马克思列宁主义并没有结束真理，而是在实践中不断地开辟认识真理的道路。"[1] 毛泽东在延安时期提倡的阅读法，直到今天仍然十分有效。1978年改革开放后，南京大学哲学系讲师胡福明写作的《实践是检验真理的唯一标准》一文——该文受到邓小平、胡耀邦的高度重视，由此开启思想解放运动——其实是延续了毛泽东《实践论》的思路。所以我们应该坚持毛泽东和邓小平提倡的马克思经典的阅读法。进入大学阶段后，我开始对读书产生兴趣。我发现对马克思主义的阅读方式与我所成长的时代并不相同。在我的青年时代，大家对马克思的著作都不甚了解，学马列是政治任务，但并没有谁在认真地读马克思的著作。在大学期间，外语系的学生每天都要经过的走廊上挂着马克思的语录，我们都背得滚瓜烂熟，但我并不知道这些语录出自哪里。后来，我读到了《路易·波拿巴的雾月十八日》，感到非常亲切，发现原来这就是走廊上挂的语录："就像一个刚学会一种新语言的人总是要把它翻译成本国语言一样；只有当他能够不必在心里把新语言翻译成本国语言，能够忘掉本国语言而运用新语言的时候，他才算领会了新语言的精神，才算是运用自如。"[2]

然而，随着时间的推移，我觉得马克思似乎是在反讽，人在讲外语的时候，怎么可能在心中忘掉本国语言，转为他国语言呢？我曾经非常相信这句话，觉得这是我学习外语的最高目标。我当时算是个"信仰解释学"论者，但我现在似乎"堕落"成一个"怀疑解释学"论者了。我发现马克思其实是一位怀疑解释学的鼻祖。我们将其著作视为圣经，但他自己却在不断地解构自己，自我反思和嘲讽。马克思在30岁时，还是充满激情的热血青年，那是1848年，是欧洲革命的时代，但革命很快就失败了。他和28岁的恩格斯（Friedrich Engels）参与了共产主义者同盟的组建，一起撰写了《共产党宣言》（The Communist Manifesto, Manifest der Kommunistischen Partei），那是一篇文学性极强的作品，激情澎湃，文采飞扬。三年后，他1851年写了《路易·波拿巴的雾月十八日》，也很有文学性，却充满了讽刺，思想也更为深邃。

马克思的个人经历和思想演变、所处的欧洲大环境、资本主义的大历史背景，都是理解马克思的思想不可或缺的前提。他的思想对后世产生了深远的影响，但我们无论如何都不能把马克思与他的时代剥离开来，只有深入理解他的时代、他的情感，才能真正理解他的思想。马克思在30岁时的著作和活动，对我们理解他的政治思想有着重要的意义。尽管他当时被视为煽动家和革命家，被当局迫害，被迫四处流亡、无家可归，因此对普鲁士的专制政权充满了怨恨。1844年，马克思在巴黎首次遇到了恩格斯这位财力雄厚的伙伴，成为思想的亲密战友，直到最后。中年到晚年的马克思一家的生活都离不开恩格斯的倾力支持。据说恩格斯在去世后，将其遗产留给了马克思的子女，因为恩格斯没有直系后代和亲属。这笔遗产按照现今的价值估算，大约相当于200万

---

1 毛泽东：《实践论》，载于《毛泽东选集（第一卷）》，北京：人民出版社1991年版，第296页。
2 [德]马克思：《路易·波拿巴的雾月十八日》，载于《马克思恩格斯选集（第一卷）》，北京：人民出版社2012年版，第669页。

美元，这显示了恩格斯对马克思深厚的友情。年轻的恩格斯在1844年结识了马克思，当时马克思已经开始深入思考人类的重大问题，包括人类的命运和社会的异化现象，写了《1844年经济学哲学手稿》（*Ökonomisch-philosophische Manuskripte aus dem Jahre 1844*，简称《手稿》）。这时的青年马克思，充满了人道主义、浪漫主义的激情和反叛精神，对法律并无太大兴趣，这与其父亲的期望相悖。马克思的父亲是一位受人尊敬的律师，而他的祖父和外祖父则是犹太教的教士拉比（Rabbi）。马克思出生于一个有社会地位的家庭，他的故乡是普鲁士西部富足的特里尔。我在2023年去特里尔拜访马克思的故居。那是有一个后院花园的宅邸，显然是中上层家庭的水准。1933年希特勒上台后，马克思的故居被焚毁。战后，西德政府投资重建了故居。即使西德政府与马克思在意识形态上存在分歧，与东德和苏联处于冷战之中，但德国人依然尊重马克思的贡献。1968年，西德的左派学生占领了马克思故居，与当局发生了激烈的冲突。这些"造反"的学生们后来成为了大学教授，成为现在我们所熟知的西方马克思主义和左翼思想流派的传人。

1844年时的马克思也就二十来岁，是一位充满人道主义情怀的"愤青"。这种"愤青"形象直到大约100年后，才逐渐被改变——因为他最重要的作品之一《1844年经济学哲学手稿》直到1930年代才被发现，并在苏联整理出版。而在《手稿》和《共产党宣言》写作的年代，整个欧洲都在革命，马克思也参加了各种"非法"组织，最后被迫逃到了英国。当他在巴黎遇到了恩格斯，二人合写了《德意志意识形态》（*Die Deutsche Ideologie*, 1845）——这表明他和黑格尔主义决裂，后来二人又合写了《共产党宣言》（1848），马克思的政治革命思想开始成型。不过，我阅读《德意志意识形态》的感受却远不如读其他的著作，大概是因为受到苏联教材体系或"马克思主义阅读政治学"

的影响。——马克思主义的形成始于恩格斯和第一国际的理论家，后来由列宁和斯大林等转变成苏共的意识形态纲领，并在世界广为传播。而苏联对马克思著作的解读和传播有一套特定的模式，这一模式是由斯大林主导建构的。斯大林组织写作了《联共（布）党史简明教程》，并亲自撰写了其中《辩证唯物主义和历史唯物主义》一篇。这本教程——尤其是斯大林所写的这一篇，后来成为苏联"钦定"的马克思主义阅读框架。

毛泽东说过，"十月革命一声炮响，给我们送来了马克思列宁主义"[3]，这句话清楚地讲述了马克思主义进入中国的路线图。后来，《辩证唯物主义和历史唯物主义》以及《联共（布）党史简明教程》也成为中国解读马克思著作的权威框架，毛泽东在延安时期则力图突破这一框架。这便是中国马克思主义或毛泽东思想形成的重要背景。毛泽东在延安写了《实践论》，他明确指出，"马克思列宁主义并没有结束真理，而是在实践中不断地开辟认识真理的道路。"毛泽东在延安时代提倡的阅读法，今天还是很有针对性的。1978年改革开放，我在南京大学上学，哲学系的讲师胡福明写的《实践是检验真理的唯一标准》那篇文章，受到邓小平、胡耀邦的高度重视，开启了思想解放运动，是延续了毛泽东《实践论》的思路。所以我们应该坚持毛泽东和邓小平提倡的马克思经典的阅读法。改革开放以来，西方马克思主义思潮进入中国，其核心目标之一就是突破斯大林主义对马克思著作的垄断和权威框架。西方马克思主义主张回到马克思的原典，回到马克思生活的时代，并发现马克思与当代的关联，与时俱进地重新阅读马克思。西方马克思主义的目标与延安时期的毛泽东相近，后者经西方左翼演绎形成了"西方毛主义"（Western Maoism）。西方马克思主义与西方毛主义的关联是我的学术研究主要关注之一，也是我近年来思考"西方理论的中国问题"中的重点问题。

---

3 毛泽东：《论人民民主专政》，载于《毛泽东选集（第四卷）》，北京：人民出版社1991年版，第1471页。

《路易·波拿巴的雾月十八日》的历史背景

我对于马克思的《雾月十八日》的解读，首先是沿着西方马克思主义和左翼后学的思路，把这部著作当作马克思"怀疑解释学"的经典。

我们大概生活在一个庸俗的时代，当阅读这些伟大的作品时，经典思想的光辉就会烧灼我们的心灵，令我们感到十分失落。在这种情况下，我们似乎有些可以理解马克思当年的处境了。马克思也生活在一个庸俗的时代，政治和社会革命瞬间爆发，又迅速失败。资本主义的商业化、工业化导致社会的强烈动荡、阶级对立、价值观撕裂。欧洲知识界思想界的主流依然是庸人当道，马克思写的东西没有人认可，很多著作没有地方发表。马克思的两部重要手稿——1844年的《经济学哲学手稿》和1857年的《经济学手稿》(Grundrisse，又译《政治经济学批判大纲》)——都是生前未能发表，百年后才被发现并公之于众。尽管如此，马克思深刻的思想和穿越时空的洞见，今天仍被思想界广泛研究和讨论。马克思的思想核心之一体现在他的《关于费尔巴哈的提纲》(1888)中，他提出，"哲学家们只是用不同的方式解释世界，问题在于改变世界"[4]。这句话最后也刻在了他的墓碑上。马克思的这些手稿、提纲是他思想中最闪亮的部分，因为马克思的自我反思和批判，自我的解构很多包含在这些手稿和提纲之中。

《路易·波拿巴的雾月十八日》作为马克思的一篇时评，描述和评点法国极为混乱复杂的政局，写得非常深入细致，以致篇幅很长、写成了一本书。马克思关注的是1848年欧洲革命时期的法国。法国在西方现代化进程中并不是龙头老大，老大是英国。现代化在更大程度上是英美式的现代化，首先是商业的，然后是工业和科技的，在政治上则要建立法治和权力制约制衡的体制，有利于商业、产业和科技的发展和社会财富的增加。在这一过程中，市民阶层是现代化的重要力量，城市化更是现代化的目标和动力。市民阶层不仅是商业活动的主体，也是城市文化的重要承载者。市民阶层的多样性也反映了社会的复杂性，他们既有贫穷者也有富裕者，但总体上，他们构成了城市发展的重要力量，或许我们可以称其为城市居民（urban residence/city people），这样看起来比较中性，不带倾向性。但是法国人不同意这种中性的处理办法。虽然法国不是一个城市居民占主导地位的国家，但法语的城市居民或市民阶级有一个单词bourgeoisie。中文把这个词翻译成"资产阶级"。Bourgeoisie在法文中突出了城市居民或市民阶层中的上层，又有一个词prolétariat指称城市居民的下层，进而强调了城市居民不同层级的两极对立。当然，城市里不仅有资产阶级，还有为资产阶级"打工"的无产阶级。所以把bourgeoisie"城市居民"这个词包含的富裕的有产者单挑出来译成"资产阶级"，显然是一个误译或曰错译。英语的工人阶级（working class）就不如法语的无产阶级（prolétariat）那么鲜明地与资产阶级对立。工人阶级（working class）常常与产业家（industrialist）、商人（businessmen）等一起用来形容现代社会不同阶层的复杂关系。但是在激进左翼革命家的词汇中，法文的bourgeoisie和prolétariat开始流行。后来，欧洲语言都采用了这两个法语词，来指称现代社会的阶级对立和阶级斗争。《雾月十八日》就用了这两个法文词，用法语的bourgeoisie而不是德语的Bürgertum（市民阶层）。在现代化和城市化过程中，无产阶级和资产阶级都是城市居民，是现代化的主体。现代社会的繁荣必须要给社会各主体打造一个相对公平的生存环境。但马克思生活的时代是"资本主义现原始积累"时代，他看到的是阶级的尖锐对立、工厂主对工人的严酷的剥削和压榨。

---

[4] [德]马克思：《关于费尔巴哈的提纲》，载于《马克思恩格斯选集（第一卷）》，北京：人民出版社2012年版，第136页。

任何国家的运行都需要军队和官僚体制，军队负责维持稳定，官僚机构负责征税和管理。但国家的官僚系统不能太过于强大，如果官僚体系过于庞大，完全成为专制皇权的工具，就难以催生现代化。所以我们今天看到的现代化不是由法国发展出来的，而是由英国发展出来的，因为英国并不是一个绝对皇权（absolute monarchy）的国家。英国国王的权力早在中世纪的1215年《大宪章》起就受到了制约，英国的贵族、僧侣、商人的力量与王权的博弈，王权不再占上风。权力的平衡和制约是英国开启现代化之路的关键因素。而法国是一个绝对皇权的国家，法国的君主权力过于庞大，所以法国未能成为现代化的引领者。而马克思生长的德国，长期处于封建割据的状态。虽然有汉莎联盟这样政治权力之外的商业和经济力量促使了德国的繁荣富足，但普鲁士国王纠结于建立统一大业之中，也就无法与已经全球扩张、拥有世界广大殖民地的英国竞争。德国因此从未成为现代化的先行者。

我们再回来说一说法国的历史。公元三、四世纪的时候，西罗马帝国崩溃，东罗马帝国兴起，整个欧洲大陆陷入混乱。西罗马帝国垮台于北方的蛮族——盎格鲁·撒克逊的入侵。在此过程中，法兰克王国逐渐形成。这一王国后来又因经历了一系列战争而分裂了，最终在西边形成了法兰西，东边形成了德意志。德意志并不能容忍这样的分裂情况，于是其成立了神圣罗马帝国（Holy Roman Empire），公元962年开始冠名，之后的几百年里都没啥大动静。从1512年到1801年的好几百年间，它始终无甚权势和功业，连春秋战国时代的周朝都比不上。伏尔泰很看不起这个帝国，说它"既不是神圣的，也不是罗马的，更不是什么帝国。"[5] 然而，西边的法兰克王国在历史上非常强大，从墨洛温王朝（481-751年）到加洛林王朝（751年-843年）的鼎盛时期，查理曼帝国建立，查理曼大帝享誉全欧洲。法兰克王国曾经非常辉煌，但这种辉煌也变成了一种包袱。相比之下，在东边的神圣罗马帝国的皇帝就没什么权力，其创始人为奥托一世或奥托大帝。因为德国始终是由许许多多小王国、大公国、独立城邦市等形成的封建体制，这些小国有三百多个，比中国历史上的春秋战国时代的列国争雄要复杂和混乱多了。所谓的神圣罗马帝国，大部分时间只是有名无实的空壳。我几年前曾去过奥托大帝葬身的德国马格德堡教堂，游人寥寥。我和那儿的德国人交流，没想到他们竟然都不知道奥托大帝是谁。如果一个中国人没听说过秦始皇，那是不可思议的。但奥托大帝故乡的德国人真的不把他当回事儿。法国不同，法国皇权在历史上非常强大，路易十四皇帝号称"太阳王"，君主的权力空前集中，这在现代化进程中是很另类的。英、美、德国等国家都不是这样的，统一的德国形成于1871年，这时候现代民主制国家美国已经有近百年历史了，而法国还是一个绝对皇权的君主专制国家。

法国的贵族和商人阶层结成联盟，在工业化、现代化的潮流推动下，法国社会开始出现松动。但直到18世纪末期，法国仍然是一个专制的绝对皇权国家，皇帝的权力大于其他各个阶层。法国在现代化过程中的阶级矛盾也极为尖锐，阶级分化极端复杂。法国是现代激进主义的发源地，法国爆发的革命也极为血腥暴力，这与强大的专制皇权直接相关。当然法国有国民议会。国民议会其实在早期多少继承了古代罗马的贵族院、元老院一类，皇帝在名义上保持着这种枢密院的形式。但法国还不像中国的高度中央集权的皇权专制，尤其是明清，像朱元璋就把所有大臣议政的机构都废除了，他自己变成了绝对皇权。明朝和清朝都是这样，越来越专制集权。但是法国皇帝没有彻底废除议会的权力。18世纪后期法国人只看到英国的麻烦了，英国最强大的殖民地北美开始闹独立了。法国人幸灾乐祸，因为法国跟英国是宿敌。法国人都支持北美闹独立，法国皇帝路易十

5　[法]伏尔泰：《风俗论（中册）》，梁守锵等译，北京：商务印书馆2017年版，第150页。

五、路易十六对此都很起劲。路易十六最起劲。他是法兰西第一帝国的最后一个皇帝，他积极推动改革，最终反而被送上断头台。他的三级会议非常分化，元老们坐在右边，激进派坐在左边。所以"左派""右派"的说法，是从法国三级会议开始的。右边的元老贵族派不那么激进，但也不是维护现状的保皇党。左派当然是激进派，一心一意想把皇帝赶下台，但三级会议里面左派右派还坐在一起跟皇帝做斗争。现代西方政治中的左派右派之分，有这么一个议会斗争的框架。后来法国大革命爆发，三级会议不复存在，左右之争变成了暴力冲突、流血的革命。到20世纪的俄国革命、中国革命，左右之争也就与议会斗争之间的联系越来越远。今天，"左"和"右"依然是世界上最重要的政治概念之一。但不同的历史语境中的"左"和"右"的意义，已经完全是南辕北辙。在简化汉字的语境中，如果把中国的"左""右"的概念与欧美国家的"左""右"概念相比，只能导致极端的语义混乱。回到路易十六时代，他的那些元老贵族也许可以跟国王达成某种妥协。如果采取英国的办法，就会不同。英国的政治主要以妥协为主，英国1688年的光荣革命就是不流血的变革，因为1215年英国国王的权力就被贵族分割限制了，英国在权力争夺上也反反复复的，国王和贵族多有纷争，但国王在英国始终没有变成专制君主。所以英国开启了一条现代的道路，这点非常重要。但法国不是，法国非常激进。激进派最后导致两个结果，就是暴力运动和推翻皇权，以暴易暴。激进主义是从法国开始的。现代化运动都从西欧开始，有两条不同的道路：一条是相对妥协的，科技的、商业的、契约制的、王在法下的英国道路，还有一条就是专制君主推翻暴政，巴士底狱血流成河的法国道路。

1848年革命席卷欧洲时，形形色色的激进革命者都在观察。马克思也是一个激进革命者，他觉得法国的这一次革命很有意思。法国有无产阶级，而马克思在《共产党宣言》中认为无产阶级是革命的最终领导阶级，但马克思并不看好法国无产阶级的力量。《雾月十八日》对法国政局有非常清醒和深刻的把握，马克思发现法国的无产阶级难成气候。马克思敏锐地发现法国城市之中的"流氓无产阶级"（Lumpenproletariats），生活在城市的边缘，但跟农村里的农民有千丝万缕的联系，他们势力很大却又无所事事，很容易被各种力量所利用。其实鲁迅的《阿Q正传》中的阿Q就是中国的流氓无产阶级，他虽然不喜欢赵太爷，却又自认为姓赵。农村里要么就是愚昧的祥林嫂，要么就是阿Q这样的流氓无产阶级。马克思对于法国社会阶层的描述和鲁迅对中国农民的描述不无相像之处。我们今天可以把《雾月十八日》当成小说来看，恩格斯就认为这是一篇天才的讽刺作品。《雾月十八日》讲的故事精彩纷呈，然而因为它讲述的历史和我们相距甚远，而且非常复杂混乱，导致阅读起来十分困难。

让我们一起回顾这段混乱不堪的历史。1789年的大革命推翻了皇帝，把路易十六这位改革派最后的皇帝推上了断头台。但"革命后来又吞噬了自己的孩子"——这句话是法国大革命的最著名标签之一，革命自己的领袖罗伯斯庇尔（Maximilien Robespierre）也被送上了断头台。法国革命不断在杀戮，杀得血流成河。法国革命就是一个以专制对抗暴力、以暴制暴的革命。革命的口号"自由、平等、博爱"非常迷人，但革命的真相却极其血腥残暴。杀戮结束之后，野心家拿破仑（Napoléon Bonaparte）上台，建立了一个新的共和国。然而几年后，他又自行加冕为皇帝，然后大举发动侵略战争，最后失败，遭遇滑铁卢。拿破仑虽然是一个革命时代的、推翻了专制皇权以后的现代皇帝，但他并没有完全脱离专制。他也并不是托克维尔笔下的旧政权式的专制皇帝，而是法国走向现代化时代的皇帝。他颁布了《拿破仑法典》——至今依然是现代法治社会的依据。他主张科技和商业发展，也主张建立一个强大的市民阶级，并在此基础上进行了普选的尝试。但他的这些做法，搅乱了法国的社会基础。法国的社会基础就是最广大的农民，他们始终拥戴皇帝，任凭世事变幻，宁可站在皇帝一边。《雾月十八日》对此看得很透。马克思这本书的题目就很反讽，1799年11月9-10日（法历雾月18日）发动政变夺权的是叔叔拿破仑。但马克思的题目却是《路易·波拿巴的雾月十八日》，主角换了，不是叔叔波拿巴·拿破仑，而是侄子路易·波拿巴（Charles-Louis-Napoléon Bonaparte）。他效仿叔叔，夺权当了皇帝。但他的政变是1850年，不是1799年，也不是雾月。但马克思很巧妙、很讽刺地把叔侄俩的政变串联起来。马克思要讲的道理是，不管政权如何变更，革命与复辟如何反反复复，法国的广大人民还是希望有一个好皇帝。这似乎是一种法国人特殊的政治基因，是专制皇权与农民之间长久形成的政治生态，或者是"法国特色"。当然法国是启蒙运动、现代思想、现代文明的发源地之一，法国社会在皇帝和农民之间，依然有贵族、商人、僧侣、企业家和市民等复杂多元、活力非凡的阶层。今天的法国并未走向专制，而是现代西方民主政体和市场经济体制的一个主要国家。对于《雾月十八日》所处的时代来讲，这当然是后话了。相比之下，英国人就没有这种皇权崇拜的基因，他们从来不相信一个好皇帝。像意大利、西班牙等国有着专制君主传统的国家，王权崇拜也有很强的社会基础；普鲁士主导下的统一的德国，也未曾摆脱权威崇拜的基因。跨欧亚的俄国专制基因强大，俄国的农民就很相信沙皇。这些国家进入现代化的道路，都复杂而漫长。

此时马克思已经初步成型了的那些关于阶级斗争、经济基础决定上层建筑、无产阶级革命的基本理论，在《雾月十八日》里其实很少被涉及。所以说，《雾月十八日》是很特别的。它是一篇关于文学和符号学的文章，可以把它当作符号学文章来读，当作戏剧学文章来读——我把它看作是政治戏剧学的理论，戏剧学是文学研究的一个部分，符号学也属于文学研究。所以，我把《雾月十八日》当成文学、文艺理论来读。马克思的著述大致上有三种：一种是注重学理性分析的大型学术专著，例如《资本论》；一种是文学性较强的文艺作品，例如《共产党宣言》以及《路易·波拿巴的雾月十八日》；第三种是比较碎片式的手稿和提纲，例如《1844年经济学哲学手稿》。

法国的历史给我们的一个教训，就是历史的反复性。拿破仑下台了，王朝又复辟了，而王朝复辟意味着皇帝又回来了。路易·菲利普的波旁王朝的复辟堂而皇之，但法国也进入了一个非常混乱的局面。因为皇帝的权力已经被约束了，这是现代的皇帝，他也开始采取君主立宪的制度。袁世凯实际上也是要君主立宪的，他原来扶持光绪皇帝而要求君主立宪，没有成功；他自己当皇帝后，成了共和国的第一任大人物。袁世凯和路易·菲利普多多少少有点像，跟路易·波拿巴也有点像，如果说拿破仑·波拿巴是法国的悲剧，路易·波拿巴是闹剧，袁世凯则是中国的闹剧。

1848年，法国再次开始革命。法国人就是不断革命、不断复辟。因为法国各个社会阶层的矛盾非常复杂，尤其是掌握政权的、在城市里面的那些人。政权由三个部分相辅相成，军队、税务与官僚机构。官僚机构包括了税收，但也不完全是税收。税收管收钱，官僚要花钱，这三个部门互相拉扯、斗争。各种政党派别太多，在马克思笔下也是眼花缭乱，我们读得更是一头雾水。但是有一点马克思说得很清楚，即在一个专制皇帝下台之后，这个国家陷入了一个混乱的局面，各种各样的势力都来想分一杯羹，除非资产阶级的秩序党无比强大，可以控制局面。所以路易·波拿巴控制了局面。虽然在马克思的笔下，他就是一个跳梁小丑。但路易·波拿巴篡夺了权力，我们现在把篡位者叫作僭主，这就是僭主政治。僭主的意思是，他既是一个篡位者，又是一个独裁者。在希腊语中，这是一个篡夺权力的独裁者，所以叫 τύραννος，英文是 tyrant。不过篡位者就是 usurper，跟独裁者一词常常互换。法国处于一个十分特别的局面。

政治精英都集中在城市里面，尤其是巴黎。法国地理面积庞大，人口众多，实际上无产阶级和资产阶级的数量并不多，他们都集中在巴黎。法国人常说，巴黎就是法国，法国就是巴黎。事实果真如此吗？其实并不是这样。当真正要选票的时候，一人一张票就形成了人民群众的汪洋大海。路易·波拿巴正是如此，他就是靠着人民群众的汪洋大海，把城市里面的资产阶级和各类反叛分子一网打尽了。法国议会最后臣服于路易·波拿巴，正因为难敌人民一人一张的选票，还有军队对路易·波拿巴的支持。希特勒上台也是靠选举，德国大众的支持和军人的支持，希特勒上台后，罔顾《凡尔赛合约》对战败国德国组建军队的禁令，很快重建起了一支强大的军队。

图 1 Le général Bonaparte au Conseil des Cinq-Cents à Saint-Cloud, 10 novembre 1799，画家布歇 François Bouchot

油画《拿破仑将军在五百人议院中》（Le général Bonaparte au Conseil des Cinq-Cents à Saint-Cloud, 1799。见图1）是对1799年雾月（11月9-10日）政变非常精彩的描述。画中，拿破仑将军站在中间，议院的元老贵族们义愤填膺围在身边，边上还围着一圈举着枪的军人。在军人的拥护下，拿破仑横眉冷对，面对元老贵族们毫不畏惧。画面中最右后边角上闹事的人看来是法国乡下来的代表，因为这些法国的农民是拿破仑最主要的支持者。路易·波拿巴跟他的叔叔拿破仑·波拿巴有很多相似之处，都是从总统执政转向了皇帝，篡夺了革命的胜利果实，因而与法国的上层阶级相对立。这些有权有势的法国资产阶级上层，包括法国的贵族、商人和僧侣阶层，尽管一直在与皇帝斗争，但一直斗不过拿破仑。

作为政治戏剧学的《路易·波拿巴的雾月十八日》

马克思创作的这篇政治戏剧学评论，主要关乎1848年法国的混乱局面，关乎推翻一个弱势的专制皇帝之后的情况。倘若类比，就是中国的民国时期或北洋时期（1911-1927）。如今人们对那段历史的说法不一，文学领域的人认为那段时间是五四的黄金时代，是明星闪闪发亮、中国思想文化最辉煌的时代。但是从政治和大历史的角度看，那是一个军阀混战的时代。这一时代其实很漫长，从1911年辛亥革命开始，中间反反复复，袁世凯先是当了总统，后又自己加冕当了83天皇帝，没过瘾就被反袁的军阀力量轰下台，接着就气死了。袁世凯同样既是悲剧也是闹剧。他的野心没成功，与拿破仑叔侄的梦相似，命运却差远了。他死后中国又进入了多头政府的阶段，北方有北洋政府，南方有广州政府，各个省要求独立。

马克思记录了法国那段最混乱的时期，但没有人写中国北洋时期的政治状况。那段北洋的时代太漫长了，从1911年辛亥革命一直到1927年，中国基本上进入混乱局面。国家的军队开始混乱，国家的税收制度也开始崩盘，国家的官僚制度解体，皇帝也没有了。在这十几年的光景之中，中国在政治上很不稳定，但在思想上、文化上和教育上却极其辉煌。波拿巴基本上效仿了他的远房叔叔拿破仑，扛着拿破仑的旗帜，打着拿破仑的招牌，拉大旗作虎皮，先通过选举成了共和国的总统，最后宣布自己当皇帝。马克思写这本书的时候，波拿巴还没当皇帝。但马克思抓住了这个时刻，因为这是法国政治最混乱的一个时代，路易·波拿巴作为篡夺权力的独裁者或僭主，动员了法国农民的社会基础，改变了法国的走向。马克思分析非常透彻，僭主篡位靠的是口号和演出，靠的是意识形态，并非"经济基础决定上层建筑"的一类说法。换句话说，阅读《雾月十八日》之后，我们会发现马克思在《〈政治经济学批判〉导言》所说的一类观点，如"经济基础决定上层建筑"，在这里并未确立。

《雾月十八日》这篇长文写于1851年，而路易·波拿巴的皇帝从1852年当到1870年。在这期间，法国现代化的步伐迈得很快，同时也在持续对外扩张。波拿巴想要实现其伟大的法国梦，使法国更伟大，实现法兰西的复兴。他发动普法战争，结果却一败涂地，做了俘虏，灰头土脸地下台了。普法战争以后，法国就堕落了，后来变成了一个二流国家。在我看来，法国彻底在政治上变成一个二三流的国家，是因为第二次世界大战的迅速战败。希特勒几乎不费吹灰之力，不到一个月的时间就把法国打败了。法国人在政治上、经济上、科技上水平有限，但法国的文学艺术世界一流。法国的思想也很辉煌，其大部分都与文艺纠缠在一起。法国是文艺爱好者向往的地方，但如果在国家的现代化发展路径上效仿法国，那后果将不堪设想。法国的现代化路径，是专制皇权与激进革命之间的对立。文艺上很伟大，政治上很落后，这是我对法国的一个判断。马克思30多岁就到了英国，在英国生活了将近40年，最后终老在英国。可以说，没有英国就没有马克思。但马克思的思想始终没有脱离法国，马克思有着强烈的法国情结。

说到马克思和法国，让我们再回到《路易·波拿巴的雾月十八日》。阅读《雾月十八日》不要有太多畏难情绪，马克思自己其实也是边写边想，思路和头绪都比较多，也没那么清晰，因为法国太复杂了。但无论如何，我们可以感觉到马克思在写这本书的时候比较愉快，没有什么教条。虽然恩格斯很多年之后给他加了一些教条，但马克思当时并没什么教条。马克思在第二版序言一开始就说，他是给一个美国朋友写的，这个朋友需要出版一个期刊，虽然期刊最后没有成功出版。马克思这本小册子给他印了几百册，最后运回德国了[6]。不知道后来德国人是否读到，但马克思常常是写的著作无法发表，他很无奈，但也只有习以为常了。

马克思提到，《雾月十八日》这篇长文是根据事变的直接观感写成的[7]。那时候马克思已经到英国安顿了下来，虽然一直有人追捕他，导致他在英国的日子过得也并不安稳。应该说，马克思一直是一个很边缘的、被不断追捕的人。他曾向英国的苏格兰场（Scotland Yard）申请英国居民身份。2022年，我在柏林的马克思展览上看到了一封拒信，大意为：有鉴于马克思在历史上存在较多污点，苏格兰场经过严格审查后，认为他不适合成为英国的居民。所以马克思在英国变成了一个彻头彻尾的"三无"人员，没有身份、没有工作、没有收入，日子过得并不好。多亏他的好友恩格斯比较富有，并无私地帮助他；此外马克思的妻子燕妮（Jenny Westphalen）的家境也非常好，她出生于一个贵族家庭。燕妮的家庭虽然不同意他们的婚姻，但也没有刻意妨碍他们。燕妮给他生了七个孩子，最后只有三个活了下来，他的孩子很多都早夭了。马克思个人一生中有很多怨气和愤怒，他生活不顺，这点对我们阅读马克思很重要。我们经常说，马克思没有什么私人敌人，但他生存的环境却对他很有敌意，尤其是他的祖国普鲁

6　[德]马克思：《路易·波拿巴的雾月十八日》，载于《马克思恩格斯选集（第一卷）》，北京：人民出版社1972年版，第598页。

7　[德]马克思：《路易·波拿巴的雾月十八日》，载于《马克思恩格斯选集（第一卷）》，北京：人民出版社1972年版，第598页。

士。他认为法国阶级斗争之所以发生的一个条件是：一个平庸而可笑的人物有可能扮演了英雄的角色。在写《雾月十八日》的时候，马克思其实在写一份剧评或时评，他把法国的局面描述成了一场戏剧，甚至是一场闹剧。此时马克思的真实身份就是一个剧评家，但他评论的戏剧是政治戏剧。

恩格斯的前言又为马克思增加了很多内容。恩格斯首先夸赞这是天才的著作，"马克思发表一篇简练的讽刺作品"[8]，其意为，马克思写的并不是一篇纯粹、冷静的剧评。其实，高妙的戏剧评论必须是一篇文采飞扬、流光溢彩、生动活泼的剧评，这样大家才喜欢看。时评则要写得精彩且最好短小精悍，而马克思写得已经太长了——本来是一篇时评的体量，最后却写成了一本书。以鲁迅为代表的中国人并不这么写，鲁迅写了很多杂文，比如《准风月谈》，这些都是时评，非常尖刻、俏皮，带有强烈的反讽意味。大家都喜欢看鲁迅骂人，鲁迅有时候拐弯抹角地骂人，大家看得很过瘾。而且，被鲁迅骂的人最好能和他有来有回。鲁迅其实喜欢骂有地位的人，有些人会回应他，但另一些并不理睬他，对于后者鲁迅很失望。鲁迅喜欢骂胡适，胡适就不睬他。

马克思同样不被理睬。实际上马克思非常寂寞，他把路易·波拿巴骂得狗血淋头，但路易·波拿巴根本就不知道这件事。路易·波拿巴此时专注于与皇帝相关的事务，一方面准备加冕，另一方面可能也不懂德文，对马克思不感兴趣。无论如何，马克思描绘了一幅很精彩的图画。恩格斯说得好，"他对活生生的时事有这样卓越的理解，他在事变刚刚发生时就对事变有这样透彻的洞察，的确是无与伦比。"[9]。我的评论是，他的文本是一个讽刺寓言体的、写实主义的油画。写实主义意味着，他写的都是一些真实发生的事情，但油画、漫画的定位又说明了它的夸张和极其强烈的个人色彩。所以马克思的这篇文章很难被理解，他究竟说的是谁？说的是他自己的意见，还是当时真实发生的事？

根据马克思的看法，法国这么多的政治力量，实际上是各种各样喜欢闹事的巴黎阴谋家与野心家。此时法国的官僚机构已经开始崩溃，虽无以为继但仍在运作。这与中国的北洋时期类似。北洋时期还是有官僚机构的，当时的官僚机构情况相对稳定，能正常运作。有人研究北洋时期的经济，认为北洋时期的经济并没有衰退。而我觉得，在王朝复辟、路易·波拿巴上台之时，法国官僚机构也同样在运作。这并不动摇法国根本的社会基础，即军队对专制君主的忠诚度。此外，占绝大多数的法国农民，对专制君主的忠诚度并没有改变。而巴伐利亚实际上是德国非常保守的、带有农民气质的一个地方，巴伐利亚的农民也一直站在专制君主一边，所以希特勒的社会基础在那里，是纳粹崛起的大本营。

马克思写了这样一篇戏剧评论，描述了社会上层混乱的状况。但他在写作时一边讽刺、挖苦，一边不断思考，其中有些评论极具洞见和寓言性。马克思写的是一个寓言，而不是一个完全写实主义的作品。马克思曾讽刺雨果和蒲鲁东都是写实主义者，雨果也写那个时段，但人们牢记的是雨果的《悲惨世界》。《悲惨世界》是煽情性的，但雨果的煽情和马克思的煽情有所殊异。恩格斯则时刻要把马克思拉回恩格斯式的马克思主义轨道之中。恩格斯的这段话颇富意味："此外还有另一个情况。正是马克思最先发现了重大的历史运动规律。根据这个规律，一切历史上的斗争，无论是在政治、宗教、哲学的领域中进行的，还是在其他意识形态领域中进行的，实际上只是或多或少明显地表现了各社会阶级的斗争，而这些阶级的存在以及它们之间的冲突，又为它们的经济状况的发

---

8 [德]马克思：《路易·波拿巴的雾月十八日》，载于《马克思恩格斯选集（第一卷）》，北京：人民出版社 2012 年版，第 663 页。

9 [德]马克思：《路易·波拿巴的雾月十八日》，载于《马克思恩格斯选集（第一卷）》，北京：人民出版社 2012 年版，第 666 页。

展程度、它们的生产的性质和方式以及由生产所决定的交换的性质和方式所制约。这个规律对于历史，同能量转化定律对于自然科学具有同样的意义。这个规律在这里也是马克思用以理解法兰西第二共和国历史的钥匙。在这部著作中，他用这段历史检验了他的这个规律；即使已经过了33年，我们还是必须承认，这个检验获得了辉煌的成果。"[10] 我对于这段话的理解和评论是，这是历史的理论化和理论的历史化。马克思要把这段历史上升到一定的理论高度，同时马克思又不断在其历史描述中对自己的理论加以修正。这一段时间是他对理论加以修正的时代。1848年，马克思与恩格斯合写了《共产党宣言》。当时，马克思看到欧洲都在革命，结果没两年革命都完全失败，王朝复辟。马克思对这些其实是非常失望的。而且此时他的理论还没有完全形成，其关于阶级斗争、上层建筑、经济基础的一整套理论尚处于思考之中。所以我认为，马克思通过历史来不断深化自己对理论的理解，这是理论的历史化。

细读之一：从悲剧到闹剧

恩格斯认为，马克思发现了历史发展的规律，这个观点后来成为马克思主义的核心论点。但马克思自己始终对各种规律保持警觉，《路易•波拿巴的雾月十八日》这篇文章的闪光点之一，就是基本跳开经济基础决定上层建筑的理论框架，而主要谈论语言、符号、戏剧表演等在历史中的作用，尤其是拿破仑叔侄演出的悲剧-闹剧所起的关键作用。西方马克思主义者喜欢《路易•波拿巴的雾月十八日》的一个前提正在于此。西方马克思主义者认识到，历史并不是按照"经济基础决定上层建筑"这个规律来发展的，这个所谓的规律乃是斯大林在《联共布党史教程》里编织出来的教条。特别是，苏联本身的经验其实就是对这个所谓的历史规律的最明确否定。一个在经济上极其落后的国家，建设了一个社会主义国家，这完全背离了马克思主义的基本原理即经济基础决定上层建筑。按照马克思的构想，资本主义经济发展到最发达的阶段才会出现社会主义。但，如何以这样的构想来解释苏联经验？苏联经验难道不是都反过来了吗？唯一的解释就是上层建筑决定了经济制度，布尔什维克党夺取了政权，推翻了沙皇德国，改变了上层建筑。但是苏共一旦夺取了政权，又反过来否认这个历史事实，认为一切都是按照历史规律进行的，还是经济基础决定上层建筑。列宁为此写了许多文章来论证此事，如认为俄国是资本主义最薄弱的环节，因此革命容易爆发。俄国人最不缺滔滔雄辩的理论家，比列宁论述得更多、更深入的，就是托洛斯基。中国人有时候也相信这种观点，相信托洛斯基，以此来解释中国革命，认为中国革命是薄弱环节，中国革命是世界革命的一个部分。实际上中国革命的实践跟经济基础决定上层建筑的理论并不相干。延安整风运动时期，毛泽东就认识到必须批判斯大林的教条。但中共在当时还是受共产国际（即苏共）的领导，毛泽东又不能直截了当地否定斯大林路线。所以他转而强调马克思主义的中国特色，即民族形式、民族风格，推出了马克思主义中国化或中国马克思主义理论。

再回到《路易•波拿巴的雾月十八日》，不管恩格斯说这是规律还是真理，都是一个本质主义的说法。马克思的这篇文章实际上是讲认识论的。我们解读认识论的路径有很多，可以从戏剧的角度、从悲剧和喜剧的角度来解读。马克思是从文艺的角度进行解读的，在我看来这是一篇文艺批评。中国古典文论有三大评点：张竹坡评点《金瓶梅》，金圣叹评点《水浒传》，脂砚斋评点《红楼梦》。我读《雾月十八日》正是学习的这种评点方式。（见图2）

---

10 [德]马克思：《路易•波拿巴的雾月十八日》，载于《马克思恩格斯选集（第一卷）》，北京：人民出版社2012年版,667页。

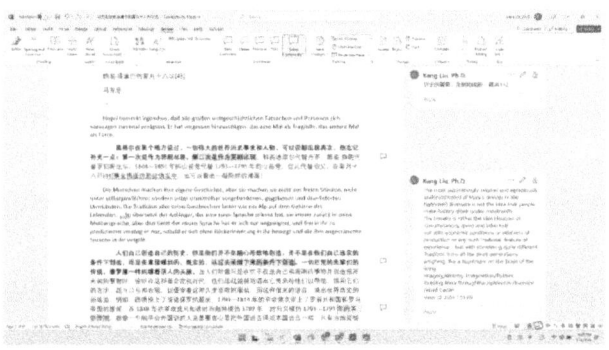

图 2 刘康读《路易·波拿巴的雾月十八日》的阅读笔记

马克思著作的中译本质量很高。中共中央编译局组织了中国一流的翻译人才，花了大力气，对照英、俄、日文译文，翻译了马克思的德文原著。我对马克思《雾月十八日》的细读以中文译本为基础，当然在一些重要的部分我也会引用德文原文作为对照。

黑格尔在某个地方说过，一切伟大的世界历史事变和人物，可以说都出现两次。他忘记补充一点：第一次是作为悲剧出现，第二次是作为笑剧出现。

Hegel bemerkt irgendwo, daß alle großen weltgeschichtlichen Tatsachen und Personen sich sozusagen zweimal ereignen. Er hat vergessen hinzuzufügen: das eine Mal als Tragödie, das andere Mal als Farce. [11]

黑格尔是在谈论历史教训时说出这句话的。黑格尔讲恺撒想要当皇帝结果没当成皇帝，被他的助手布鲁图斯所刺杀。布鲁图斯刺杀后也没有真的篡位，是屋大维继承恺撒的意志当了皇帝。后来为了纪念恺撒，就把皇帝称之为恺撒 Caesar。一直到十九世纪、二十世纪，恺撒的称呼还是被专制皇权所继承。德国的皇帝就叫恺撒 Kaiser，俄语其实也是恺撒 Цезарь，只是把"恺"去掉了，变成 царь，也就是沙皇的意思。黑格尔讲的就是这些内容。马克思有很多的箴言，这句话就是他的箴言之一。马克思用了 Tragödie（悲剧）和 Farce（闹剧，中译为笑剧）两个词。Farce 不是喜剧，而是闹剧、荒诞剧、颠倒黑白的丑剧。

人们自己创造自己的历史，但是他们并不是随心所欲地创造，并不是在他们自己选定的条件下创造，而是在直接碰到的、既定的、从过去承继下来的条件下创造。[12]

特雷尔·卡弗（Terrell Carver）是英国研究马克思的权威之一，他追问：马克思的这句话应该怎么理解？"继承下来的条件"是什么条件？这不是经济条件，不是生产关系、生产方式的条件，而是"一切已死的先辈们的传统，像梦魇一样纠缠着活人的头脑"[13]（Die Tradition aller toten Geschlechter lastet wie ein Alp auf dem Gehirne der Lebenden.）。马克思的德文原文是"像阿尔卑斯山一样"在人的脑子里面，非常形象，梦魇就是阿尔卑斯山。过去的死了的传统，像阿尔卑斯山一样，一直在人的脑子里驻足。所以马克思并没有提经济基础决定上层建筑，而是倒过来，是精神的、思想的、传统的、各种各样化妆的面具来创造历史：他们的名字 Namen，他们的面具、道具 Schlachtparole，他们的服装 Kostüm。"借用它们的名字、战斗口号和衣服，以便穿着这种久受崇敬的服装，用这种借来的语言，演出世界历史的新的一幕。[14]"（...entlehnen ihnen Namen, Schlacht-parole, Kostüm, um in dieser altehrwürdigen Verkleidung und mit dieser erborgten Sprache die neue Weltgeschichtsszene aufzuführen.）

这里马克思讲的是历史的重复。这是马克思

---

11 [德]马克思：《路易·波拿巴的雾月十八日》，载于《马克思恩格斯选集（第一卷）》，北京：人民出版社 2012 年版，第 668 页。
12 [德]马克思：《路易·波拿巴的雾月十八日》，载于《马克思恩格斯选集（第一卷）》，北京：人民出版社 2012 年版，第 669 页。
13 同上
14 同上

的一个非常重要的观点。日本理论家柄谷行人（からたにこうじん）的书《历史与反复》（歴史と反復，2004）的核心理论就来自《雾月十八日》，第一章讨论为什么《雾月十八日》提供了思考历史的重要途径。柄谷行人认为马克思所讲的历史的重复是结构性的，这个结构基本上是一个文化的或思想的结构，跟经济基础无关，实际上是一个潜意识的结构。柄谷行人发现了潜意识的重要性，而马克思并没有直接阐述潜意识，只是说潜意识可能在起作用。柄谷行人运用了弗洛伊德的《梦的解析》（*Die Traumdeutung*，1899），采纳了阿尔都塞受弗洛伊德无意识理论启发的症候式阅读来分析历史事件的重复："如果基于《路易·波拿巴的雾月十八日》来思考的话，我们并不需要精神分析，这是因为马克思几乎预见到了弗洛伊德的《梦的解析》，他对短时间发生的就像'梦'一样的事态做了分析。在这种情况下，他强调的并不是'梦的思想'，即实际的阶级利害关系，而是'梦的工作'，即那些阶级无意识如果被压缩、转移。"[15] 柄谷行人认为《雾月十八日》就是一个症候阅读的典范。阿尔都塞认为《资本论》是症候阅读的典范，柄谷行人在这个判断中又加入了《雾月十八日》。阿尔都塞和柄谷行人都是在对马克思做弗洛伊德无意识论的症候式阅读。柄谷行人用其来分析日本近现代史，从明治（1868-1912）讲到大正（1912-1926）、昭和（1926-1989），从佛教讲到法西斯，重点是讲僭主政治、法西斯军国主义是如何在日本崛起的。在柄谷行人看来，历史并非事件结构的重复，而是一种周期性循环，是被压抑者的回归，它代替回忆在当下唤起对曾发生过事件的感知。这就是弗洛伊德指出无意识或潜意识之中存在的"不在场"因素，我们必须通过症候式的阅读才能对它有所认识。弗洛伊德通过精神分析的方式对其进行思考，马克思对于资本主义缺陷的思考在某种程度上也可以称为通过精神分析所进行，虽然马克思先于弗洛伊德而存在，但其方式带有一种潜在对无意识进行精神分析的特征。柄谷行人的解构思路也与弗洛伊德的精神分析相类似。在我看来，这可以说是一种历史的山寨论：历史是可以模仿、抄袭或山寨的。马克思讲的是侄子路易·波拿巴抄袭或山寨他叔叔波拿巴·拿破仑的故事。叔侄二人都是僭主政治，他们既是篡位者，又是独裁者。

马克思写道：

> 由此可见，在这些革命中，使死人复生是为了赞美新的斗争，而不是为了拙劣地模仿旧的斗争；是为了在想象中夸大某一任务，而不是为了回避在现实中解决这个任务；是为了再度找到革命的精神，而不是为了让革命的幽灵重行游荡。
>
> 在1848-1851年间，只有旧革命的幽灵在游荡，从改穿了老巴伊的服装的戴黄手套的共和党人马拉斯特，到用拿破仑的死人铁面具把自己的鄙陋可厌的面貌掩盖起来的冒险家①。自以为借助革命加速了自己的前进运动的整个民族，忽然发现自己被拖回到一个早已死亡的时代；而为了不致对倒退产生错觉，于是就使那些早已成为古董的旧的日期、旧的纪年、旧的名称、旧的敕令以及好像早已腐朽的旧宪兵复活起来。[16]

我们如何理解"旧的斗争"，不让"革命的幽灵重新游荡起来"？又如何避免"被拖回到一个早已死灭的时代"，如何不至于让一切旧的东西复活起来？我们还可以从"二手时间"的角度来进行理解。马克思开宗明义，路易波拿巴之类的小丑穿着久受崇敬的服装，用借来的语言演出世界历史的新场面。他们运用自如，把语言化成自己的语言。而马克思认为，真正化成自己语言是不可能的，而只能是山寨的，真正的历史语言只能是二手（Second-hand）的语言。二手是旧货、用

---

15 [日]柄谷行人：《历史与反复》，王成译，北京：中央编译出版社2018年版，第16页。
16 [德]马克思：《路易·波拿巴的雾月十八日》，载于《马克思恩格斯选集（第一卷）》，北京：人民出版社 2012年版，第670-671页。

过的东西。诺贝尔文学奖得主、白俄罗斯作家阿列克谢耶维奇（S.A Alexievich）写了一本《二手时间》（Время секонд хэнд, 2016），讲的是苏联时代如何创造新苏维埃人的故事。苏联时代就是一个二手时间，是用过的旧货，跟马克思《雾月十八》说的情形很相似。什么叫苏维埃人？苏维埃人是布尔什维克党的发明创造。苏维埃人的源头是当年俄国都市的激进派，他们基本上都属于无根无底的、流浪的波希米亚人（Bohemian），被沙皇秘密警察到处驱赶、抓捕和流放。波希米亚人最大的特点就是非常文艺，他们是流浪汉，很文艺。俄国的激进分子都很文艺，但他们有一个确定的政治目标，就是要颠覆沙皇统治。当年的普列汉诺夫和俄国社会民主工党都是波希米亚人的类型，这些人有时候在瑞士流浪，有时候在法国流浪，有时候在德国流浪。普列汉诺夫算是俄国马克思主义之父，也是俄国社会民主工党的创立人。他特别喜欢一个名为马尔托夫的学生，马尔托夫非常有才华，不仅知识渊博，而且很有组织才能，帮助普列汉诺夫建立了政党。另一位叫乌里扬诺夫的学生，普列汉诺夫不太喜欢他。这个学生也很聪明，但是普列汉诺夫总觉得他在酝酿某个阴谋。普列汉诺夫喜欢马尔托夫，不喜欢乌里扬诺夫，结果后来乌里扬诺夫成功把马尔托夫赶下台去了，把俄国社会民主工党变成了自己的党。最后，乌里扬诺夫干脆改名为列宁。作为无家可归的波希米亚人，他们最后终于找到了家园。他们曾经有一个乌托邦理念，就是要把自亚当夏娃以来的旧人类改造成新人类，也就是新苏维埃人，他们继承了波希米亚人的传统，当然也继承了对于东正教的盲目信仰。

在东正教统治之下的沙皇俄国是一个政教合一，推行盲目沙皇与神权崇拜的国家。专制沙皇严格控制着东正教的教会，二者始终处于一个合流的关系。沙皇的社会基础是农奴制，俄国农民是人口的绝大多数，他们都是农奴，跟法国的小农自耕农相比，更加迷信权威。反观英国，教会始终没有与国王保持一致，英国的教会实际上与贵族商人相结盟，反而对国王造成很大威胁。法国天主教则始终对皇帝保持一个较低的威胁程度，天主教与俄国的东正教不同，它始终未在法国获得绝对的支配权。与二者对比我们可以发现，沙皇专制体制、东正教会与波希米亚人的潜在因素是如何对苏维埃人性格的确立造成影响的。布尔什维克党后来建立了苏联，但苏联的文化基因中有多少沙皇专制体制和东正教的影子？这是需要深刻反思的。当然马克思不可能对这些进行具体讨论，布尔什维克的十月革命和苏联的建立已经是马克思去世几十年后的事了。但我们在这里讲这一段历史的故事，与我们所要讲的主题有着重要的联系。

细读之二：资产阶级、无产阶级对抗路易·波拿巴

针对《路易·波拿巴的雾月十八日》，苏联有一套政治阅读法——这套阅读法后来成为权威的阅读方法，主要认为马克思在书中提出了有关国家和政权的政治学理论。书的大部分内容围绕着路易·波拿巴时代错综复杂的政治斗争展开，讲述站在波拿巴一边的军队、背后强大的法国农民，与首都巴黎的各种敌对政治势力的混战。敌对方包括了议会、各种党派、贵族、商人、资产阶级（大资产阶级和小资产阶级）和无产阶级（包括流氓无产阶级）等，五花八门、眼花缭乱。马克思的确耗费了大力气来梳理这团乱麻，力图厘清政治斗争的脉络，因此他必然要讨论国家和政权、法律和政治代表的问题。而在国家和政权的问题上，启蒙思想家的探讨是不能被忽视的，霍布斯的思考尤其重要。在西方政治从皇权时代向现代国家过渡和转型的时期，霍布斯思考了法治和现代国家政权等问题。在专制皇权的体制下，所有人都要服从权力，也就是服从于皇权。而法治是一个民主的概念，此时所有人都没有了权力、平

等地面对法律,国家的权力被法律所约束则是现代社会的一个根本标志。如今的社会体系是一个庞大无比的成熟构造,霍布斯在其分析中将现代社会看作一种怪兽——利维坦,它拥有着强大的军队与官僚机构,其税收制度能够生成并维护绝对的皇权,而皇权就是怪兽本身。因此我们需要法治,也只有法治能够让我们超越皇权。而政府则是被法律管理的对象,其一方面在社会范围内推行法治,另一方面又要受到法律的制约与管理。

《雾月十八日》中的讨论凸显了法国无比强大的传统,以及因此而需要一场革命来实现变动的可能。为了让这一革命得以发生,就需要将各种传统的东西重新包装起来,让死人复生。为了找到革命的精神,必须让革命的幽灵重新游荡起来;为了革命能顺利进行,必须把专制的旗帜重新举起。此时我们陷入一个极大的悖论,也正是在悖论中革命才能成功。然而革命并未带来解放,革命的成功导致了新的专制的发生,这是路易·波拿巴的一场闹剧。马克思对于路易·波拿巴的闹剧抱有一种鄙弃的态度,他指出19世纪的革命一定要通过死者去埋葬其他的死者,这是僵化且无意义的。马克思所孜孜以求的是革命真正的主体即无产阶级,但是在当时要找到无产阶级的存在是相当困难的。在马克思看来,德国是没有无产阶级的,而英国的无产阶级又是软弱的,不存在革命发生的条件。早在1688年英国就早已完成了光荣革命(Glorious Revolution),但光荣革命实质上是一场温和的小范围变动,没有流血与牺牲。而法国的革命又是过度浪漫的,大量的牺牲与浪漫的斗争让人类基本的生存本能被唤起,这也就是弗洛伊德所提及的,生的本能与死亡的本能。对于生存与繁衍的需要成为人类发展的驱动力,也就是力比多。马克思对于法国的革命是失望的,法国革命并未带来无产阶级革命的发生。马克思在《雾月十八日》里讨论了资产阶级需要借人民的名义进行统治,然而法国资产阶级并不具有权力,他们仅作为皇权的附庸存在。

马克思写道:

> 六月事变以后的制宪国民议会的历史,是资产阶级中的共和派统治和瓦解的历史,这个派别是以三色旗的共和党人、纯粹的共和党人、政治的共和党人、形式的共和党人等等称呼闻名的……
>
> 资产阶级共和派独占的统治,只是从1848年6月24日起存在到12月10日止。这种统治的总结就是拟定共和主义宪法和宣布巴黎戒严。……
>
> 然而,用这么巧妙的方法弄成不可侵犯的这个宪法,如同阿基里斯一样,有一个致命弱点,只是这个弱点不是在脚踵上,而是在头顶上罢了,或者不如说是在全部建筑物顶端的两个头脑上:一个是立法议会,另一个是总统。只要把宪法浏览一遍,就可以看出:只有那些确定总统对立法议会的关系的条文,才是绝对的、肯定的、没有矛盾的、不容丝毫曲解的。…宪法就把实际权力授给了总统,而力求为国民议会保证精神上的权力。可是,不用说,法律条文不可能创造精神上的权力,宪法就在这方面也是自己否定自己,因为它规定总统由所有的法国人直接投票选举。全法国的选票是分散在七百五十个国民议会议员之间,可是在这里它们就集中在一个人身上。…… 可是总统是由全国人民所选出,选举总统是行使主权的人民每四年运用一次的王牌。民选的国民议会和国民只有形而上学的联系,而民选的总统却是亲自和国民发生联系。国民议会的各个议员的确反映着国民精神的多种多样的方面,而总统却是国民精神的化身。和国民议会比较起来,总统是一种神权的体现者:他是人民恩赐的统治者。海的女神西蒂斯曾经预言阿基里斯要在盛年夭折。像阿基里斯一样有个致命弱点的宪法,也像阿基里斯一样预感到它命该早死。[17]

---

17 [德]马克思:《路易·波拿巴的雾月十八日》,载于《马克思恩格斯选集(第一卷)》,北京:人民出版社2012年版,第678-679、680、682-684页。

《雾月十八日》的叙事始终浸淫在希腊神话的故事中，趣味盎然，同时透露着马克思激光手术刀般的犀利和精准。法国资产阶级国民议会这一"大杂烩"的命运终结在共和宪法的制定上。这一宪法是总统（即路易·波拿巴）的宪法，因为波拿巴手里握着直选的选票。同时，在手握选票的人民眼中，波拿巴是神权的体现者，是人民恩赐的领袖。当然，这个恩赐可以转换的，是人民恩赐了领袖，还是领袖恩赐了人民？既然领袖是人民眼中的救世主，他就会把他的神权或国民精神恩赐给他的子民——《雾月十八日》最精彩的部分就是讲这个转换，波拿巴如何恩赐阳光雨露给他的子民。国民议会里的资产阶级通过的阿基里斯般的宪法使资产阶级早夭，资产阶级自己否定了自己。在马克思对法国1848年的政治做如上分析的同时，英国早在1688年的"光荣革命"实现了渐进、改良、不流血但却不可逆转的资产阶级革命。在北美，1789年的大陆会议确定了三权分立的宪法，美国超越英国建立了现代国家政体。然而在1789年，法国的革命才刚刚开始，攻克巴士底狱，之后是流血、暴力和动乱，直到僭主拿破仑篡夺了革命果实。法国的"自由、平等、博爱"的革命理想十分迷人，法国的激进主义口号令人血脉偾张，但法国革命的政治实践始终是落后的、残暴的、反复的。

关于法国的无产阶级，马克思这样写道：

> 资产阶级革命，例如18世纪的革命，总是突飞猛进，接连不断地取得胜利；革命的戏剧效果一个胜似一个，人和事物好像是被五彩缤纷的火光所照耀，每天都充满极乐狂欢；然而这种革命为时短暂，很快就达到自己的顶点，而社会在还未学会清醒地领略其疾风暴雨时期的成果之前，长期沉溺于消沉状态。相反，无产阶级革命，例如19世纪的革命，则经常自我批判，往往在前进中停下脚步，返回到仿佛已经完成的事情上去，以便重新开始把这些事情再做一遍；它十分无情地嘲笑自己的初次行动的不彻底性、弱点和拙劣；它把敌人打倒在地，好像只是为了要让敌人从土地里汲取新的力量并且更加强壮地在它前面挺立起来；它在自己无限宏伟的目标面前，再三往后退却，直到形成无路可退的局势为止，那时生活本身会大声喊道：
>
> 这里是罗陀斯，就在这里跳跃吧！这里有玫瑰花，就在这里跳舞吧！[18]
>
> Hic Rhodus, hic salta!

马克思在这里引用"这里是罗陀斯，就在这里跳跃吧！这里有玫瑰花，就在这里跳舞吧！"，起到了相当反讽的作用。在法国，无产阶级革命是不可能存在的，无产阶级革命往往在前进中停下脚步，开始进行自我批评，回到已经完成的事情上，以便重新把这件事再次进行。无产阶级不断地无情嘲笑第一次革命中的弱点与不适当的地方，他们打倒敌人，但只是让敌人在土地上吸取新的力量，以求变得更加强壮地再次挺立起来。马克思在《雾月十八日》中始终指出无产阶级在法国的盲目、软弱以及不完善性。法国的无产阶级中最有力量的可能是流氓无产阶级，他们无组织、无纪律，玩弄阴谋诡计，但往往也只是彻头彻尾的投机分子。

虽然马克思对于无产阶级怀有无限的同情与希望，但是无产阶级在法国并不存在，马克思无可奈何。无产阶级在面对革命的宏伟目标时再三后退，一直到退无可退的境遇，此时他们就采取着一种懒惰又软弱的态度，也就是"这里是罗陀斯，就在这里跳跃吧！这里有玫瑰花，就在这里跳舞吧！"这句诗的含义。这里讲的实际上是希腊神话中的故事，有个运动员因平常参加比赛时缺乏勇气，被人们指责，只好出外去旅行。过了些日子，他回来后，大肆吹嘘说，他在别的很多城市多次参加竞赛，勇气超人，在罗德岛曾跳得很远，连

---

[18] [德]马克思：《路易·波拿巴的雾月十八日》，载于《马克思恩格斯选集（第一卷）》，北京：人民出版社2012年版，第673页。

奥林匹克的冠军都不能与他抗衡。他还说那些当时在场观看的人们若能到这里来，就可以给他做证。这时，旁边的一个人对他说："喂，朋友，如果这一切是真的，根本不需要什么证明人。你把这里当作是罗德岛，你跳吧！"所以马克思引用这两句诗的意义正在于此，无产阶级革命是一场遥不可及的事情。斯皮瓦克也曾经有类似的表述，弱者总是通过相信奇迹来求得解救，他面对着想象的敌人，在想象中打败了敌人就假装斗争已经结束，总是对自己的未来的建树言之过早，失去对于现实的一切感觉。历史总是在不断地重复，今天世界上的僭主或准僭主，都是自我吹嘘、自我膨胀、自我感觉良好，通过玩弄民族主义和民粹主义的意识形态来操纵民意。这正是一种永不停止的历史循环。

细读之三："代表"与法国农民的政治无意识

马克思并未停止在陈述法国资产阶级（也包括无产阶级）无法掌权的状况上——当然把这个状况陈述清楚绝非易事，也并未深谈法国的经济结构问题，而是从一团乱麻的局面中挖掘"不在场"的无意识因素——马克思将之归结为"代表"的问题。马克思的这一症候式阅读聚焦于法国政坛的前台所看不到、不在场的后台演员，即广大的法国农民，他们才是决定性的政治力量，是他们让僭主波拿巴攫取了政权。然而，法国农民对于自己的代表权问题是不明白的或不在场的，他们的这一"政治无意识"被马克思的症候式阅读发掘出来了，这是《路易·波拿巴的雾月十八日》最为精彩的部分。

马克思写道：

这两个集团彼此分离决不是由于什么所谓的原则，而是由于各自的物质生存条件，由于两种不同的财产形式；它们彼此分离是由于城市和农村之间的旧有的对立，由于资本和地产之间的竞争。当然，把它们同某个王朝联结起来的同时还有旧日的回忆、个人的仇怨、忧虑和希望、偏见和幻想、同情和反感、信念、信条和原则，这有谁会否认呢？在不同的财产形式上，在社会生存条件上，耸立着由各种不同的，表现独特的情感、幻想、思想方式和人生观构成的整个上层建筑。整个阶级在其物质条件和相应的社会关系的基础上创造和构成这一切。通过传统和教育承受了这些情感和观点的个人，会以为这些情感和观点就是他的行为的真实动机和出发点。[19]

他又写道：

使他们成为小资产者代表人物的是下面这样一种情况：他们的思想不能越出小资产者的生活所越不出的界限，因此他们在理论上得出的任务和解决办法，也就是小资产者的物质利益和社会地位在实际生活上引导他们得出的任务和解决办法。一般说来，一个阶级的政治代表和著作界代表同他们所代表的阶级之间的关系，都是这样。[20]

Was sie zu Vertretern des Kleinbürgers macht, ist, daß sie im Kopfe nicht über die Schranken hinauskommen, worüber jener nicht im Leben hinauskommt, daß sie daher zu denselben Aufgaben und Lösungen theoretisch getrieben werden, wohin jenen das materielle Interesse und die gesellschaftliche Lage praktisch treiben. Dies ist überhaupt das Verhältnis der politischen und literarischen Vertreter einer Klasse zu der Klasse, die sie vertreten.

前一段写的是议会中大资产阶级的集团（秩序党中的正统派和奥尔良派），后一段写的是小资产阶级和工人的联合（社会民主派）。马克思提到了他们各自的经济利益，但更多是强调"各种不

---

19 [德]马克思：《路易·波拿巴的雾月十八日》，载于《马克思恩格斯选集（第一卷）》，北京：人民出版社2012年版，第695页。
20 [德]马克思：《路易·波拿巴的雾月十八日》，载于《马克思恩格斯选集（第一卷）》，北京：人民出版社2012年版，第698页。

同的，表现独特的情感、幻想、思想方式和人生观构成的整个上层建筑"，因为这些情感和观点才是他们行为的真实动机和出发点。他们在政治上（politischen）还是在文学上（literarischen 中译"著作"）的代表性（Vertretung）都受到他们生活的制约。在这里，马克思其实并未严格区分关于代表的问题，他说的代表就仅是政治代表即 Vertreter，而没有专门讨论语言的代表、文学的代表。如果要区分的话，就应该用另一个德文词 Darstellung，其意思是文字、形象等意识形态符号的"再现"（reprensentation），而不是政治意义上的"代表"（representative）。马克思没有区分 Vertretung 和 Darstellung，这个区分是阿尔都塞做出的，这也是我们理解阿尔都塞意识形态理论的重要内容。阿尔都塞声称，马克思与黑格尔的认识论断裂，可以用 Darstellung 这个概念来概括。这个词在拉丁语中与 Vertretung 都是 representation，在法文和英文中是一个词，既可指文字符号的再现，又可指政治的代表。马克思对此有所区分，"文学的代表"涉及意识形态，"政治的代表"涉及政治权力，两者关联密切，但有必要加以区分。《雾月十八日》分析和论证核心是意识形态的再现，即"各种不同的，表现独特的情感、幻想、思想方式和人生观构成的整个上层建筑"，是借来的"名字、战斗口号和衣服"，是"用这种借来的语言，演出世界历史的新的一幕"。举一个中国的例子，写入中国宪法和中共党章的"三个代表理论"中，第一个"代表先进生产力"和第三个"代表人民利益"是政治代表，而第二个"代表先进文化"则是意识形态代表。在这里意识形态和政治的含义是未做区分的。

接下来，马克思分析了法国的城市政治团体后，把激光刀对准了广大的农村和农民。他写道：

> 虽然如此，国家权力并不是悬在空中的。波拿巴代表一个阶级，而且是代表法国社会中人数最多的一个阶级——小农。

正如波旁王朝是大地产的王朝，奥尔良王朝是金钱的王朝一样，波拿巴王朝是农民的王朝，即法国人民群众的王朝。[21]

路易·波拿巴通过全体选民直选，取得了农民的支持，当上了皇帝，他的社会基础是农民。但农民明白他们的身份和地位，他们的政治权利和诉求吗？换句话说，农民的阶级意识何在？问题的症结就在此。马克思看到的是农民的政治无意识，而不是自觉自为自在的"主体性"或主体意识：

> 小农人数众多，他们的生活条件相同，但是彼此间并没有发生多种多样的关系。他们的生产方式不是使他们互相交往，而是使他们互相隔离。……法国国民的广大群众，便是由一些同名数简单相加而形成的，就像一袋马铃薯是由袋中的一个个马铃薯汇集而成的那样。数百万家庭的经济生活条件使他们的生活方式、利益和教育程度与其他阶级的生活方式、利益和教育程度各不相同并互相敌对，就这一点而言，他们是一个阶级。而各个小农彼此间只存在地域的联系，他们利益的同一性并不使他们彼此间形成共同关系，形成全国性的联系，形成政治组织，就这一点而言，他们又不是一个阶级。因此，他们不能以自己的名义来保护自己的阶级利益，无论是通过议会或通过国民公会。

> 他们不能代表自己，一定要别人来代表他们。他们的代表一定要同时是他们的主宰，是高高站在他们上面的权威，是不受限制的政府权力，这种权力保护他们不受其他阶级侵犯，并从上面赐给他们雨水和阳光。所以，归根到底，小农的政治影响表现为行政权支配社会。（所以小农的政治影响找到其最终的表述，即凌驾于社会之上的行政权力——笔者注）

> *sich nicht vertreten Sie können, sie müssen vertreten werden. Ihr Vertreter muß zugleich als ihr Herr, als eine Autorität über ihnen erscheinen, als*

---

21 [德]马克思：《路易·波拿巴的雾月十八日》，载于《马克思恩格斯选集（第一卷）》，北京：人民出版社 2012 年版，第 762 页。

eine unumschränkte Regierungsgewalt, die sie vor den andern Klassen beschützt und ihnen von oben Regen und Sonnenschein schickt. Der politische Einfluß der Parzellenbauern findet also darin seinen letzten Ausdruck, daß die Exekutivgewalt sich die Gesellschaft unterordnet.

历史传统在法国农民中间造成了一种迷信，以为一个名叫拿破仑的人将会把一切美好的东西送还他们。于是就出现了一个人来冒充这个人，因为他取名为拿破仑，而且拿破仑法典规定："不许寻究父方"。经过20年的流浪生活和许多荒唐的冒险行径之后，预言终于实现了，这个人成了法国人的皇帝。侄子的固定观念实现了，因为这个观念是和法国社会中人数最多的阶级的固定观念一致的。[22]

农民不能代表自己，他们必须被代表，这也正是马克思的论述核心。农民好比马铃薯，必须要被装在一个袋子里才有主体性，才能形成阶级。他们平时都是一个个四散的马铃薯或一团散沙，没有阶级意识，不能形成阶级。阶级的形成要靠袋子装起来。农民的主体性或阶级意识就是一个袋子装起来的，这个袋子看似无形却有形，其就是路易·波拿巴，是农民心目中的主宰、高高在上的权威，皇恩浩荡、恩赐他们雨水和阳光。这个袋子不是由农民的阶级意识或主体性编织的，而是由传统和迷信所编织的。传统和迷信也是一种想象，是一种无意识或梦想。如何释梦？马克思这里的释梦和症候式阅读，跟后来的弗洛伊德异曲同工。农民的迷信是感性、情绪化的，是想象大于理性算计的，他们不会有意识地编织阶级主体性的袋子。当代西方理论的一部经典《想象的社群》（*Imagined Communities*, 1983，中译《想象的共同体》），是英国马克思主义理论家本尼迪克·安德森（Benidict Anderson）所著。[23]这本书的观点是对马克思《雾月十八日》的"马铃薯论"的拓展和延伸，把农民这个群体扩展到不同的民族（nationalities）、族群和族裔（ethnicities），靠民族主义的意识形态想象，来建构他们不同的社群（communities）。中译"共同体"的概念，近似大一统的国家或国际同盟（如被欧盟取代的前欧洲共同体European Community）。安德森所指的是民族主义这个意识形态大旗更多是想象、情感、态度和立场的集合，与马克思所说的装马铃薯的袋子相似，靠的是传统和迷信，是"主宰"美丽动听的承诺所建立的社群或部落，并不是"共同体"一类的国家主义的政治权力实体。

回到马克思的《雾月十八日》，他提到了路易·波拿巴通过农民的直选来反对城市的资产阶级和无产阶级，这也是另一种形式的"农村包围城市"。农民选择波拿巴作为皇帝，将他作为代表推上了统治者的位置。马克思并未预见到纳粹主义在德国的崛起，但他的远见卓识却对我们认识纳粹有深刻的启发意义。对于德国纳粹而言，1871年德国走向了统一，开始了迅猛的现代化进程，取得了高度工业化，普法战争打败了路易·波拿巴，20世纪初又成为第一次世界大战的主角。德国为我们提供了一个例子，证明了在没有政治统一的情况下，也有富裕和繁荣的可能。当时德国有300多个大大小小的王国、公国与城邦国，但他们之间都有着密切的商业往来与联盟，比如说汉萨同盟就是其中很大一个商业联盟，从中世纪起就将德国从南到北串联为一个繁荣的经济体。不过普鲁士人始终希望建立一个统一的强大的国家，但这正是由于普鲁士王国位于如今的东德地区，是一个各方面都欠发达的区域。德国南部则是自成一体的巴伐利亚王国，虽然这里的农民也具有顽固不开化的问题，但是这里同样崇尚冒险与贸易，经济发展水平并不落后。而马克思所成长的莱茵兰地区是非常富饶的地域。普鲁士实际

---

22 [德]马克思：《路易·波拿巴的雾月十八日》，载于《马克思恩格斯选集（第一卷）》，北京：人民出版社2012年版，第763页。
23 Benedict Anderson, *Imagined Communities: Reflections on the Origin and Spread of Nationalism*, London: Verso Books, 1983.

上是德国地区比较落后的地方，因此普鲁士国王希望总有一天能够覆灭莱茵兰。在俾斯麦统一德国后，便将一切发达的地方纳入他的麾下。1870年德国统一，而马克思1883年去世，他远在英国流亡，看着普鲁士王国统一了德国全境，马克思是极度失望与郁闷的，他的家乡莱茵兰地区最后被普鲁士人所占领或"统一"了。德国农民也是不可忽略的，他们往往带有巴伐利亚的愚昧与偏执精神，相信德意志高于一切的想法，实际上也是一种农民精神，是与世界主义相悖的。马克思对德国农民关注不多，但他深刻认识到法国农民这个汪洋大海般的存在，一群四处散乱的马铃薯，被传统和迷信装进僭主的袋子里会有多么危险。希特勒后来也是通过直选，当上了联邦总理，之后迅速走向独裁极权，变成纳粹党国一体的第三帝国元首。最后其冒天下之大不韪，发动第二次世界大战，走向灭亡，也给人类带来难以想象的灾难。希特勒跟波拿巴夺权称帝的方式颇为相似。

马克思认为，当波拿巴成为皇帝并且他认为自己是皇帝时，他就陷入自己所制造的幻觉之中。这就是僭主政治，虽然他并没有扮演皇帝角色的能力，但是他打着祖先的旗号去扮演皇帝的角色，虽然他力不从心，但他处于权力带来的快感之中，沉浸在自己编造的政治戏剧里。他认为自己就是历史上那些开创性的领导者，并且他甚至要超过他们，国家的振兴也就在他手上实现了。马克思讲的是1850年代的法国，但我们依然可以在一百多年后的今天，看到僭主政治戏剧的不断重演。特朗普似乎一直打着里根的旗号，即让美国再次伟大（Make America Great Again，简称MAGA），而普京则一直以彼得大帝和叶卡捷琳娜大帝作为楷模，来重振他沙俄辉煌的美梦。普京在俄国为所欲为，因为俄国的历史传统和迷信跟路易·波拿巴时代的法国非常相近。至于特朗普，他的僭主政治受到美国权力制衡制度的重重阻碍。但毫无疑问，特朗普也给这个美国近两百五十年的宪政民主"老店"造成了难以弥补的伤害。如今美国的意识形态撕裂和政治部落化，是今日世界混乱局面的一个最重要因素。

马克思写道："波拿巴王朝所代表的不是农民的开化，而是农民的迷信；不是农民的理智，而是农民的偏见；不是农民的未来，而是农民的过去。"[24] 这个道理同样可以运用到今天世界的各类僭主身上，显而易见，特朗普的MAGA运动代表的是迷信、偏见和旧日辉煌的幻象。在美国，这个"过去"的幻象是无法拿到台面来讲的，却实实在在地代表了美国南部、中西部铁锈带的蓝领白人中流行的种族主义情绪，跟南方种族隔离奴隶制的"过去"有深远的联系。

《路易波拿巴的雾月十八日》的最后一段这样写道：

> 波拿巴既被他的处境的自相矛盾的要求所折磨，同时又像个魔术师，不得不以不断翻新的意外花样吸引观众把视线集中在他这个拿破仑的顶替者身上，也就是说，他不得不每天发动小型政变，使整个资产阶级经济陷于混乱状态，侵犯一切在1848年革命中显得不可侵犯的东西，使一些人容忍革命而使另一些人欢迎革命，以奠定秩序为名造成无政府状态，同时又使整个国家机器失去圣光，渎犯它，使它成为可厌而又可笑的东西。他模仿特里尔的圣衣的礼拜仪式在巴黎布置拿破仑的皇袍的礼拜仪式。但是，如果皇袍终于落在路易·波拿巴身上，那么拿破仑的铜像就将从旺多姆圆柱顶上倒塌下来。[25]

马克思的这本著作出版不到一年后，路易·波拿巴便成为了法国的皇帝，并且在位时间长达二三十年之久，拿破仑的铜像也没倒下。马克思认为波拿巴是流氓无产阶级的首领，是老奸巨猾的

---

24 [德]马克思：《路易·波拿巴的雾月十八日》，载于《马克思恩格斯选集（第一卷）》，北京：人民出版社2012年版，第763-764页。
25 [德]马克思：《路易·波拿巴的雾月十八日》，载于《马克思恩格斯选集（第一卷）》，北京：人民出版社2012年版，第773-774页。

痞子。马克思在这里对波拿巴的判断显然带有个人情感色彩,并不一定跟历史事实完全吻合。我们知道,波拿巴实际上是一个有一定作为的法国皇帝,法国社会在其二三十年的治理中,经济高速发展,社会欣欣向荣。然而波拿巴与拿破仑一样,热爱战争与侵略,最终也因为穷兵黩武而战败,法国再次陷入了混乱之中。马克思眼里将要倒下的拿破仑铜像的确有一些理想主义的色彩,但马克思的预见和洞察力才是文章的关键。波拿巴几乎天天发动政变,不过政变更多是话术和辞藻上的,是魔术师日新月异的变脸和意外花样,来制造幻象,愚弄法国群众和他自己。柄谷行人在《历史与反复》中认为,"总之,他能做到的是比起对现实采取什么行动来,更在于给予你一种正在行动的意象。可以说,波拿巴是第一个有意识地实践通过媒体形成的意象来构筑现实的政治家。本来,他的存在除了是拿破仑的侄子这一表象以外,什么都没有。"[26]

柄谷行人指出波拿巴是第一位利用和操纵媒体形象的政客,这个名单尤其符合僭主类政客。这是《路易·波拿巴的雾月十八日》给我们的一个极其重要的启迪,它打开了一扇思想的窗口,对我们理解今天的世界来说尤其重要。我们今天处在一个"后真相"的时代,一个由移动社交媒体、大数据算法和 AI 推动的时代。"后真相"时代的概念在 2016 年被《牛津大辞典》推为"年度词汇",在这个词典推出的几十个年度词汇中,"后真相"大概是最为切中时弊也最令人震撼的一个,必将载入史册。《牛津大辞典》对"后真相"的定义是"诉诸情感及个人信念,较客观事实更能影响民意",指出了后真相时代的"泛感性化"(政治的感性化/美学化、感性/美学的政治化)、意识形态、文化霸权的感性/审美维度、生态与人类感性化的大趋势。"后真相"是全球数码时代意识形态化的特征。"后真相"时代的情绪、态度、立场的宣泄,通过信息回音壁、茧房效应与网络社会的全景监控各种手段,让民族主义-民粹主义思潮全球传播,覆盖世界所有的角落。从欧美国家来看,其媒体世界(mediascapes)和意识形态世界(ideoscapes)被左右两极的激进话语挟持,对真相的理性把握和分析,均被这个后真相时代的极端情绪、情感、立场、态度所取代。今天全球蔓延的意识形态是民族主义-民粹主义的联姻。普林斯顿大学教授、德国学者米勒(Jan-Werner Müller)出版的《什么是民粹主义》(*What Is Populism*, 2016),近年来受到国际学界很大关注,他认为民粹主义是对"人民"代表性的垄断。民粹主义者们宣称,只有他们才代表了"真正的人民"及其意志和利益,这种对政治代表性的道德垄断是民粹主义的独特之处。在现代世界上"人民"总是和"民族－国家"绑定的,民粹主义跟民族主义总是如影随形。民粹主义对"人民"的道德垄断主要是情绪的垄断、意识形态的垄断。今天美国极右翼的旗帜人物特朗普祭起的旗帜就是民族主义-民粹主义,以人民的代表自居,行僭主政治之实。

《路易·波拿巴的雾月十八日》中"马铃薯与波拿巴"所给我们的启示,在今天尤其深刻。只要在这个世界上有各类僭主和他们的社会土壤存在,马克思的洞见就不会过时。我们可以把"后真相"时代的民众视为一个个马铃薯,被社交媒体的信息茧房和回音壁所隔离、分裂,不断自我囚禁在情绪和认知的牢笼中,从而无法代表自己,而呼唤新时代美国特朗普式的僭主。马克思在他的时代看到的是路易·波拿巴身后的"法国农民",我们今天则要认真辨析美国被不断部落化的不同群体。而对于掌握了话语权和"代表权"的那个群体,我们不仅仅要剖析他们是否是路易·波拿巴或特朗普式僭主的"代表",而且要深挖他们的话语在使民众"马铃薯化"过程中的作用。民众在马铃薯袋子里面时而"形成了一个阶级"或身份认同,但在部落化的时代,他们的身份认同又不断地让他们的袋子分裂和跌落,变回一个个散落的

---

[26] [日]柄谷行人:《历史与反复》,王成译,北京:中央编译出版社 2018 年版,第 23 页。

马铃薯，无法去"形成一个阶级"。今天这个 AI 和数字媒体、互联网媒体的时代，装马铃薯的袋子也数字化、大数据化甚至 AI 化了。但万变不离其宗的是袋子还在那儿，马铃薯也在那儿。我们如何避免 AI 大数据时代的马铃薯化？这个问题需要深思。现代西方的政治学理论会引用马克思的"波拿巴主义"和"拿破仑观念"，主要是从国家、政权的角度来谈论拿破仑叔侄的民粹主义僭主政治，但很少从意识形态的角度分析。中国的马克思经典研究也基本上从国家和政权角度来理解"波拿巴主义""拿破仑观念"，未见意识形态角度的分析。阿尔都塞等法国马克思主义理论家对《路易·波拿巴的雾月十八日》的解读主要是意识形态的，也是我们的主要理论出发点。

结语

《雾月十八日》极富远见，马克思的洞察跨越了历史和国家，具有强烈的现实感与普遍性。他为我们提供了一个分析政治戏剧、政治符号的一个路径，告诉了我们历史是会重复的。我们如何理解今天的历史、今天的现实？可以从"二手时间"的角度，可以从历史重复的时间，也可以从悲剧到闹剧的角度来理解。马克思没有用喜剧和悲剧的二分法，而是用了更具悲剧性的闹剧（farce）、笑剧、丑剧、荒诞剧。他的分析深入到法国农民马铃薯化的袋子里面，是精彩的无意识或潜意识的症候阅读。他的分析不仅仅是戏剧的、意识形态的，也是政治的，有助于我们理解今天的国际政治局面，为我们理解今天在全球蔓延的民粹主义-民族主义提供了强大的思想武器。在我看来，当下类似民粹-民族主义等思想的病毒与情感的病毒，危害性绝不小于新冠病毒。这是我们应该面对的大问题。从我们这门文艺理论课的具体角度考虑，我们或许可以从文学的、戏剧的角度去尝试与理解马克思的《路易·波拿巴的雾月十八日》。我们可以以莎士比亚的历史剧为例。《罗密欧与朱丽叶》和《哈姆雷特》实际上也是讲的宫斗，也是讲的宫廷政变，政治斗争也是政治喜剧，它只不过有更多的文艺的色彩，情感的色彩。我们在阅读《路易·波拿巴的雾月十八日》时，可以将其看作莎士比亚的《哈姆雷特》和《罗密欧与朱丽叶》，而不是莎士比亚的历史剧。莎士比亚一生中创作了很多历史剧，但都没有《哈姆雷特》《李尔王》《奥赛罗》等影响大。《哈姆雷特》和《罗密欧朱丽叶》还是能更接近我们的生活，更能打动今天的我们，道理很明显，因为今天我们还是生活在一个 "to be or not to be, that is the question 是还是不是/在还是不在/活还是不活"的时代。马克思的这部著作提供了怀疑解释学的重要思路，是一个坚持历史批判、理论批判的彻底批判精神的典范。

参考文献：

1. 毛泽东. 实践论[A]. 毛泽东选集（第一卷）[M]. 北京：人民出版社，1991:296.
2. [德]马克思. 路易·波拿巴的雾月十八日[A]. 马克思恩格斯选集（第一卷）[M]. 北京：人民出版社，1972:598-774.
3. 毛泽东.论人民民主专政[A]. 毛泽东选集（第四卷）[M]. 北京：人民出版社，1991:1471.
4. [德]马克思. 关于费尔巴哈的提纲[A]. 马克思恩格斯选集（第一卷）[M]. 北京：人民出版社，2012:136.
5. [法]伏尔泰. 风俗论（中册）[M]. 梁守锵等译. 北京：商务印书馆，2017:150.
6. [日]柄谷行人. 历史与反复[M]. 王成译. 北京：中央编译出版社，2018:16-23.
7. Anderson, Benedict. *Imagined Communities: Reflections on the Origin and Spread of Nationalism*[M]. London: Verso Books, 1983.

从就"祛魅"到"再魅"

——张抗抗《祛魅》的思想史与制度史对读

任晶晶

张抗抗的长篇三部曲《祛魅》由翻译家毛雪萍（Stacy Mosher）翻译成英文，最近由美国博登书屋出版。这部近百万字的小说，进入英文世界，值得额手称庆。《祛魅》用文学的形式，把故事叙述的时间锚定在上个世纪"漫长的八十年代"。卷一"断裂"（1978 - 1982）以校园与思想启蒙为主场，卷二"镜像"（1983 - 1986）把目光移向信访与影像，卷三"渡"（1987 - 1989）则把"记忆—遗忘—重写"的冲突推到极限。《祛魅》用一种罕见的形式组织叙事：以人称代替传统章节标题，让"我—你—他—她—他们—我们"的切换，直接成为人物立场、制度位置与时代情绪的切换，堪与中国八十年代的制度史与思想史对读。在制度史层面，小说反复呈现"运动式治理""街道—居委会网格""信访机器""展览与宣传"的连锁机制；在思想史层面，它把理性化的代价、意义感的塌陷、以及对新魅惑的饥渴写成同一条暗流。关于《祛魅》的书名，张抗抗在附记中说，来自韦伯认识现代世界的"祛魅"这个概念。张抗抗不仅用小说的形式诠释了"祛魅"，而且用中国上个世纪八十年代的历史材料，拓展了对"祛魅"的认识视界，把韦伯对"祛魅"的认识，上升到"再魅"的层面，从而预言了中国当下的新魅惑运动。

祛魅的内涵：从马克斯·韦伯到张抗抗的认识递进

"祛魅"原本是一个神学、心理学和社会学的概念。在韦伯的语境里，"祛魅"核心不在"更清醒就更善良"，而在现代社会的理性化、官僚化、知识化如何持续削弱神秘与超验，使世界越来越可计算、可管理、也越来越冷。它是一种结构性的变化，不是个人的情绪管理。到了当代中文语境，"祛魅"又常被当作"摘滤镜"的心理动作，用来对偶像、精英、消费与自我想象降温。

小说开宗明义就交代了书名的来路：它借用马克斯·韦伯所谓"世界的祛魅"，指向一种"驱魔、破咒"的过程，也指向现代化里那套把神秘、神圣和诱惑一点点消解掉的理性化力量；在中文语境里，它还被扩展为对"崇高、典范、宏大叙事"的怀疑与拆解。张抗抗的小说以"祛魅"为书名，把一个很"理论"的词，硬生生拽回到生活里来。

小说真正关心的，并不是这个概念本身有多时髦，而是要通过艺术创造揭示这样一个现象：当一个社会刚从"造神"的习惯里松动出来，个人又如何在新的希望、旧的恐惧、现实的利益里，一次次经历"去神""再信""再怀疑"的循环。更重要的是，这部书并不满足于写"一个时代的气氛"，而是用祛魅定义那个难忘的十年，并以此预言祛魅失败后的中国社会。

作者在序言里说，这是一本"关于记忆与遗忘"的书，写作是把被重力砸碎的过去重新拼起来，好像把三星堆那些埋在土坑里的祭祀神器一件件拼起来，明知恢复记忆是徒劳之举，我们却仍要追问回望。序言的这句话也决定了《祛魅》的形式：它不是直线叙事，而是碎片的拼接和历史的回声；不是单一主角的成长史，而是多个人物在同一张网里互相牵动、互相照见。作者在英文版后记里把这种写法说得更直白：文本以人物为轴，织成"网状结构"，在重现八十年代的激情与喧闹时，反复追问它从何而来、往哪儿去，以及那些未解的困局怎样影响今天和未来。

《祛魅》有意思的地方在于：它不把"祛魅"写成一句正确的大白话，而是写成一串要读者琢磨的家具拼接步骤图。人物每走一步，都要在"组织—家庭—欲望—名声—安全"之间由读者自己组合。小说里甚至把"记得/忘掉"的关系翻转成一句警句："记得就是记得；忘掉是在创造。"（Zhang, *Disenchantment*, vol. 1）这不是抒情，它像制度史里的口供：当档案、传言、照片、检讨、处分决定在流通时，"忘掉"往往不等于空白，而是被替换、被重写、被归档。

《祛魅》被写成三卷：第一卷《断裂》（1980－1983），第二卷《镜像》，第三卷《渡》（1987－1989）。作者在后记里明确说，三个分卷标题对应的是八十年代改革逐步深入、反复进退、最终在危机前崩塌的三个阶段。这种分期与研究者对"漫长的八十年代"的分段也能互相印证：从1978后的思想解冻与人文讨论，到1983的"反精神污染"，再到1986学潮与1987"反资产阶级自由化"，最后走向1989。形式上，卷一目录就把"我/你/他/她/他们/我们/你们"作为分部标题。这让叙事不再只靠"事件推进"，而靠"称谓推进"：谁能说"我"，谁被叫成"他"，谁被制度推成"他们"，谁又被动员进"我们"，这些本身就是权力与归属的指标。

《祛魅》分为"三卷"，并不是方便出版的切块，而是三次潮水：每一卷都带来一种新的可能，同时也带来一种新的退潮。更有意思的是卷内结构。第一卷目录显示它按"你/我/他/她"分部：既有"你（洛肆、凌霄）"，也有"我（沈汐）""他（崔大鸿）""她（竹竹）"。这种称谓不是花样，它让叙事天然带着一种"关系伦理"：人物不是孤立个体，而是互相指认、互相牵扯的角色。谁在说"你"，谁在被说成"你"，本身就是权力、亲密、距离感的变化。小说里常见的紧张也来自这里：同一个人可以在不同人的眼里变成"理想的代言人""生活的麻烦""制度的齿轮""道德的负担"。这就是祛魅的第一层：不让任何人永远停在同一个光圈里。

张抗抗把"记忆"当材料，也把"遗忘"当结构。序言里那句"总是忘记该记住的，记住该忘记的"，等于给全书定了一个叙事姿势：它不追求"完整"，更接近"复盘"。洛肆那句"历史本质上是一座不断重审的法庭"，也解释了为什么小说不断回看、不断改口、不断让人物把自己的旧判断推翻：它要写的不是一个已经结案的八十年代，而是一个至今还在"重审"的八十年代。

到了第三卷，作者甚至把这种形式推进到"梦—手稿—校读"的层面：叙述者在"冻湖的魔镜"里看见老友命运的变化，最后把厚厚的手稿递给洛肆，让他像审稿人一样快速翻读，并点出"知识分子的三种权利与自由：沉默、不受拘束、批判"。这一段把"写作"本身纳入了小说：祛魅不仅发生在人物身上，也发生在叙述者身上——当"记录"不得不面对"评价"的时刻，当"回忆"不得不接受"校对"的时刻，所谓真相就不再是一个人说了算。

祛魅之路：不是真正的觉醒，而是一次次被迫"校正"

《祛魅》最精彩的地方，不在于"事件多"，而在于它把大时代压进可触摸的小物件：镜子、胡桃树、衬衫、案卷、阳台的水渍、纸盒里的小镜面。这些物件让政治不再只是口号，而变成生活的纹理。比如第一卷开头，北京站"像炼铁高炉的闸口"一样喷涌的热浪，和诗句里"血色盾牌"一样的天空意象，把一种时代初期的热与压迫感同时写出来：热是希望，也是窒息。再比如大兴安岭山火的段落，森林被吞噬、花朵被烧成灰、黑烟像核爆伞，它既是自然灾害的描写，也是对"一个系统失灵时的无助感"的隐喻：所有人盯着电视、等待"控制住了"的消息，但新闻每天让人泄气。这种"看着却无能为力"，正是很多人对政治的真实经验。

《祛魅》最显眼的意象是镜子。它不是装饰品，而是整部书的"审判装置"。第一卷里，镜子从童年记忆开始就带着强烈的伦理意味：母亲说镜子会"说真话"，人可以打扮外貌，但气质藏不住；而叙述者反感这种"过于残酷"的真实，甚至想跟镜子"斗意志"，逼自己变得面无表情，不让内心泄露。更尖锐的，是"照妖镜"。凌霄把小镜子装进纸盒挂在阳台，镜面朝向对楼，说要照出"恶人"和"妖魔"。这几乎是把"群众运动式的怀疑"缩小成家庭摆设：镜子不再用来照自己，而用来审判别人；它把邻居变成敌人，把现实变成阴谋。她后面在医院里看到"白墙白门白床单"就联想到雪，说"雪能灭火"。火与雪、热与冷，在这里都成了"政治情绪"的象征：一会儿要烧掉旧世界，一会儿又要用冰封住恐惧。这不是青春期的小题大做，而是一个更大的隐喻：当一个社会开始讲"真理""历史结论""正确路线"，镜子就不再是私人用品，它像一种无形的政治技术，逼人自证、逼人表态、逼人把自己摆成"正确姿势"。

镜子的另一层，是"亡者与未竟之事"的存放处。叙述者说母亲离开后尽量躲避镜子，却又在窗玻璃、教室、图书馆到处被"替代镜"追随；镜子里可能藏着母亲，也可能藏着阿廖沙，甚至连"别人"的小圆镜也像命运的回声，让她不断追问"镜子里的人究竟是谁"。这一层把"祛魅"拉回到私人创伤：去掉幻象不等于冷血，它也可能是一种自救——看清之后，仍要活下去。

胡桃树则把"历史"具体化了。苏亦湄家院子里那截"1966年枯死的百年胡桃树"的树桩，被说成"活的墓碑"，好像只要长出新芽，就意味着"死难者的高贵灵魂归来"。这是典型的"造神冲动"：把痛苦凝成一个圣物，让它永远在场、永远发光。可紧接着，围海讥讽这是一种"背着壳的蜗牛"，要挖掉树桩、换新树苗，许诺几年后长出"高档核桃"。这一段非常精准到位：一边是纪念的神圣化，一边是发展与消费的去神化；两边都可能是幻象。树桩与树苗之间的拉扯，就是八十年代的精神拉扯：既想把历史洗清，又想把生活翻篇；既怕遗忘，又怕被记忆拖死。

第三卷里，胡桃树苗甚至被卷进集体灾难的幻觉。大兴安岭山火的电视画面把人钉在屏幕前，作者写得像末日叙事：火吞噬森林，黑烟像核爆的伞。凌霄因为焦灼与失序，在半夜不停给阳台花盆浇水，说自己"把火扑灭了"。她要"救"树根，甚至抓着树苗想把它拔出来。这不是简单的精神崩溃，而是小说把"社会性恐惧"转译到身体上的方式：当一个时代的人找不到有效的公共行动通道时，灾难就会变成私人房间里的仪式，变成对一棵小树的过度照料，变成"用水对抗火"的徒劳。

把这些镜像串联起来的是几个重要的小说人物。《祛魅》里的人物没有那种爽快的"醒悟时刻"。人物的祛魅更像反复校正：每一次校正都伴随疼痛、羞辱、失去，甚至是身体的崩坏。凌霄从情感过载到幻觉化，把时代焦虑变成身体症状。凌霄的路径最惨，也最能说明"祛魅不是冷"。她对山火的反应不是政治议论，而是身体失控：不停喝水、哭、皮肤起疹、半夜行动、反复被恐惧唤醒。她的"灭火""救树根""照妖镜"，都是一种把不可控现实转成可控仪式的努力。到了医院，叙述者用一句"如果不治，小矛盾会变成敌我矛盾"把她镇住，这句极具时代味道：政治语言成了镇静剂。它也提示读者：很多人的祛魅不是靠哲学，而是靠病痛、靠惊吓、靠被迫接受"现实处理"。

崔大鸿代表的是那一类身处体制内部、却并非权力核心的执行型干部。他不是制度的设计者，也不是单纯的受害者，而是日常运转中不可或缺的中间层：上传下达、落实指令、维持秩序。他的位置决定了他的困境——他比外部批评者更清楚制度如何运作，也更早感知到它对个体造成的伤害,却缺乏改变方向的权力。崔大鸿身上的"祛魅",并不表现为对理念的背离,而是发生在语言层面。当紧急、具体、涉及生命的情境出现时,他仍必须使用"保持冷静""相信组织"这样的组织语言。这种语言的功能不是判断对错,而是延迟、降温、消解责任。小说正是通过他的撕裂感,展示制度如何在内部生产一种道德真空:个人良知被允许存在,却不被允许成为行动依据。崔大鸿所代表的,并不是冷漠的官僚,而是一种更令人不安的类型——知道问题在哪里,却只能按程序继续运转的人。他让读者看到,体制的稳定往往并不依赖恶意,而依赖这些被迫压抑伦理判断的"正常人"。

沈汐在信访系统里学习"反神话",把正义拆成一摞卷宗。第二卷里,沈汐进入信访系统,最集中地呈现制度层面的祛魅。书中写"严打"带来的冤案:小偷、少年、家庭意外、甚至"为了完成抓捕指标"而制造重罪定性;这些案例不是为了猎奇,而是为了说明"正义"在制度里如何被指标化、如何被派系化、如何被面子化。沈汐面对新上司方彻时很清楚,信访工作本身就是由这些不公"制造"出来的,而信访人也被这种不公锻造。方彻的形象很关键。他被写成"模范领导":骑车上班,衣着朴素,办公室常常深夜还亮灯,甚至白衬衫永远干净,只因为"有两件一样的"。这看似是赞美,但很快就露出另一面:他把一摞摞案卷推到沈西面前,足有"约一百五十万字",相当于读一遍《古拉格群岛》。正义在这里不再是口号,而是劳动,是熬夜,是把"该不该翻案"拆成"怎么写提纲、怎么找关键点、怎么向领导汇报"。这是最硬核的祛魅:把"善"从道德高地拖回行政程序。

在《祛魅》中,苏亦湄并不是以完整的人生叙事进入小说,而是以一种被"单独标注"的方式出现:她被称为"她"。这种处理本身就说明,苏亦湄并不主要作为个体性格存在,而更像是一种结构性位置。她代表的是那一代受过教育、进入公共领域、却始终被私人伦理与社会期待双重牵制的女性。在时代叙事里,她们往往被要求理性、清醒、配合"进步"的节奏;而在家庭与亲密关系中,又被期待承担情感照料、牺牲与稳定的角色。这两种要求并不相容,却同时落在她们身上。小说并不通过戏剧化事件去强化苏亦湄的悲剧性,而是让她处在一种持续的张力之中:她被看见,却并未真正被倾听;被纳入叙事,却缺乏决定叙事方向的权力。因此,苏亦湄的"祛魅"并不是对某个偶像或理念的破除,而是对"女性可以同时满足一切期待"这一隐形神话的瓦解。她的存在提醒读者,在宏大时代转型中,祛魅并非总以思想觉醒的形式发生,更多时候,它表现为一种沉默而缓慢的承受。

洛肄在作者附记中被指认为全书的关键人物。他的作用像"观念中介":让人们看到,去魅不是一时的失望,而是现代性长期的结构变化。从"灯塔"到"审稿人",祛魅发生在责任感里。洛肄的形象常被放在精神坐标的位置上。序言里就引用他说"历史是一座不断重审的法庭"。到第三卷末尾,他读手稿、肯定写作者选择了"批判/记录"的困难道路,甚至提出知识分子的三种自由。这说明洛肄代表一种"思想史自觉"的位置,而不是"被祛魅的对象"。他更像一个"让别人祛魅的人":他把宏大叙事拉回可核对的事实,把热情拉回责任的边界。可这种位置也危险:越像灯塔,越容易被人投射幻想。小说把他放到"校读者"的位置,正是在拆掉这种投射——灯塔也只是人,人也会沉默,也会被历史推着走。

从祛魅到再魅:沿着崇拜的惯性,送走旧神迎新神

《祛魅》写的是八十年代,但它并不把八十年代封存成怀旧纪念册。作者在后记里说,小说的问题意识会向前追问:当年未解的困局,在多大程度上决定了后来的制度与价值;那一代人的

精神遗产，是坚持、重生，还是分散、变异。这等于把小说主动推向今天：它不是"那时的人如何"，而是"为什么后来会这样"。

把它放到当下中国社会去读，最刺眼的影射大概是：一个社会从造神时代走过，又经历去神运动，最后却可能在新的媒介与新的利益结构里回到个人崇拜——只是崇拜的对象、渠道、包装换了。小说里"照妖镜"的冲动，就是这种回潮的心理底座：当现实复杂到让人无所适从时，最省力的办法不是理解，而是归罪；不是讨论规则，而是寻找"妖魔"。

"两位律师案"的细节把读者往更深处推：一个厂长被以"强奸致死"匆忙处决，父亲因懂点法律而追诉；两个北京律师介入辩护，却反被以"包庇罪"抓捕；检察与公安勾连，地方拒不执行上级要求，最后信访部门不得不再介入。这不是单个坏人作恶，而是多套机制互相咬合：旧怨（文革派系）叠加新运动（严打指标），就能把一套刚恢复不久的法治职业再次拖入泥里。在这种结构里，个人的"信仰"很容易变形：要么变成犬儒，要么变成献祭式的自我消耗。沈汐夹在中间，学习的不是"站队"，而是如何在一堆灰里找出还能被核对的东西。

信访系统那条线，对"祛魅"提供了另一种解释：当"程序正义"长期被运动式治理、指标式治理、面子式治理冲垮时，公众就很难建立对规则的耐心，转而更容易把希望押在"青天""强人""英明人物"身上。小说里那些堆积如山的案卷、那些被严打扭曲的案例恰恰说明：制度一旦不能稳定兑现公平，个人崇拜就会以"更快、更狠、更有效"的幻象回来。所以，《祛魅》最现实的意义，并不是教人"不要崇拜"。它更像在提醒：崇拜并不只是一种情绪，它常常是制度失败后的替代品。去神也不只是一种勇敢，它需要程序、需要可核对的权力、需要把冲突放进规则里消化。否则，去掉一个偶像，只会换来另一个偶像；拆掉一套咒语，只会发明一套新咒语，形成一个从"祛魅"到"再魅"的闭环。

韦伯式的"祛魅"常被误读成"世界更理性所以更好"。但韦伯自己强调的是张力：理性化带来效率，也带来意义危机。小说恰好抓住了这点：人物的痛并不来自"被骗"，而来自"清醒以后怎么活"。所以它的主题更接近一句冷话：祛魅不是终点，祛魅之后还要选择。选择要承担代价，这才是制度史意义上的成人礼。

《祛魅》最值得称道的一点，是它不把"造神—去神"写成一条直线。它写的是循环：旧神倒下，新神在别处长出；大叙事退潮，小叙事迅速补位；政治神话褪色，名声神话、专业神话、消费神话、影像神话接手。仓库变展厅，照片成标签，信访变流程，都是这种替换的具体形态。背后却直指一个结构性的本质——毛病不改，终成恶习。赵四爷的牌位从来就没有倒下，赵四爷的阴魂又附体回归，赵家又有了一位指点江山的主心骨。如果只把《祛魅》理解为"八十年代知识分子史"，会错过它更冷峻的部分：它其实在写一种历史病——重复。第三卷里直接提到黑格尔对中国历史"重复"的看法，并让人物指出黑格尔无法预见中国在二十年代到三十年代、以及八十年代的两次转折；同时，也把八十年代定位为没有完成的"心灵祛魅"的十年。

《祛魅》把一个神学、心理学和社会学的概念揉进小说，不是学术炫耀，而是把中国上个世纪八十年代的所谓"进步叙事"送上人类文明史的道德法庭：八十年代到底是不是"前进"？如果前进，为什么后来仍反复出现"照妖镜"式的互相指认？如果不是前进，那一代人的热情和牺牲又算什么？

作者在后记里把这种矛盾说得很清楚：这部小说要写的是老一代与年轻一代知识分子"希望与焦虑的混合"，写他们追求自由与民主的个人理想，也写通往宪政社会的艰难旅程。这句话背后其实有个更刺人的问题：当"理想"被一次次证明不够用时，人靠什么活下去？靠记忆，还是靠遗忘？靠继续相信，还是靠学会怀疑？靠工具理性、价值理性还是靠超验的信仰？这正是韦伯所说的现代人的困境，世界被"祛魅"了，却也被关进了一座理性的铁笼。工具理性越强，意义感越脆弱。小说的答案并不统一，它把答案拆给不同人物，让读者自己承受分裂。

《祛魅》的"祛魅"并不是简单的"破除偶像崇拜"。更像两件事同时发生：一方面，理性化会拆掉神圣光环，把"宏大叙事"拆成可核对的事实、可追责的程序。另一方面，人的情感并不会自动服从理性。凌霄的崩坏提醒读者：当公共理性缺位时，私人就会用迷信、幻觉、仪式去补洞，甚至把镜子拿来当武器。这就是"破咒"的复杂：咒语不只来自宗教，也来自政治语言、来自指标、来自集体情绪、来自对"清白""正确""纯洁"的执念。

因此，《祛魅》的终点并不是一个答案，而是一种姿态。洛肆以"校读者"的身份出现，并不居高临下地下结论，而是把文本重新摊开，要求逐条核对、反复重审。这个姿态本身，就是小说给出的方向：真正可依赖的，不是新的宏大叙事，不是更响亮的口号，而是一套能够被检查、被质疑、被纠错的过程。祛魅在这里不再是激情四射的破除行动，而是一种耐心而艰难的日常劳动——对权力保持清醒，对语言保持警惕，对自身的恐惧、幻觉与惰性保持不妥协的自省。

第三卷结尾引入艾略特《四个四重奏》的句子，使小说的时间感骤然收紧。那条"未走的路"、那扇"未开的门"，不再只是个人选择的遗憾，而成为一代人的历史注脚。广场的脚步声在记忆中回响，却无法返回；那一代人憧憬的玫瑰园在门后，却永远停留在想象中。祛魅并不承诺光明的到来，它更常把人带到门口，让人清楚地看见自己回避了什么、错过了什么，也因此必须为当下的处境承担什么责任。现代世界从不提供现成的彼岸。道路不再被预先标注，门也不会自动开启。《祛魅》最终留下的，是一种冷静而不退却的判断：旧的造神的时代已经过去，怯魅的去神运动显露出它的空洞，从半半拉拉的去神运动的空洞中，却产生了新的魅惑。我们所能依靠的，只剩下持续的辨认、选择与抗争。通过《怯魅》认清那些当下正在重复发生的事情，在那些被历史放弃却仍回响的可能性里，未来的真实轮廓，才逐渐显现出来。

博登书屋简介

　　博登书屋是一家由美国独立自由主义知识分子在纽约成立的综合性的出版社。出版中英文《当代中国评论》季刊；独立思想库研究报告；【当代华语世界思想者丛书】【当代华语世界人文历史丛书】【当代华语世界时政评论丛书】【当代华语世界口述历史丛书】，以及【当代华语世界思想者文库】【自由主义论丛】【西方世界著名学者中国研究丛书】。博登书屋还经营图书中、英文互译，出版【博登翻译丛书】。

　　博登出版社秉持言论自由的立场，在美国纽约总部出版全球华人知识分子的文章和图书；让海内外自由知识分子的思想成果，进入全球汉语和英语思想市场，以推动海内外思想交流，传播平等、自由、宪政民主的普世价值。

　　博登书屋出版纸质和电子书刊，使用亚马逊图书发行平台销售纸质书，使用谷歌图书（google play）电子书发行平台销售电子书。销售范围达全球数十个国家和地区。

博登书屋已出版的中文书目

- 《自由主义的重生与政治德性》　陈纯
- 《戊戌六章》　许章润
- 《宪政中国——迷途与前路》　张千帆
- 《最后的极权》　邓聿文
- 《上帝、信仰与政治秩序》　罗慰年
- 《川普时代：美国不再伟大》　子皮
- 《红潮小史》　程映虹
- 《植根大地：中国自由知识分子的自我省思》　张博树
- 《士林剪影》　文：丁东／图：邢小群
- 《新盛世危言》　荣剑
- 《明察政道——中美狂人乱政造难纪事》　夏明
- 《制度简史》　崔新生
- 《高新庄人》（上集、续集）　高世正
- 《神秘的慰籍——茉莉自选集》　茉莉
- 《美中社会异象透视》　洪朝辉
- 《今日美国政治：2020美国大选纪实》　Eric Poter
- 《纵论中外》　王庆明
- 《王江松文集》（卷一至四卷）　王江松
- 《韭菜与镰刀——社会日趋两极化时代的思考》　莫莱斯
- 《光明与自由——杰弗逊论政治与政府》　翻译：赵无明
- 《艺术的话语政治》　朱其
- 《三农危机——中国改革经济学》　岩华

- 《伏尔泰：代表一个时代的名字》　　肖雪慧
- 《通往四一二之路——重审第一次国共合作的起源与分裂》（1921—1927）　张博树
- 《被精神病：中国精神病乱象调查报告》　　高健
- 《大地呻吟：中国基层政权运作现状的观察与思考》　　野夫
- 《中国头号政治恐龙——大地主刘文彩真相》　　笑蜀
- 《百年较量：美国能否击败共产主义？》　　锺闻
- 《王康纪念文集》　　郑义、一平、北明
- 《读麦：讲演、访谈、书信、讲演——复活麦克卢汉的大脑（四卷集）》　　朱晓
- 《美式民主是否正走向衰败》　　临风
- 《我的选票我做主》　　廉政保
- 《人类下一站：尊严时代》　　万英杰
- 《美国真相》　　邓聿文
- 《真相真理迎新揭——增广热点对话录》　　徐泽荣
- 《庚子十劄》　　许章润
- 《〈活着〉：參與者手記——〈活着〉誕生始末》　　王斌
- 《为革命招魂——评汪晖的中国革命史观》　　荣剑
- 《私民与公民》　　萧楚
- 《武漢封城日记：一个社区工作者的新冠疫情实录》　　风中葫芦
- 《自由主义论丛》（一、二、三卷）　　荣伟　张千帆　罗慰年　编
- 《黎安友论中国》　　黎安友 著／任智 译
- 《慧眼识政——〈时政大视野〉栏目作品选》　　余葛瑞　等
- 《改变中国：六四以来中国政治思潮》　　张博树
- 《现代宪法的政治思想基础》　　张雪忠
- 《荒诞人生》　　刘有权
- 《王希哲文集》（一、二、三卷）　　王希哲
- 《当代中国评论》（2021冬季刊、2022年春季刊）
- 《抗美援朝决策探秘》　　徐泽荣
- 《胡星斗言论选集》　　胡星斗
- 《魔暴美学》　　黑峰
- 《岁月有痕：国务卿索要的政治犯》　　吴建明
- 《钓鱼奇遇记》　　渔魂王
- 《李景均：一位有风骨的华人遗传学家》　　楫德
- 《荆棘王冠——维权律师回忆录》　　刘路
- 《大沽河往事》　　刘路
- 《赤裸人生》（上、下）　　庄晓斌
- 《南街社会：一个"中国特色社会主义"村庄的全景透视》　　刘倩
- 《审判寄生虫》（陈力文集·话剧卷）　　陈力
- 《平庸之歌》（陈力文集·诗歌卷）　　陈力
- 《铜锣湾海啸》（中、法文版）　　庄晓斌

- 《雷马克与布罗茨基》　许章润
- 《制宪权导论》　张雪忠
- 《胡杰版画集》（版画中国当代史）　胡杰
- 《童年梦》（任彦芳自传卷一）　任彦芳
- 《我的中学时代》（任彦芳自传卷二）　任彦芳
- 《朱涛诗歌读本》　朱涛
- 《奔波在夏日钓鱼的路上》（渔魂王文集二）　渔魂王
- 《上帝只有一种死法——政治神学文论集》　秦林山
- 《如何理解当今动荡的世界——大变动、大重组、大博弈》　张伦
- 《关于共产主义——马克思恩格斯说了什么》　蒋荣昌　赵良杰　周清云
- 《核威胁下的人类自由与世界和平》（中、英文版）　蒋荣昌　赵良杰　周清云
- 《薛明剑、孙冶方兄弟——中国经济学界奇异的双子星》　王晓林
- 《中华秩序：中原、世界帝国与中国力量之本质》　王飞凌
- 《孙文：民主革命无可置疑的巨人》　徐泽荣
- 《中华国土再造》　徐泽荣
- 《井冈山道路失灵：东南亚共运之衰亡》　徐泽荣
- 《淡出暴力革命论：中国放收泰共内战》　徐泽荣
- 《历史嬗变关头中国向何处去》　张艾枚　邓聿文
- 《流浪的青春——献给上山下乡插队五十周年》　叶志安
- 《世纪的歧路——左翼共同体批判》第一部　荣剑
- 《重生之门》　光目
- 《艺术审美与文化批判》　荣伟
- 《记忆雨打风吹过——一个成都家族的民国史》（上、下）　雷宣
- 《社会制度变迁的结构与动力》　谭利华
- 《现代性的反抗：东南亚的抗争运动 1898—2011》　吴强
- 《国家主义的阴影——学者、民粹与少数派》　陈纯
- 《大国战略与中美关系》　刘亚洲
- 《The One-Hundred-Year Contest》英文版　锺闻
- 《God is not Dead》英文版　秦林山
- 《国共抗战收复失地比较：跟国粉认知相反的共方抗战业绩》　徐泽荣
- 《日本"近代"转型的悖论：从德川到昭和的思想政治演变》　荣剑
- 《中国宪政民主左翼论纲》　王大卫
- 《大秦应侯》　程振中
- 《强权论——理解人类社会的唯一公敌》（上、下）　王海南
- 《宪政三论——自由、法治、民主》　张千帆
- 《燔祭》　许章润
- 《麦苗青菜花黄》　东夫
- 《深渊》　王艾
- 《宪政中国的当代叙事》四卷集　张千帆

- 《社会主义市场经济：从马克思主义中国化到新自由主义中国化？1989—2008》　张崑
- 《中共潰亡前奏——俄烏戰爭背景下的時政筆記》　明光華
- 《未来民主中国的制度与政策设计》　王庆民
- 《帝国的朕制逻辑——非理性经济制度理论在中国的缘起》　崔新生
- 《极权演论——极权的引线：有关〈帝国的朕制逻辑〉笔记》　崔新生
- 《拯救民主——扬长避短的新方案》　邓峰
- 《The Great Land Groaned》　Author: *Yefu*　Translated by: *Stacy Mosher*
- 《凤凰训》　钱辰昌
- 《炼狱归魂——大饥荒年代"星火"案幸存者的回忆（1957－1981）》　向承鉴
- 《政治维纳斯——从一无所有到中国民主》　夏明
- 《只有一种文明值得追求》　张赋宇
- 《汪精衛：你不知道的真相》　俞劍鴻
- 《论专制的危害——讨专制檄文集》　策划：中国行动
- 《如何终结专制——全民非暴力不合作行动方案文集》　策划：中国行动
- 《邓小平在1989》　戴晴
- 《The Constitutional Landscape in Contemporary China》　Qianfan Zhang
- 《行政契约论》　施建辉
- 《控诉暴政：一个羸弱女子与极权暴政的抗争》　王洺旭
- 《纪念傅高义之粤学文论辑》　徐泽荣
- 《近现代中国历史重识》　锺闻
- Through The Storm: The Chinese People's Liberation Army in the Cultural Revolution (I, II)　By *Yu Ruxin*　Translated by *Stacy Mosher and Guo Jian*
- The Road of Awakening: The Memoirs of an Underground Member of the Chinese Communist Party in Hong Kong　By *Florence Mo Han Aw*　Translated by *Patrick May*
- 95 Questions- Deciphering the Code of a Millennium Myth and Revealing the Constitution of the Bible　Author: *Wang Bingzhang*　Translated by *Thomas G. Guo*　Edited by *Susan DeMill*
- 《觉醒的道路——前中共香港地下党员回忆录》　梁慕娴
- 《中国纪录——评估中华人民共和国》　王飞凌 著　蔡丹婷 译
- 《郭飞雄文集》　主编 胡平 杨子立 吴绍平等
- 《从东方到西方——我的人生之路》　严昌虹
- 《美国为何"失去"了中国——从富兰克林·罗斯福到费正清》　荣剑
- 《红色巨谍俞强声出走的前夜及误了一甲子的航班》　贺信彤
- A Theoretical Inquiry into the Rational Structure of Human Society　By *Xu Wenli*
- 《狱中狱与狱外狱》　徐文立/贺信彤　合著
- 《"人类正常社会秩序"理论汇编——兼谈中国的出路和世界的未来》　徐文立 编纂
- 《走向共产党之后的中国转型八论》（上、中、下）　吴国光
- 《爱是如此忧伤》（上、下）　胡发云
- 《幻想·挫折·反思·探索——许良英未完成的自传》　许良英
- 《美国民主宪政的危机与希望——从2024年大选透视两党区别和美国政治制度弊端》　刘迎曦
- Condemn Tyranny: *A Weak Woman's Struggle Against Totalitarian Tyranny*　By *Wang Hanxu*

- Struggles, Reflections, and Pursuits: *Unfinished Autobiography of Xu Liangying*   By *Xu Liangying*
- Mao Zedong: *The Man Who Conspired with the Japanese Army*   By *Homare Endo* Translated by *Patrick Cooper*
- 《孔子》   锺闻
- 《北大，青春岁月》 任彦芳自传 第三卷
- 《文革简史》   纵纬
- 《第三次启蒙——决定中国未来的十大观念之争》   张千帆
- 《宪政学说》四卷集   张千帆
- 《中国极权主义下的政治改革和民主发展》   李凡
- 《基督教与法律：导读》（John Witte, Jr.）小约翰·维特
- 《一夫一妻制优于一夫多妻制——西方的辩护理由》（John Witte, Jr.）小约翰·维特
- 《权利的变革——早期加尔文宗中的法律、宗教和人权》（John Witte, Jr.）小约翰·维特
- 《父之罪：再思关于非婚生的法律与神学》（John Witte, Jr.）小约翰·维特
- 《法律与新教——路德改革的法律教导》（John Witte, Jr.）小约翰·维特
- 《从圣礼到契约——西方传统中的婚姻、宗教与法律》（John Witte, Jr.）小约翰·维特
- 《桌边谈话录》（John Witte, Jr.）小约翰·维特
- Chinese Patriotic Red Guards - *Angry Young Men*   By *Inhee Kim*
- 《打开林彪之死的"黑匣子"》   纵纬
- 《昨天与今天》（渔魂王文集三）   渔魂王
- 《一个吃鸦片的英国人的自白》   [英] *Thomas De Quincey*
- 《娜拉出走以后——中国女权的世纪反思》   秦晖
- 《激荡 2024：美利坚战美利坚》   风鸣
- 《疯狂 2023：美利坚分众国》   风鸣
- 《长影，我的电影梦（1960-1966）》 任彦芳
- 《共产哀歌：红旗下的岁月》   鲍承模
- 《天安门》   小于一
- 《解构马寅初神话——马寅初研究》   梁中堂
- 《左冲右突——陈慕华、胡耀邦、赵紫阳与计划生育》   梁中堂
- 《回首西州路——兼评中国人口学霸权主义》   梁中堂
- 《美国贸易战》   梁中堂
- The Shadow of Sea Wolf   *Minmin Wu*
- 《海狼》   吴民民
- 《送葬(Dies Irae)》   许章润
- 《东方专制主义与东方社会》   石井知章
- 《直面黑暗——吴国光时评集》   吴国光
- 《杉树坡——一个家族的百年故事》   郭于华
- 《莫斯科回来的女人》   哈金 著 *Autumn Tang* 译
- 《陈一谘回忆录（续）》   陈一谘
- 《2025，中国凭实力说"不"》   远藤誉 *Dr. Homare Endo*

- 《绿洲文明导论：一部为人类未来开路的思想地图》　叶宁　华舟
- 《自由中国谱系（The Liberal Chinese Pedigree）》　陈奎德
- 《美好中国》　许志永
- 《存在的边界》　黄顺军
- 《身份进步主义及其局限》　陈纯
- 《依稀故人来——花甲之后诗文选》　杨明渡
- 《从私民到公民——中国政治现代化进程展望》　萧楚
- 《朕制帝国：一个与"中国"有关的非理性经济制度理论思想实验模型》　崔新生
- 《失落的记忆——1626年北京大爆炸》　郭政凯
- Disenchantment （Vol. I, II, III）　*By Zhang Kangkang*
- INSTANCOLOGY: Outline of the Study of Ontology and the Absolute (Vol. I, II) By Wade Y. Dong
- 《走线：15位中国人的赴美生死路》　林世钰
- 《积累财富　解读人生》　易改
- 《帝国转型中的"魏玛问题"——关于魏玛共和的政治与思想之争》　荣剑
- 《血色风雨家国情——文强父子劫后追忆》（卷一、卷二）　文强　文贯中
- 《严酷的光荣》　李卫平
- 《巨人的背影》　历程 著
- 《马克思为什么是错的》　周舵
- 《渐进民主论》　周舵
- 《中华名族的伟大振兴》　周舵
- 《周舵自述》　周舵
- 《周舵读书报告》　周舵

购买电子图书，请登录谷歌图书网站（GOOGLE PLAY），输入中文书名；

购买纸质图书，请登录谷歌搜寻，输入中文书名，或者直接向出版社发邮件订购

www.boudenhouse.com; boudenhouse@gmail.com